भारतीय पुलिस बलों में स्वास्थ्य सेवा: समस्याओं का विश्लेषण और परप्रेक्ष्य

भारतीय पुलिस बलों में स्वास्थ्य सेवाः समस्याओं का विश्लेषण और परप्रेक्ष्य

(हेल्थ केयर इन इण्डियन पुलिस फोर्सिसः एन एनलआइसिस ऑफ
प्राब्लम्स एण्ड
परस्पेकटिवस पर आधारित)

डॉ० जी० सी० शतपथी, एम० डी० (मेडिसिन)

प्राक्कथन

डी० आर० कार्तिकेयर (आई० पी० एस०)

अपर महानिदेशक

केन्द्रीय रिजर्व पुलिस बल, दक्षिणी सेक्टर

GYAN

ISBN : 978-81-212-0531-3

Published, 2018

Published by

Gyan Publishing House
5, Ansari Road
Daryaganj, New Delhi-110002
Phone: 011-47034999, 9811692060
www.gyanbooks.com
E-mail: books@gyanbooks.com

Printed at: G. Print Process, Delhi.

विषय सूची

प्राक्कथन

यह कहना अनावश्यक है कि केन्द्रीय रिजर्व पुलिस बल को दूसरी पंक्ति की अग्रणी थल-सेना के रूप में मान्यता प्राप्त है। प्रस्तुत ग्रंथ में नीमच स्थित (मध्य प्रदेश) केन्द्रीय पुलिस बल, समूह केन्द्र अस्पताल में कार्यरत औषधि विशेषज्ञ डॉ० गिरीश चन्द्र शतपथी ने पुलिस बल की विभिन्न स्वास्थ्य समस्याओं एवं सफल रोकथाम व उपचारों द्वारा उनके समाधान पर गंभीर विचार-विमर्श किया है।

पहले अध्याय में लेखक का विवेचन विश्लेषणात्मक ऐतिहासिक दृष्टिकोण से हुआ है। उन्होंने अतीव सरल ढंग से प्राचीन, मध्यकालीन तथा आधुनिक पुलिस व्यवस्था और उनकी चिकित्सा की पद्धतियों पर प्रकाश डाला है। लेखक ने स्पष्ट शब्दों में कहा है कि नीति-नियमों के प्रणेताओं की गलत अवधारणाओं के कारण सदा से पुलिस का स्वास्थ्य उपेक्षा का शिकार होता आया है। वास्तव में यह एक विवादास्पद विषय है कि कर्णधारों की गलत अवधारणा इसके लिए उत्तरदायी है या योजना का अभाव या संसाधनों की कमी ?

इस पुस्तक को देखते ही यही मन में आता है कि प्रस्तुत पुस्तक का शीर्षक "भारतीय पुलिस बलों में स्वास्थ्य सेवा" के बजाए "केन्द्रीय रिजर्व पुलिस बल में स्वास्थ्य सेवा" रखा गया होता हो ज्यादा उपयुर्क्त होता। क्योंकि पुस्तक के उपसंहार में लेखक ने जो निष्कर्ष दिया है वह वस्तुत: सामान्य पुलिस का न होकर केन्द्रीय रिजर्व पुलिस बल से प्राप्त अनुभवों पर केन्द्रित है।

लेखक ने पुलिस कर्मी की कार्यवाही को उनको अपनी इच्छा और विवेक के विरुद्ध बताते हुए कहा है कि उन्हें वरिष्ठ प्रशासक विवश करते हैं। खैर, यह उनका अपना निजी विचार है। यह भी हो सकता है कि किसी इलाके में आपातकालीन स्थिति के दौरान उन्होंने ऐसा अनुभव किया हो। अपने निजी अनुभव को समूचे पुलिस बल के लिए इस कद्र सामान्य बना देना ठीक नहीं कहा जा सकता।

उन्होंने उन कारणों पर प्रकाश डाला है जिसमें पुलिस कर्मी कुछ खास बीमारियों से पीड़ित होते हैं। कुछ तो मामूली कारण हैं। पुलिस बल को स्वस्थ रखने के लिए डॉक्टर वर्ग न केवल रोकथाम और उपचारों का ही सहारा लें, बल्कि उन्हें नियमित स्वास्थ्य शिक्षा भी दें। इस प्रकार उन्होंने डॉक्टरों की भूमिका को रेखांकित कर दिया है। उनके विचार में केन्द्रीय पुलिस संगठनों के डॉक्टरों को उच्च शिक्षा का अवसर भी दिया जाना चाहिए। बल्कि उन्हें चिकित्सा विज्ञान पर अद्यतन अनुसंधान का ज्ञान पत्र-पत्रिकाओं तथा संगोष्ठियों के माध्यम से दिया जाए।

प्रस्तुत पुस्तक में डॉ० शतपथी ने केन्द्रीय रिजर्व पुलिस बल से प्राप्त अपने अनुभवों के आधार पर विभिन्न प्रसंग और प्रश्न उठाए हैं जिनमें से कुछ इस प्रकार हैं-अस्पताल का भंडार, केन्द्रीय भंडार, सामान्य भंडार, मेडिकल भंडार का आसादन, रोगियों के भोजन आदि कई उल्लेखनीय तथ्य हैं। वार्षिक स्वास्थ्य परीक्षा की आवश्यकता महिला पुलिस बल की खास समस्या, प्राकृतिक संकट के समय सामान्य नागरिकों को राहत आदि।

दसवें अध्याय में डॉ० शतपथी का विचार है कि कार्यवाही के दौरान भी पुलिस कर्मी अचानक बीमारियों की चपेट में आ जाते हैं। मलेरिया दुश्मन की तुलना में ज्यादा खतरनाक साबित होता है। अगर लेखक ने मलेरिया की वजह से उत्पन्न खतरे, कार्यवाही पर पड़े प्रतिकूल प्रभाव आदि का परिसंख्यान आंकडा दिया होता तो बेहतर होता। ताकि निराकरण कार्यक्रम पर भी जोर दिया जाता। लेखक ने पुलिस डॉक्टरों के हित में कई विनम्र सुझाव रखे हैं—अस्पताल प्रबन्धन में विशेष ज्ञान प्रदान हेतु पुलिस अस्पतालों में विशेषज्ञों को बुलाना, प्रसिद्ध अस्पतालों एवं पुलिस अस्पतालों के बीच डॉक्टरों के आदान-प्रदान कार्यक्रम को प्रारम्भ करना आदि। उन्होंने ठीक ही कहा है कि एलोपैथिक के साथ-साथ यूनानी, आयुर्वेद, होमियोपैथी आदि अन्य चिकित्सा पद्धतियों को भी प्रोत्साहन मिलना चाहिए।

उनके विचार में सभी केन्द्रीय पुलिस संगठनों के अस्पतालों पर केन्द्रीय प्रशासन का नियंत्रण होना जरूरी है। जिससे स्वास्थ्य सेवा संबंधी विषमता समाप्त हो जाएगी और सहायक थल सेना की स्वास्थ्य सेवा बेहतर होगी। लेखक ने आधुनिकीकरण की प्रक्रिया जारी रखने का सुझाव देते हुए कहा है कि समूह स्वास्थ्य बीमा योजना से एवं सेवा निवृत सक्रिय पुलिस अधिकारियों का उपयोग कर लाभ उठाना चाहिए।

अंततः लेखक की इस पुस्तक के अध्ययन से मैं बहुत ही प्रभावित हूँ। पुलिस बल को स्वस्थ एवं सक्रिय रखने की दिशा में उन्होंने पर्याप्त प्रकाश डालकर सराहनीय कार्य किया है। मुझे विश्वास है कि प्रस्तुत पुस्तक महत्वपूर्ण प्रसंग पर भविष्य में विशेष अध्ययन के लिए प्रेरणाप्रद सिद्ध होगी।

डी० आर० कार्तिकेयन (आई. पी. एस.)
अपर महानिदेशक
केन्द्रीय रिजर्व पुलिस बल, दक्षिणी सैक्टर

हैदराबाद

भूमिका

शताब्दियों से पुलिस प्रशासन की क्रियाशील भुजा है। स्वतंत्रता के पश्चात विगत दशकों में देश में विधिहीनता और उग्रवाद जितना बढ़ते गए उसके समानांतर पुलिस बलों का निर्माण और प्रसार भी तीव्र गति से हुआ। प्रति वर्ष नए-नए विशेष पुलिस बल—दोनों हथियार बंद और निहत्थे—की शाखाएं पुलिस बल से जुड़ने लगीं। केन्द्रीय रिर्जव पुलिस बल के नए घटक हैं—राष्ट्रीय सुरक्षा रक्षक, त्वरित पुलिस बल, महिला बटालियन, लड़ाकू पुलिस सेना आदि। विमान पत्तन सुरक्षा बल और भारतीय रिजर्व बटालियन भी प्रतीक्षा सूची में हैं। आने वाले वर्षों में ऐसे कई प्रयोग होने वाले हैं, इसमें संदेह नहीं।

जहाँ तक पुलिस बल के कार्य का प्रश्न है, वह एक ओर अपने ही घर-मुहल्ले में अघोषित लड़ाई लड़ता है तो दूसरी ओर बाल-बच्चों से दूर वीराने में नाना कठिनाईयों का सामना करते हुए सीमांत का सतर्क प्रहरी है। उसकी ड्यूटी हमेशा एक सी नहीं हैं। अतः उसे तन से स्वस्थ, मन से प्रसन्न, ध्यान से चौकन्ना और अनुशासन से दृढ़ रखना जरूरी है। पुलिस का परिवार विशाल है और वह कई प्रभागों व अनुभागों में बंटा है—सामान्य पुलिस होम गार्ड, बिनवर्दी पुलिस, राज्य हथियारबंद पुलिस, केन्द्रीय अनुसेना, विशेष बल आदि-आदि। इस विशाल पुलिस को स्वस्थ रखना पुलिस उच्च अधिकारियों तथा नेताओं के लिए बहुत बड़ी चुनौती है।

विधिहीनता और उग्रवाद का सामना करने के लिए पुलिस बल का उत्तम स्वास्थ्य अनिवार्य है। रंगमंच के पीछे पर्दे की आड़ में रंगकर्मियों का नाटक की सफलता में बहुत बड़ा हाथ होता है। वैसे ही पुलिस बल को स्वस्थ व तंदुरूस्त रखने में मेडिकल और सहायक मेडिकल व्यक्तियों की सेवा और समर्पण भावना आवश्यक है। वे सार्वजनिक स्वास्थ्य रक्षा के लिए हिदायत देते हैं, सही कदम उठाते हैं, सैनिकों का मनोबल बढ़ाते हैं। समय बड़ी तेजी से बदल रहा है। इस बदलते परिप्रेक्ष्य में दोनों मेडिकल विज्ञान और पुलिसी तकनीकी भी आगे बढ़ रहे हैं। पुलिस की स्वास्थ्य सेवा को भी सही रास्ते पर आगे ले जाना है, अन्यथा वह पिछड़ जाएगी।

हालाँकि पुलिस-जैसी विराट संस्था और उसके विशाल परिवार के स्वास्थ्य का सवाल हमारे सामने है, पर दुर्भाग्य की बात यह है कि इस समस्या पर आज तक गहराई से सोचना शेष है। यह स्वाभाविक है कि जो जिस वर्दी में है वह अपने व्यवसाय की व्याधि से कतई बच नहीं सकता। उसका प्रतिकूल प्रभाव उस पर अवश्य पड़ता है।

महिला सैनिकों, खिलाड़ियों, परिवीक्षाधीन सैनिकों आदि की स्वास्थ्य समस्याओं पर विशेष ध्यान देना चाहिए, इसमें कदापि दो मत नहीं। अतः काम बहुत है, साधन सीमित हैं।

गत दो दशकों से मैं पुलिस बल से अनन्य रूप से जुड़ा हुआ हूँ। पुलिस की विभिन्न इकाइयों, समूह मुख्यालयों, प्रशिक्षण केन्द्रों में जो भी साहित्य उपलब्ध है उसका मैंने गम्भीर अध्ययन किया है। पुस्तकालय के सारे के सारे दराज सिद्धांतों, रूखे-सूखे दार्शनिक तथ्यों, हिदायतों, सुभाषितों, प्रशिक्षण प्रविधियों, वरिष्ठ पुलिस अधिकारियों के अनुभवों व संस्मरणों से परिपूर्ण हैं और भी वह साहित्य अंदरूनी दंगों और सीमा संघर्षों में पुलिस बल की हार-जीत की गाथा सुनाता है। खेद की बात है कि पुलिस स्वास्थ्य रक्षा का या उसके लिए किए गए कार्यों का विवरण नहीं के बराबर है। प्रस्तुत दयनीय स्थिति ने ही मुझे कुछ लिखने के लिए विवश किया है। इस विषय पर संदर्भ ग्रन्थ तो है ही नहीं। अतः अपने अनुभव पर ही मुझे लेखन कार्य करना पड़ा। मैं हृदय से अपने पुलिस बल और सहयोगी संस्था-संगठनों का आभारी हूँ। क्योंकि उन्होंने ही मुझे अमूल्य अनुभव प्रदान किया है। इस पुस्तक में समूची व्यवस्था के विविध पहलुओं का, दोनों अनुकूल तथा प्रतिकूल पक्षों का विश्लेषण किया गया है। स्थान-स्थान पर निष्पक्ष रूप से व्यवस्था की आलोचना की गई है, कड़वा सच लिखा है, पूर्वाग्रह रहित होकर अच्छाइयों की सराहना की गई है और अतिशयोक्ति से बचने का प्रयास किया गया है। और भी, किसी की स्वीकृति की अपेक्षा किए बिना मैंने स्वंय सुझाव भी रखे हैं। खाकी वर्दी के नीचे जाने कितनी स्वास्थ्य संबंधी पुरानी समस्याएं हैं। मैंने उन पर सोचने-समझने का प्रयास किया है। भारी पहाड़ी बर्फ पर चलने वाले जूतों के अंदर तलवे के दर्द को पहचानने की कोशिश की है। वास्तविक रूप में यही सत्य मेरी इस कृति का तथ्य है।

यह कौन नहीं जानता कि कई पीढ़ियों से पुलिस की स्वास्थ्य-रक्षा उपेक्षित रही है। काम चलाऊ स्वास्थ्य सेवा चलती आ रही है। मेडिकल व्यवस्था उधार की मंगनी की चीज जैसी बनी हुई है। यह भी कहना कठिन है, कि कब तक केन्द्रीय रिजर्व पुलिस बल दूसरी पंक्ति की सेना के रूप में कूच करता रहेगा। पुलिस बल की योजना बनाने वालों का अनुग्रह नहीं चाहिए। यदि वे ऐसा सोचते हैं तो इस प्रकार की भावना त्याग दें। उनका दृष्टिकोण हमेशा यर्थाथवादी और व्यावहारिक होना चाहिए। हम हृदय से चाहते हैं कि देश में वीरता का पुनरुत्थान हो। पुलिस बल स्वस्थ एवं योग्य बने रहें, ताकि भविष्य में आने वाली हर प्रकार की चुनौतियों का सामना कर सकें। अन्यथा

भविष्य में आने वाले शांति दूत उन्हें श्राप देंगे और देश में अराजकता फैल जाएगी। पुलिस बल सदैव अघोषित युद्ध लड़ रहा है और आकस्मिकता का सामना कर रहा है। उनके जान-माल की हानि का मूक दर्शक बनकर हम कब तक रह सकते हैं।

गत दो दशकों से मैं खाकी वर्दी वाले केन्द्रीय रिजर्व पुलिस बल नागरिकों के साथ कंधे से कंधा मिलाकर काम करता आ रहा हूँ। मेरी वैयक्तिक जीवन शैली पर पुलिस बल परिवेश का पर्याप्त प्रभाव पड़ा है। अत: प्रस्तुत पुस्तक का विषय मुख्यत: सी. आर. पी. एफ. पर और सामान्यत: पुलिस संगठन पर आधारित है।

मैं अपने उन मित्रों, डॉक्टर बंधुओं, सहयोगियों, मरीजों, प्रशिक्षार्थियों सहित अपने पुलिस बल के जवानों का हृदय से आभारी हूँ जिन्होंने मुझे पुलिस बल की स्वास्थ्य संबंधी जानकारियाँ देकर मेरी ज्ञान राशि को बढ़ाया है। अपितु कुछ राज्य पुलिस संगठनों के प्रति भी मैं अपना आभार प्रकट करता हूँ। मुझे यह कहने में कतई संकोच का अनुभव नहीं होता कि उनकी हार्दिक सहायता के बिना यह कार्य संपूर्ण नहीं हो पाता। यदि इस कार्य से पुलिस संगठनों को किंचित् भी लाभ पहुँचता हो और मेडिकल की वर्तमान व्यवस्था में कुछ सुधार होता हो तो मैं अपने प्रयास को सार्थक समझूँगा।

देश के अन्यतम सम्माननीय पुलिस अधिकारी, केन्द्रीय रिजर्व पुलिस बल के अपर महानिदेशक तथा राजीव गांधी हत्या कांड मामले के एस. आई. टी. मुख्य आदरणीय श्री डी० आर० कार्तिकेयन (आई० पी० एस०) जी का मैं ऋणी हूँ, क्योंकि उन्होंने अपना बहुमूल्य समय देकर पाण्डुलिपि को आद्योपांत पढ़ा है और प्राक्कथन लिखने की कृपा की है। डॉक्टर का जीवन ऐसा ही है कि लेखन से उसका कोई सरोकार नहीं रहता। लेखन का वातावरण बनाने और मुझे इसके लिए प्रेरित करने का समस्त श्रेय मेरी धर्मपत्नी को जाता है। अंतत वह भी धन्यवाद की भाजन है।

इस पुस्तक का अंग्रेजी संस्करण पुलिस जगत में काफी दूर-दराज तक पहुँच चुका है। पाठक वर्ग से इस पुस्तक के बारे में काफी प्रोत्साहनशील मन्तव्य मिला। साथ में इसके हिन्दी संस्करण का भी अनुरोध आता रहा। पुलिस बलों में निम्न कर्मचारियों की संख्या बहुमत में है जो अंग्रेजी पुस्तक का पूरा आनन्द नहीं ले सकते। विशेषकर इसी वर्ग में मेरे विचारों के प्रसार के लिए हिन्दी संस्करण निकालना जरूरी हो गया था। इस प्रयास में मेरे अग्रज प्रो. अर्जुन शतपथी का मार्ग दर्शन इसकी सफलता का मुख्य कारण है।

जी. सी. शतपथी

कार्याधिक्य
उच्च अधिकारी
खराब स्वास्थ्य
विवेक
पारिवारिक समस्याएँ
राजनीतिज्ञ
आर्थिक कठिनाइयाँ
मजमा आक्रमण
प्रोत्साहन का अभाव
सामाजिक उत्तरदायित्व
अपराधी तत्व
व्यक्तिगत दृष्टिकोण

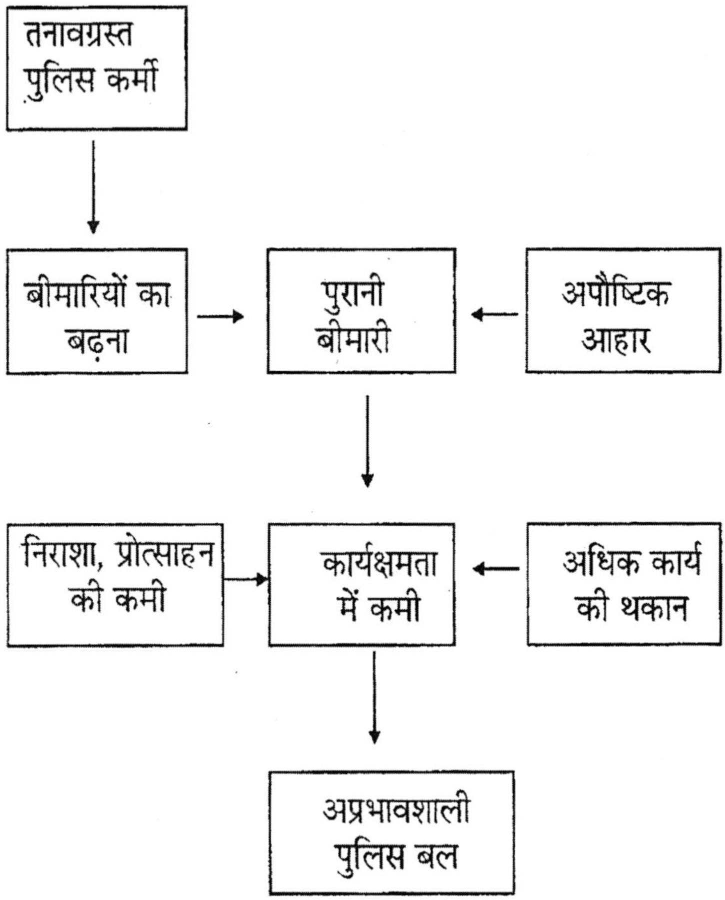
तनावग्रस्त पुलिस कर्मी
बीमारियों का बढ़ना
पुरानी बीमारी
अपौष्टिक आहार
निराशा, प्रोत्साहन की कमी
कार्यक्षमता में कमी
अधिक कार्य की थकान
अप्रभावशाली पुलिस बल

1

चिकित्सा सेवाएँ एवं पुलिस बल :
नई दिशा की ओर बढ़ते कदम

स्वास्थ्य और पुलिस की अवधारणाओं का मूल अत्यन्त गहराई से प्राचीनता, ऐतिहासिक कथानक एवं भारतीय समाज के विवर्तवाद के साथ दृढ़ता से आपस में जुड़ा हुआ है। चिकित्सा विज्ञान वैज्ञानिक-ज्ञान का निर्देश है और तकनीकी ज्ञान का उद्देश्य मानव के कष्टों और परेशानियों को कम करना और जीवन को और अधिक सुधारना है। जबकि पुलिस बल का कार्य राज्य के नियमों और कानूनों को बनाए रखना, उनका सख्ती से पालन करवाना और अनुशासन बनाये रखना है। अनेक विद्वान चिकित्सा शास्त्र और पुलिस को, ज्ञान व वैज्ञानिक प्रयोग हेतु, दो अलग-अलग सिद्धांत मानते हैं। इन दोनों सिद्धांतों के बीच की सन्धि-सहयोग को आसानी से समझा नहीं जा सकता है। इसका कारण न केवल आपसी विश्वास है बल्कि इन दोनों के व्यावसायिक दर्शन की आवश्यक समानता को समुचित रूप से न जानना भी है। प्रथम सिद्धांतानुसार चिकित्सक को शारीरिक व्याधियों का निदान करने व उन का इलाज करने हेतु ट्रेनिंग दी जाती है, जबकि दूसरे के अनुसार एक पुलिस ऑफिसर सामाजिक बुराईयों को ढूँढ़ निकालता है और उन्हें सुधारने की योजना बनाता है। पुलिस की नीति बनाने वालों के मस्तिष्क पर छाए संदेह के कारण वे दूरदृष्टि नहीं रख पाते। और इसी प्रकार चिकित्सा सेवा के नीति निर्माणकर्ता भी हैं। इन दोनों के कारण पुलिस कर्मियों

के स्वास्थ्य की देखरेख में अक्षम्य अवहेलना करते हैं जबकि वर्तमान समाज में दोनों महत्वपूर्ण हैं। इन दोनों अर्थात् पुलिस और चिकित्सा की समानान्तर रेखाओं का अनेक जगह एक दूसरे से मिलाप होता है। जैसे कैम्प की स्वच्छता और उन्हें स्वास्थ्यकर बनाना, स्वास्थ्य शिक्षा, न्यायिक चिकित्सा (फारेसिंक मेडिसिन), रोग प्रतिरोध योजनाएँ व्यक्तिगत स्वास्थ्य एंव सार्वजनिक स्वास्थ्य हेतु किए जाने वाले उपाय, स्पोर्टस मेडिसिन, सशस्त्र बलों में भरती हेतु स्वास्थ्य परीक्षण, मानव सेवा भावना और ऐसे ही अनेक क्षेत्रों के समूह हैं। इस विशाल मानव सेवा क्षेत्र में अनुसंधान की गम्भीर आवश्यकता है। और इसीलिए पुलिस बलों में स्वास्थ्य की निगरानी रखने वाली व्यवस्था की अनेक समस्याएँ हैं जिनका समुचित समाधान दिखाई नहीं देता।

सभ्यता के विकास की कहानी में चिकित्सा शास्त्र का इतिहास समाया हुआ है। प्रारंभिक अवधारणाएँ 'अर्थर्ववेद' में वर्णित हैं। राजा धनवन्तरी ने आयुर्वेद (जीवन का विज्ञान), सृष्टि निर्माता ब्रह्माजी से सीखा था। प्राचीन भारतीय शास्त्रीय साहित्य— जैसे चरक संहिता और सुश्रुत संहिता— में सर्वप्रथम चिकित्सा विषयक विवरण है, जिसे कार्यचिकित्सा और सर्जरी विज्ञान जगत को प्राप्त हुए हैं, जिन्हें यूनानी चिकित्सा के प्राचीन ज्ञान से भी श्रेष्ठ और पुरातन माना जाता है। इन्हीं दोनों संहिताओं ने बाद में पश्चिमी जगत को प्रभावित किया। ये दोनों ग्रन्थ विस्तृत व पूर्ण हैं एवं तीन सार्वजनिक शक्तियों को वर्णित् करते हैं जो मानव देह को नियंत्रित व नियमित करती हैं। ये हैं वात, पित्त और कफ। इन तीनों में से किसी एक का भी अनुपात बिगड़ने पर बीमारी उत्पन्न हो जाती है और उसका इलाज भी इन तीनों के अनुपात को व्यवस्थित करना ही है। अन्य हिन्दू (भारतीय) ग्रन्थों में बीमारी के निदान की प्रक्रिया और फिर लक्षणों से होने वाली बीमारियों को पहले ही बता देने की प्रक्रिया वर्णित है। इन ग्रन्थों में इलाज मूलत: भोजन की मात्रा एवं दवाओं पर आधारित है। अनेक इलाजों में, एनिमा, रेजवक दवाएँ, उलटी कराना और छींक दिलाना शामिल है। वनस्पति दवाएँ, विभिन्न जानवरों से प्राप्त वस्तुओं से तैयार की गई दवाइयाँ, जैसे भिन्न-भिन्न जानवरों का दूध, कस्तूरी, खनिज जैसे स्वर्ण, कार्बन, सीसा, ताँबा, गंधक आदि। जहाँ खनिज व वनस्पति को मिलाकर बनने वाली दवाओं के 500 पौधों का वर्णन चरक संहिता में मिलता है वहीं सुश्रुत संहिता ने भी ऐसे 760 पौधों का वर्णन किया है। आधुनिक सर्जरी सुश्रुत की देन है जिसने 20 तक्षण और 101 सामान्य औजारों की सिफारिश की है। यूनानी सर्जनों से बहुत पहले हिन्दू (भारतीय) सर्जन पथरी, फिश्चुला और प्लास्टिक सर्जरी किया करते थे।

भारत में स्वच्छता और व्यक्तिगत हाइजिन के सिद्धांतों को सामाजिक और धार्मिक रिवाजों के रूप में अपनाया और माना था। ये सिद्धान्त आयुर्वेदिक साहित्य की देन हैं और वहीं से प्रेरित होकर जनमानस ने इन्हें अंगीकार किया है। यह भारतीय व्यवस्था पूर्ण स्वास्थ्य की देखभाल सिखाती है जो जीवन तथा शरीर के प्रत्येक भाग, सभी क्षेत्र और स्तरों से संबंधित है। इन शिक्षाओं ने अनेक विदेशी विद्यार्थियों को भारत की ओर आकर्षित किया तथा ये विद्यार्थीगण और विद्वान लोग इस विज्ञान को अपने-अपने देश में ले गए और वहां इसका प्रचार और प्रसार किया। इस प्रकार इन लोगों ने भारत को, एकमात्र पूर्ण स्वास्थ्य शिक्षा देने वाले देश के रूप में तत्कालीन विश्व में प्रतिष्ठित किया। किन्तु दुर्भाग्य से स्वयं भारत में यह आयुर्वेद विज्ञान धीरे-धीरे नष्ट होने लगा क्योंकि उसका कोई संरक्षक नहीं रहा और पश्चिमी चिकित्सा का प्रभाव बढ़ने लगा। यह क्रम आने वाली कई शताब्दियों तक निरन्तर चलता रहा।

मुगल शासन-काल में भारत में यूनानी चिकित्सा पद्धति आई और मुस्लिम समुदाय में फैली। इस पद्धति की नींव डालने वाले ईरान, अरब, इटली एवं यूनान के लोग थे। इनमें हिप्पोक्रेटस भी शामिल था जिसे आधुनिक चिकित्सा शास्त्र के पिता के रूप में भी सम्मान दिया जाता है। प्राचीन चिकित्सा पद्धतियों से आधुनिक चिकित्सा पद्धति का विकास, नई-नई और वैज्ञानिक खोज और व्यावसायिक कारणों से हुआ, जिसे मूलतः यूरोपीय चिकित्सा पद्धति कहा जाता है। पाँचवीं शताब्दी पूर्व डच, फ्रेंच और स्पेनिश यात्रियों तथा मिशनरियों के भारत आगमन से नई विकसित चिकित्सा पद्धति का प्रवेश यहां होना संभव हुआ । इस कथन से यह प्रामाणित होता है कि ईस्ट इंडिया कंपनी के बनने के काफी समय पहले ही आधुनिक चिकित्सा पद्धति का भारत में प्रवेश हो चुका था। सत्रहवीं शताब्दी में मुगल शासन काल का पतन और ब्रिटिश साम्राज्य का नियंत्रण धीरे-धीरे भारतीय उपमहाद्वीप में होने लगा था। दो-तीन शताब्दियों तक भारत में अंग्रेजों के शासन काल में चिकित्सा विज्ञान के क्षेत्र में अनेक महत्वपूर्ण विकास हुए और भारतीय चिकित्सा के नये वर्ग बन के उभरे।

आज से पाँच हजार वर्ष पूर्व सिंधु घाटी के रहने वाले लोग सभ्य और नियोजित शहरी जीवन बिताते थे और उनके पास सार्वजनिक स्वास्थ्य सुविधाएँ भी मौजूद थीं। उनके घरों में स्नान-घर, शौचालय, कुओं और नाली निर्माण व्यवस्था का उचित प्रबन्ध था जो कि इस बात का घोतक था कि वे किस प्रकार बीमारियों की रोकथाम पर जोर देते थे। और स्वास्थ्य समस्याओं पर कितना परिपक्व दृष्टिकोण रखते थे। सम्राट अशोक के शिलालेखों पर भी सामाजिक चिकित्सा सिद्धांतों का वर्णन प्राप्त होता है

जो महात्मा बुद्ध के विचार व उनकी शिक्षाओं पर आधारित है। यहां तक कि महाकाव्य महाभारत में भी सेनापति कर्ण ने हाइजिन के सिद्धांतों को लागू किया था और इसीलिए कर्ण को संसार के प्रथम सेना चिकित्सक के रूप में पूजा जाता है।

आगे आने वाली शताब्दियों में, देश में, अनेक सामाजिक, राजनैतिक और आर्थिक परिवर्तनों ने, समाज एवं स्वास्थ्य की संस्कृति को पूरी तरह प्रभावित किया। भारत की स्वास्थ्य सेवाओं का इतिहास ऐसे तत्वों, शक्तियों का पूरा विवरण बताता है। अन्य चिकित्सा पद्धतियां जैसे "सिद्ध" (साधुओं द्वारा अपनाई जाने वाली) एवं होमिओपैथी, (जर्मन चिकित्सा पद्धति) भी भारत में प्रचलित थी। अनेक चिकित्सा पद्धतियों के होते हुए भी, (देशी या अन्य) एलोपैथी या आधुनिक चिकित्सा पद्धति को विश्वव्यापी स्वीकृति मिली और भारत के हृदय पटल पर सर्वोपरि छा गई, जिसे ब्रिटिश शासकों ने जीवन के हर क्षेत्र पर नियंत्रण किया जिसमें चिकित्सा और सार्वजनिक स्वास्थ्य सेवाएँ भी शामिल थीं। इन पर नियंत्रण और हस्तक्षेप उन्होंने उनके व्यावसायिक, राजनैतिक और प्रशासनिक हितों को ध्यान में रखकर किया था, जो कि भविष्य में भारतीय चिकित्सा पद्धति के लिए पूर्णरूप से विनाशकारी सिद्ध हुई। वास्तव में भारतीय चिकित्सा पद्धति उच्चतर रूप से प्रगतिशील पश्चिमी चिकित्सा पद्धति का सामना न कर पाई और पश्चिमी चिकित्सा पद्धति पीड़ित जनसमूह के लिए न केवल क्रांतिकारी इलाज और सुख लेकर आई बल्कि उसने शिक्षित वर्ग का ध्यान अपनी ओर आकर्षित किया। उचित ट्रेनिंग की सुविधाओं के अभाव में आधुनिक चिकित्सा पद्धति का तीव्रगति से ह्रास होने लगा, जिसने वैज्ञानिक मूल्यों को अवमूल्यन कर दिया।

आधुनिक चिकित्सा पद्धति अर्थात् एलोपैथी के लाभ भारत के मूल निवासियों को तो काफी देरी से मिलने लगे, जबकि ब्रिटिश सेना और ब्रिटिश नागरिक जो भारत में रहते थे उनके के लिए चिकित्सा सेवायें अठाहरवीं शताब्दी के उत्तरार्ध में ही स्थापित कर दी गई थीं। ब्रिटिश शासन काल में सम्बन्धित अधिकारियों को भारत की सामान्य जनता के लिए एक नई स्वास्थ्य सेवा प्रारंभ करने हेतु लगाया गया। चिकित्सा शिक्षा की सुविधा इस जमाने में समाज के उच्च वर्ग और विशेष अधिकार प्राप्त वर्ग को ही उपलब्ध थी। तथा चिकित्सा की उच्चतर शिक्षा ब्रिटेन के केवल "चुने हुए" उच्च अधिकारियों को ही उपलब्ध थी। विभिन्न रॉयल कॉलेजों में सदस्यता या फेलो-शिक्षा प्राप्त करना, उनके द्वारा विभिन्न चिकित्सा क्षेत्रों में उपलब्धियाँ प्राप्त करने का ही उच्चतम शिखर माना जाने लगा था। भारतीय चिकित्सकों को, (मेडिकल में डिप्लोमा प्राप्त कर लेने मात्र ने) शक्ति, सम्मान, धन और सामाजिक उच्च स्थिति दिला दी थी।

ऐसे भारतीय चिकित्सकों (कुछ लोग उन्हें "ब्राउन इंग्लिश मैन" कहकर पुकारना पसंद करते थे) ने मुख्य स्थान प्राप्त कर लिया और भारत से अंग्रेजों के चले जाने के बाद अपने व्यावसायिक क्षेत्र में तेजी से सफलता प्राप्त करने लगे । स्वतंत्र भारत में चिकित्सा सेवाएं और चिकित्सा संगठन जैसे आवश्यक दवा बनाने वाले संगठनों में पूर्णत: क्रांतिकारी परिवर्तनों ने उन्हें आधुनिक और विस्तारयुक्त बना दिया है। पंचवर्षीय योजनाओं में ग्रामीण जनता के स्वास्थ्य पर अधिक ध्यान दिया जाने लगा एवं सामूहिक रूप से स्वास्थ्य के लिए हानिकारक बीमारियों जैसे चेचक, मलेरिया, टी. बी. एवं परिवार नियोजन पर अधिक ध्यान देने से जन्म, मृत्यु दर के आंकड़ों एवं अन्य कमियों की ओर विवेकपूर्ण ध्यान दिया जाने लगा।

स्वतंत्र भारत में अनेक सुधारात्मक उपाय किए जाने के बाद भी स्वास्थ्य सेवाओं को अभी भी भारत के सुदूर ग्रामों में पहुँचना शेष है। और ऐसी स्वास्थ्य सेवाएं गरीब से गरीब व्यक्ति के लिए प्राप्त कर लेना उसकी पहुँच के बाहर है। मेडिकल कॉलेज से डॉक्टरी की डिग्री प्राप्त करने के पश्चात 80 प्रतिशत डाक्टर भारत के शहरों की केवल 20 प्रतिशत जनता की ही सेवा करना अधिक पसन्द करते हैं। दुर्भाग्य से यह असंतुलन बढ़ता जा रहा है। जबकि गांवों में मूलभूत स्वास्थ्य सुविधाओं की कमी है ऐसे में नगरों व महानगरों में अत्याधुनिक इलेक्ट्रो मेडिकल टेक्नालॉजी और कम्प्युटर सेवाओं का प्रयोग निदान और इलाज के लिए होने लगा है। कतिपय सीमित केन्द्रों पर (सरकारी और गैर सरकारी क्षेत्रों में) केट स्केन, मेगनेटिक रिजानेस इमेजिंग, (एम.आर. आय) और ई. ई. जी., ई. एम. जी., एंजियोग्राफी, मेमोग्राफी, लिथोट्रिप्सी कार्डिअक और ब्रेन सर्जरी आदि की सुविधाएँ प्राप्त होने लगी हैं। प्रगतिशील स्वास्थ्य विशेषज्ञ जनता को सर्वोत्तम मेडिकल सुविधा प्रदान कर रहे हैं। यहां तक कि सामान्य आदमी भी उसका लाभ उठा सकते हैं। बढ़ती हुई स्वास्थ्य सम्बन्धी आवश्यकताओं के साथ-साथ स्वास्थ्य के प्रति जागरूकता भी बढ़ने लगी है। मीडिया जैसे टी. वी., रेडियो, पत्र-पत्रिकायें भी स्वास्थ्य मार्गदर्शक का कार्य निभाते हैं। देश में इस समय स्वास्थ्य सेवाओं के क्षेत्र में तीन बड़े तत्व कार्य कर रहे हैं। वे हैं—आर्थिक पहुँच, उपलब्धता और स्वास्थ्य सेवाओं की गुणवत्ता । केन्द्रीय योजना के लिए अभी बहुत बड़ा क्षेत्र शेष है ताकि स्वास्थ्य सेवाएं प्रभावपूर्ण ढंग से कार्य कर सकें और विशेषकर ऐसे क्षेत्र हैं—चिकित्सा, पौष्टिक आहार देना, परिवार नियोजन ,स्वच्छता का वातावरण, जलप्रदाय आदि। स्वास्थ्य सेवाओं से संबंध रखने वाले व्यक्ति अपनी शक्ति का उपयोग कर सहयोग कर सकते हैं ताकि वे भारत को एक स्वस्थ, योग्य, आर्थिक रूप से संपन्न देश बनाकर उसकी छवि अंतर्राष्ट्रीय स्तर पर पहुँचा सकें ।

भारत में पुलिस के जन्म व विकास की कहानी भी बहुत लम्बी है और इसका इतिहास वैदिक काल से भी पूर्व का है। समान नागरिक संहिता और प्रशासन की नीति बनाने वालों में मनु को प्रथम "कानून–निर्माता" कहा जाता है। ऋग्वेद और अर्थर्ववेद, भारत में वे प्रथम ग्रंथ हैं जिसमें अपराधों का वर्णन और अपराधियों को दण्ड देने की व्यवस्था है। पुलिस बलों के कार्यों का उन दिनों का वर्णन हमें शुद्रक द्वारा लिखित संस्कृत नाटक "मृच्छकटिकम", कालिदास के "अभिज्ञानशाकुन्तलम" एवं कोटिल्य के "अर्थशास्त्र" में मिलता है। प्राचीन साहित्य में हमें अपराध खोज के सिद्धांत और व्यवहार, दंड, पाप या अपराधों को करने की कला, जासूसी स्त्री जासूस सहित, अच्छे और स्वामिभक्त कार्यकर्ताओं को पुरस्कार एवं अनेक तत्कालीन कार्यों के बारे में वर्णन मिलता है। मुगल काल में कर एकत्र करने की व्यवस्था लागू की गई जिसमें जमींदारी व्यवस्था अस्तित्व में आई। अकबर ने प्रांतीय सूबेदारों और पुलिस की नियुक्ति की व्यवस्था की जैसा कि हमें उनके मंत्री अबुल फजल द्वारा लिखित पुस्तक "आईने अकबरी" में उल्लेख मिलता है।

भारत में आधुनिक पुलिस बल व्यवस्था का प्रारंभ मूलतः ईस्ट इण्डिया कंपनी के साम्राज्यवादी शोषण के उद्देश्य को पूर्ण करने के लिए किया गया था, जिसका उपयोग आंतरिक सुरक्षा की समस्याओं को दबाने के लिए भी किया गया। धीरे-धीरे लगातार किये जाने वाले पुलिस सुधारों ने अंग्रेजों (ईस्ट इण्डिया कंपनी) की अपने साम्राज्य के विस्तार और गुणात्मक परिवर्तन, बेहतर शासन चलाने और भारतीयों के ब्रिटिश विरोधी विचारों को दबाने के लिए सहायता की। ब्रिटिश शासक ने एक विशिष्ट और अनोखी नियंत्रण-प्रणाली भारतीय पुलिस के लिए स्थापित की और उसके द्वारा बेहतर सेवाएँ प्राप्त करने लगे। "सिंधु पुलिस बल" ऐसा प्रथम संगठन था, जो आयरिश कांस्टेबलरी के आदेश पर सर चार्ल्स नेपियर ने भारत में प्रथम पैरा-मिलिटर्स फोर्स के रूप में स्थापित किया था। ऐसे ही अनेक संगठन भारत के अन्य राज्यों में बने। सन्1857 के ऐतिहासिक सिपाही विद्रोह ने साम्राज्यवादी सरकार को तत्कालीन पुलिस तंत्र की अयोग्यता को समझने पर मजबूर कर दिया था और वे इस तथ्य को भली-भांति समझ गए कि पुलिस तंत्र का पुनर्गठन करना होगा। सन् 1861 में, प्रशासन तंत्र द्वारा इण्डियन पुलिस एक्ट का निर्माण हुआ। लगातार परिवर्तन और सुधार की शृंखला के चलते हुए जो कर्मचारी नीति, मोडूस आपरेंडी एवं क्रिमिनल प्रोसीजर में लाई गई है। भारत के पुलिस संगठन ने शताब्दियों से कई उत्थान और पतन देखे हैं और उनमें बड़े और महत्वपूर्ण परिवर्तन भारत की राजनैतिक स्वतन्त्रता (सन् 1947)

के बाद हो रहे हैं। जनसंख्या वृद्धि, अपराधों में वृद्धि, और दिन पर दिन बिगड़ती हुई शांति व्यवस्था की स्थिति ने पुलिस बलों की और सशस्त्र सेनाओं में अत्यधिक वृद्धि, और विशेषज्ञ पुलिस बलों की स्थापना की जरूरत को सिद्ध किया है। पुलिस का एक बहुत बड़ा कार्य सामान्य या सिविल पुलिस द्वारा संपन्न किया जाता है जबकि शांति व्यवस्था बिगड़ने पर आपातकाल में सशस्त्र पुलिस, नागरिक पुलिस की सहायता करती है।

पुलिस के संगठन, बनावट, नियंत्रण और आदेश देने की व्यवस्था को अलग-अलग वर्णन करने की अपेक्षा यदि, "पुलिस के विशाल परिवार" का संपूर्ण मूल्यांकन पूरे देश के आधार पर किया जाए तो अधिक श्रेयस्कर होगा। पुलिस का पूरा परिवार इतना विशाल है कि उसे हम सुविधा के लिए "केन्द्रीय आक्जलीरी एजेंसी" और "राज्य पुलिस सेवा" के अन्तर्गत विभाजित कर सकते हैं। केन्द्रीय पुलिस एजेंसियों में सी. आई. बी. ए., सी. बी. आई., एस.पी. ई. अर्ध सामरीक संगठन जैसे सी. आर. पी. एफ., बी. एस. एफ., असम रायफल्स, आर. पी. एफ., सी. आई. एस. एफ. और इंडियन रिजर्व आते हैं। नये संगठन जैसे एम. एस. जी. एवं आई. टी. बी. पी., विशिष्ट संगठन जैसे रॉ (रिसर्च तथा एनालिसीस विंग) भी इसी वर्ग में आते हैं। इसके अतिरिक्त गृह मंत्रालय द्वारा संचालित अनेक पुलिस संस्थाएँ हैं, जो विशिष्ट प्रकार के प्रशिक्षण देती हैं व विशिष्ट कार्य पूरे करवाती हैं। इनमें डायरेक्टर ऑफ पुलिस वायरलेस, नेशनल पुलिस एकेडेमी, सेन्ट्रल इन्स्टीट्युट ऑफ क्रिमीनोलॉजी एण्ड फारेंसिक साइंस, इण्डियन सिक्युरीटी एण्ड प्रिटिंग एण्ड मिटस, फिंगर प्रिंट ब्यूरो आदि शामिल हैं।

राज्यों में पुलिस दो शाखाओं में विभाजित है—नागरिक एवं सशस्त्र पुलिस, जो सीधे राज्यों के गृह मंत्रालयों के अधीन कार्यरत है। व्यावसायिक शाखाओं में, सी. आई. डी., भ्रष्ठाचार विरोधी विभाग, रेलवे पुलिस और सशस्त्र पुलिस शाखाएं आती हैं। कुछ राज्य महिला पुलिस बल, होम गार्ड, डागस्क्वेड, भी इनकी सहायक इकाईयों के रूप में संगठित कर रहे हैं। पुलिस के कार्य ग्राम-स्तर तक पहुँच चुके हैं। ग्रामीण क्षेत्रों में पुलिस के लगातार कार्य के दबाव के कारण कुछ राज्यों में ग्रामीण पुलिस बल व्यवस्था भी कायम की गई है। इस ग्रामीण पुलिस संगठन के सहायक दलों में उचित शारीरिक योग्यता रखने वाले ग्रामीण युवकों को शामिल कर उन्हें नाममात्र व्यायाम व प्रशिक्षण दिया जाता है। इनमें ग्रामीण स्वयंसेवक संगठन, ग्राम सुरक्षा दल, ग्राम बचाव दल , ग्राम सतर्कता समितियां आदि शामिल हैं। इनके नाम विभिन्न राज्यों और

विभिन्न क्षेत्रों में अलग-अलग रखे गए हैं। ये सभी विशाल पुलिस परिवार के अंग हैं जिनकी स्वास्थ्य विषयक जरूरतों का विचार इस पुस्तक के विभिन्न अध्यायों में किया जाएगा। इकट्ठा वर्णन करने से उचित रीति से अध्ययन नहीं हो सकता है। जब तक कि उचित संगठन बनाकर अध्ययन और इस प्रकार सुदूर क्षेत्र को टाल देते हैं और उसका उचित मूल्यांकन भी नहीं हो सकता है। देश के पुलिस कर्मी या उसकी स्वास्थ्य समस्याओं पर विचार करने के पूर्व भारतीय पुलिस बलों के कार्यों का एक सामान्य बाह्य आकलन कर लेना अधिक उचित होगा।

भारत में पुलिस बलों के कार्य: एक विहगावलोकन

भारतीय संविधान की अनोखी विशेषता यह है कि इसका केन्द्रीय संघ स्वरूप "पुलिस और कानून" को राज्य सूची में रखा गया है। एक शताब्दी से अधिक पुराने पुलिस एक्ट (1861) में अनेक क्रांतिकारी परिवर्तन किए गए हैं- उसके संगठन तथा बनावट में। कानून लागू करने वाली एजेंसियों का हो, प्रशासन का हो या यह परिवर्तन राजनैतिक हो अथवा सामाजिक हो। गवर्नमेन्ट ऑफ इण्डिया एक्ट, 1935 के अनुसार भारत के किसी भी हिस्से में शांति व्यवस्था बनाये रखना गवर्नर जनरल की जिम्मेदारी थी। गवर्नर जनरल के ही समान अन्य प्रान्तों के गवर्नरों को भी उनके राज्यों में वही उत्तरदायित्व था। इस व्यवस्था से समस्त पुलिस की स्थापना में न केवल राज्यों का पुलिस बजट बढ़ गया बल्कि केन्द्र सरकार को राज्य की सशस्त्र पुलिस के पूरक के रूप में विशेषज्ञ पुलिस की एजेंसियाँ निर्मित करने और उन्हें बनाए रखने को बाध्य कर दिया। प्रत्येक सभ्य समाज को कानून और व्यवस्था बनाए रखने के लिए एवं नागरिकों के अधिकारों की रक्षा के लिए पर्याप्त पुलिस की व्यवस्था करनी होती है। व्यवस्थित उन्नति व नागरिक शांति के लिए यह मूलभूत आवश्यकता है।

कोई संदेह नहीं कि मानव के सामाजिक प्राणी होने की यही मूल-प्रवृत्ति उसे अपने अन्य साथियों से जोड़ती है। जो कि सामाजिक, शहरी और औद्योगिक जीवन के कारण प्रेरित होती है। ऐसा मूल प्रवृत्ति वाला या मशीनी मानव समुदाय अनुकूल परिस्थितियां पाकर भीड़ में परिवर्तित हो सकता है जिसमें उच्च-स्तर की एकता हो जाती है और जो समान उत्प्रेरणा में एक जैसी प्रतिक्रिया करता है। विभिन्न तत्व उत्प्रेरणा का कार्य कर सकते हैं और भीड़ एक विनाशकारी रूप ले सकती है तथा मनोवैज्ञानिक तनाव उत्पन्न हो सकता है। भीड़ उस क्षण में मजबूत उपलब्धि होने पर जंगली हिंसा की ओर सार्वजनिक रूप से बढ़ सकती है और वह भीड़ एक मजमा में बदल सकती

है। मजमा की योग्यताओं को सरलता से विभाजित किया जा सकता हैं क्योंकि इस में उस पृष्ठभूमि की एकरचता एवं एक जैसी दृष्टिकोण की कमी होती है। चाहे मजमा का संरक्षक कोई भी हो किन्तु असंतोष, निराशा, अत्यधिक जोश एंव रोष उसकी जननी है।व्यक्तिगत हितों से समूह के हित बनते हैं और ये समूहहित कानून तोड़ते हैं व जनता में अशांति पैदा करते हैं।

भारतीय गणराज्य में सार्वजनिक अशांति उत्पन्न करने के कई आकस्मिक तत्व हैं जो अपने आप में पूर्ण हैं, और ये कभी-कभी स्वतंत्रतापूर्ण स्थिति से सम्पूर्ण भिन्न हैं। भारतीय समाज के संगठित और असंगठित वर्ग, जैसे विद्यार्थी, मजदूर, सरकारी कर्मचारी, आदिवासी, जातिवादी, क्षेत्रवादी, भाषावादी, यहाँ तक की साधु भी और अंत में पुलिस कर्मी भी ये सभी, पुराने और गहरे सार्वजनिक आन्दोलन में शामिल हो जाते हैं और हिंसक व अहिंसक दोनों ही प्रकार के आन्दोलन चलाते हैं।

यदि जन-अव्यवस्था के कारणों का गहन अध्ययन करें तो यह एक आंतरिक बीमारी दिखाई देगी जिसके लक्षण हैं—जुलूस, हड़ताल, बन्द, घेराव, भूख हड़ताल, धीमें कार्य करो, कलम बन्द हड़ताल, जेल भरो आंदोलन, आत्मदाह, आदि रूप में प्रकट होते हैं। इसी प्रकार के कई शब्दों के रूपों में हड़ताली लोग अनेक नाम रख लेते हैं जो उन्हें अच्छे लगे और जो उनके योग्य हो। यह बात कानून-व्यवस्था (लॉ एंड ऑर्डर) की समस्या को किसी भी स्तर तक ले जा सकते हैं अर्थात् बढ़ा सकते हैं।

अभी तक इस कानून-व्यवस्था को बिगाड़ने वाली बीमारी को रोकने के लिए कोई रामबाण औषधि नहीं खोजी जा सकी है। प्रशासन द्वारा एक निश्चित प्रकार के विचारों से इसे ठीक करने की विधि अपनाई जाती है। पुलिस को इन हालात में शांति-व्यवस्था कायम करने हेतु आदेश दिये जाते हैं जो केवल लक्षण सर्वस्व उपचार मात्र होते हैं। जिसमें दवा कि मात्रा अक्सर सही नहीं होती। जैसे धारा 144 लागू करना, शिक्षण संस्थाएं बंद करना, चुने हुए क्षेत्रों में कर्फ्यू लागू करना, अपराधी तत्वों की धरपकड़ ये सब बिगड़ी हुई कानून-व्यवस्था को और बिगाड़ने से रोकने की मात्रा अस्थायी और कुछ समय के लिए अपनाई जाने वाली विधियां हैं। इस प्रक्रिया के कारण कुछ सामाजिक दुरावस्था उत्पन्न हो जाती है, जो स्वाभाविक है। मौजूदा परिस्थिति के कारण पुलिस को अधिक कठोर एवं कारगर उपाय अपनाने पड़ते हैं, जो अनचाहे और दुखदायी होते हैं, जैसे गोली चलाना, अश्रुगैस छोड़ना, लाठी चार्ज आदि। जनता की स्मृति से ऐसी दुखद कहानियां, बाद में आयोजित की जाने वाली आपसी वार्ता,

न्यायालय से मामले वापस लेने, गिरफ्तार व्यक्तियों को छोड़ने से भुलाई जा सकती हैं।

किसी भी अन्य बीमारियों की तरह ही सार्वजनिक (शांति) व्यवस्था को बिगाड़ने की बीमारी की भी एक निश्चित अवधि होती है एवं अराजकता से लड़ने के लिए पुलिस का उपयोग केवल एक समय तक ही प्रभावशाली होता है। जब अराजकता का ज्वर बाढ़ में और ऊंचा हो जाये तो उक्त उपायों से कोई असर नहीं होता। जब तक कि अराजकता की बाढ़ के पानी का स्तर अपने आप नीचे न उतर जाये शांति नहीं मिलती। कोई संत या सच्चा महापुरुष ही इस हिंसक मजमा को आध्यात्मिक तरीके से काबू में ला सकता है। अशांति के बाद का समय प्रायः शांतिपूर्ण रहता है क्योंकि जनता भावनात्मक आघात के अनुभव और बेचैनी से उबरना चाहती है। यद्यपि पुनः कभी भी अशांति को नकारा नहीं जा सकता। हिंसा के परिणाम, जैसे सार्वजनिक सम्पत्ति का नुकसान और नागरिक जीवन की अशांति स्थायी या अर्द्धस्थायी एवं दुरगामी उलझने उत्पन्न करने वाली होती है। ये परिणाम लंबे समय तक एक वायरस की तरह उस क्षेत्र में छाए रहते हैं और स्थानीय क्षेत्र में राजनैतिक लड़ाई या समूहों में दुश्मनी फैलाते रहते हैं, जो एक कड़वी गोली के समान होते हैं, जिसे एक बार किसी तरह निगलने के बाद भी उसका कड़वापन मुँह में बना रहता है।

पुलिस बल का कार्यक्षेत्र

पुलिस की अर्धसामरीक प्रकृति अपने आप में एक विड़म्बना है। रक्षा सेवाओं में (सेना में) विरोधी समूह एक दुश्मन का कैंप होता है और वीरता एवं शक्ति से उसका पूर्ण विनाश करना एक प्रशंसनीय कार्य माना जाता है। सशस्त्र पुलिस संगठन के मामले में जो कि मजमा नियंत्रण के कार्य में लगा हो ''विरोधी-गुण'' नागरिकों को होता है, और यदि एक भी नागरिक मारा जाए तो उसे वीरता नहीं पुलिस का जनता पर अत्याचार माना जाता है। कानून और व्यवस्था के क्षेत्र में, जहाँ तक पुलिस की ड्यूटी का प्रश्न है, केवल भीड़ को तीतर-बीतर करने, जातीय-दंगों की भीड़, छात्र आंदोलन या मजदूर आंदोलन को नियंत्रण करने तक ही सीमित नहीं होता। इसके कार्यक्षेत्र की लंबी सूची है—जैसे वी. आई. पी. की सुरक्षा, प्रख्यात वी. आई. पी. के निवास की सुरक्षा, जनसंपत्ति की रक्षा, अनेक विशाल यंत्र-संयंत्रों की सुरक्षा, अवैध हथियारों एवं असामाजिक तत्वों की खोज, सार्वजनिक सभाएँ, मेले और त्योहारों की व्यवस्था, शरणार्थी कैम्पों की पुनर्स्थापना आदि, तो केवल गिनती के हैं। इसके अतिरिक्त इन पुलिस बलों ने प्राकृतिक विपत्तियों, गणतंत्र एवं स्वतंत्रता दिवस समारोहों, सभी आम

चुनावों में बन्दोबस्त की ड्यूटी आदि। काउन्टर इनसरजेन्सी भी एक सुपरिचित पुलिस कार्य है। सिविल पुलिस या राज्य पुलिस के द्वारा असफल होने पर एस. ओ. एस. प्राप्त करने वाली प्रथम एजेंसी गृह मंत्रालय है। तथा अंतर्राष्ट्रीय सीमा ऑपरेशन में गृह मंत्रालय द्वारा आदेशित पुलिस बल सेना के साथ द्वितीय सुरक्षा पंक्ति सिद्ध हुई है।

(हिंसा के बीच) लोगों को जान से मारना, उनकी दक्षता की अपेक्षा नहीं रखता जितनी की हिंसा के बीच लोगों की जान बचाने की। ऐसी जगह पुलिस को सैन्य कार्य के साथ-साथ एक नागरिक का भी कार्य करना पड़ता है। विरोधाभासी बात यह है कि ऐसी जगह पुलिस के पास साधन तो सेना के रहते हैं किन्तु उसकी व्यवसायिक आवश्यकता सामाजिक और मानवीय है। पैरा-मिलीटरी पुलिस संगठन के कार्य का यहाँ वर्णन करते समय हमें यह पुरानी कहावत याद रखनी है कि "हर नागरिक एक गैर यूनिफार्म का पुलिस कर्मी है और हर वर्दीधारी पुलिस कर्मी के अंदर एक नागरिक छिपा हुआ है"। हर पुलिस कर्मी को अपनी ड्यूटी में घर से बाहर कदम रखने के पूर्ण यह सोचना चाहिए कि वह भी करोड़ों नागरिकों में से एक होता यदि उसे यह पुलिस का कार्य न दिया जाता। वे दिन बीत चुके हैं, जब कोई कानूनी या गैर-कानूनी भीड़ खाकी वर्दीधारी पुलिस कर्मी को आते देखकर तितर-बितर हो जाती थी और इसलिए उस समय भीड़ आसानी से अपने आप नियंत्रित हो जाती थी। जैसे कि एक गतिशील वाहन केवल ब्रेक लगाने से ही नहीं बल्कि उसके स्वयं के वजन से भी रूक जाता है। बदली हुई स्थितियों में पुलिस को जनता का विश्वास जीतना चाहिए ताकि वह प्रभावपूर्ण कार्य कर सके, न कि एक शासक दल की राजनैतिक व्यवस्था के एक पहलवान के रूप में उसे कार्य करना चाहिए।

साधारणतया पुलिस बल कानून को लागू करने वाली एजेंसी के रूप में कार्य करती है। अत: उसे प्रशासन का एक अभिन्न अंग माना जाता है, जिसे जनता की तथ्यपरक आवश्यकताओं से बहुत कम लेना देना होता है। इससे जनता में सूक्ष्म भय, चिंता और डर का वातावरण उत्पन्न होता है। पुलिस को ही कानून समझ लिया जाता है। यद्यपि पुलिस सामाजिक जीवन के मूलभूत तत्वों की सुरक्षा के लिए जिम्मेदार है। पुलिस की प्रकृति और स्वभाव के बारे में सामान्य जनता ही अधिक अनुभव कर सकती है, बजाए सरकार के। चाहे सरकार के अपने व्यक्तियों द्वारा अनुभव करे या कानून के पालन की वृत्ति द्वारा।

इस बदले हुए समाज में एक केन्द्रीय पुलिस संगठन की आवश्यकता इस बात पर निर्भर करती है कि पुरानी जिलास्तर की बलवान व्यक्तियों पर आधारित पुलिस

व्यवस्था कितनी असफल हो चुकी है एवं उसमें इतना जंग लग गया है कि वह नए कार्यों व अपने नये रोल के काबिल नहीं रही। हमारे राजनैतिक नेताओं ने पुलिस को इतने ही साधन दिये कि पुलिस केवल पुरानी स्थिति की रक्षा कर उसे बचाती रहे और राजनैतिक संगठन के बुनियाद को बचाकर रखती रहे मानों वह न्यायिक व्यवस्था की एक कार्यकारी अंग है। यह रुग्ण व्यवस्था शताब्दियों से वसीयत में चली आ रही है। राजनैतिक प्रक्रिया में बढ़ती हुई योगदान, तेजी से भागता हुआ आर्थिक विकास आदि से समाज को जो आघात हो रहा है उसे पुलिस को झेलना पड़ रहा है। विवेकपूर्ण एवं संतुलित दृष्टिकोण अपनाकर यह साधनहीन पुलिस बल विकास के अवरोधों का सामना करता है। राजनैतिक स्थिरता, औद्योगिक सुरक्षा एवं एक प्रजातांत्रिकरण, औद्योगिकरण एवं आधुनिकीकरण की प्रक्रिया द्वारा पुलिस बल के प्रभाव का मूल्यांकन होता है।

सामाजिक न्याय की भूमिका

हमारे देश जैसे प्रजातांत्रिक समाजवादी समाज में जहाँ कि नागरिकों को समानता व स्वतंत्रता के मूल अधिकार मिले हुए हैं, यह माना जाता है कि कानून की उच्चता सभी के द्वारा सम्मानित की जायेगी। किन्तु इस सभ्य मानव जीवन के दैनिक कार्यों में न्याय निर्बल और बलवान के हितों के बीच व्यवहार रूप में समझौते का प्रतिनिधित्व करता है। मानवता के सामान्य सिद्धांत के अनुसार बलवान के विरुद्ध निर्बल की रक्षा की जानी चाहिए। ये दोनों वर्ग सदैव साथ-साथ अस्तित्व में रहने चाहिए। चाहे कोई भी सामाजिक-राजनैतिक व्यवस्था हो। एवं संयोगवश कोई किसी भी लिंग या जाति का हो अथवा शारीरिक व मानसिक रूप से अक्षम हो।

भारतीय संविधान में जहाँ जीवन, स्वतंत्रता और समानता का मूल अधिकार सभी नागरिकों को बिना जाति, रंग, लिंग या वर्ग भेद के दिया गया है वहाँ आज नये-नये सामाजिक परिवर्तनों ने परंपरागत संस्थाओं का अस्तित्व समाप्त कर दिया है। आजादी के बाद के दशक के आपराधिक आंकड़े दर्शाते हैं कि अपराध तत्वों में भारत की जनसंख्या का एक बड़ा हिस्सा परंपरागत रूप से समाज के कमजोर वर्ग का है उसी प्रकार से अपराधी तत्वों के आक्रमण का शिकार भी अधिकतर कमजोर व गरीब वर्ग के लोग ही होते हैं और जिन्हें कई कारणों से उचित कानूनी संरक्षण प्राप्त नहीं होता। साम्प्रदायिक वाइरस की तरह ही यह तत्व भी हमारे समाज को दीमक की तरह अंदर से खाये जा रहा है। अभी तक कई प्रयोग इन्हें ऊपर उठाने के लिए किए जा चुके हैं जैसे बिहार में हरिजनों को आत्म सुरक्षा के लिए हथियार प्रदान करना और मध्य प्रदेश

में इन कमजोर वर्गों के लिए अलग थाना खोलना (स्थायी थाने के होते हुए भी) जिनके अच्छे परिणाम प्राप्त हुए हैं। सब धर्मनिरपेक्ष विस्तृत आधार वाले और विकेंद्रित अखिल भारतीय पुलिस संगठन से अपेक्षा की जाती है कि वह एक कार्य करने योग्य संतुलित परिस्थिति उत्पन्न करने के लिए अपनी मूल सेवाएं एक ऐसे समाज को देगा जो अनियमितता एवं असमानता से अधोमुखी पड़ा हो। सामाजिक न्याय का संतुलन बनाने के लिए पुलिस बल प्रथम एवं उचित एजेंसी है। सामाजिक न्याय दिलाने की अन्य एजेंसियाँ जैसे अदालत, वकील, स्वयंसेवी संगठन और संसद का भाग बाद में क्रमश: आता है। कमजोर और दलित लोगों के लिए पूर्ण सहानुभूति व कानून के होते हुए पुलिस का कानून लागू करने का दर्शनशास्त्र, जो इतिहास, परंपरा, यहाँ तक कि पुलिस कर्मी को ट्रेनिंग से बंधा हुआ है, ब्ल्यू और न्याय के भूरे फोल्डरों से भी छोटा या सकरा बन गया है।

अधिकतर जनता, और विशेषकर कमजोर वर्ग के मस्तिष्क में पुलिस बलों और उनके व्यवसायिक कार्यों के बारे में बहुत ही खराब छवि बनी हुई है। चेतावनी देने वाली असुरक्षा, उनके जीवन को भय दिखाती है और स्वाभाविक रूप से जनता किसी विदेशी बल को अपनी सुरक्षा वाले अथवा भला करने वाले रूप में स्वीकार नहीं कर सकती है, जब तक कि वह जनता को अपने पूरे प्रमाण देकर समझा न दे। अनुशासित पुलिस बल एक संयुक्त कमान के दायरे में रहते हुए नियंत्रण कार्य करती है। ऐसी स्थिति पुलिस बल के लिए विभिन्न क्षेत्रों जैसे-स्वास्थ शिक्षा, नसबंदी, सहकारी खेती एवं आवास व्यवस्था आदि में काम करने के लिए अनुकूल नहीं होती-विशेषकर समाज के कमजोर वर्ग के भले के काम करने के लिए एवं काफी बढ़ती जा रही है, और इससे देश में कानून-व्यवस्था की स्थिति में सामाजिक चेतना मिल रही है। पंचवर्षीय योजना से प्राप्त लाभ जनसंख्या के दबाव के कारण छिप गए हैं। रोज बढ़ने वाले शहरीकरण ने, अनियंत्रित रूप से नई-नई बातों ने और तीव्रगति से बढ़ती हुई जनसंख्या वृद्धि ने समस्या को और बढ़ा दिया है। लोगों की अर्द्धशहरी क्षेत्रों में निवास करने की प्रवृत्ति में वृद्धि और बढ़ती हुई विशाल बेरोजगारों की फौज, निराशा, शोषण आदि ने अपराध बढ़ाने और अराजकता उत्पन्न करने में मानों नर्सरी क्यारी जैसे कार्य किया है। अत: समाज की इस समस्या की ओर एक विवेकपूर्ण दृष्टिकोण से देखना ही इसके केंद्र तक पहुँचने में उचित तरीका होगा। और इस वाइरस को जड़ से नष्ट करने में भी सहायक होगा। एक बार यदि यह लक्ष्य प्राप्त कर लिया जाए याने समस्या के बिन्दू तक पहुँच लिया जाए तो पुलिस संगठन लोगों के हृदय को जीत लेगा और जनता का वास्तविक सच्चा मित्र बन जायेगा।

एक प्रभावकारी पुलिस बल की भूमिका

किसी भी व्यक्ति या संगठन के अस्तित्व के लिए उसकी भूमिका का महत्त्व होता है। फ्योडोर डोस्टोवस्की के शब्दों में, "यदि कोई किसी व्यक्ति को पूरी तरह नष्ट करना, उसका विनाश करना चाहे तो उसे केवल ऐसा कार्य करने को दे, जो पूरी तरह बेकार, अनुपयोगी और अविवेकपूर्ण हो"। पुलिस की प्रभावशीलता से उसका अस्तित्व पक्का होता है और ऐसा तभी होता है जब पुलिस संगठन का विकास हो। "कल्याणकारी राज्य" का पूर्वज पुलिस राज्य है। यहाँ तक कि प्रजातांत्रिक और साम्यवादी प्रकार के सर्वोत्तम राज्य भी अपने यहाँ समाज को पुलिस-विहीन नहीं कर पाए हैं।

सर्वप्रथम यह समझ लिया जाना चाहिए कि कानून-व्यवस्था की स्थिति को लागू करना कोई आसानी से बिकाऊ वस्तु नहीं है। अपने कार्य की प्रकृति के कारण पुलिस संगठन यह आशा नहीं कर सकता कि उसे सभी की ओर से सार्वजनिक सहयोग और सद्भावना मिलेगी। दूसरी ओर पुलिस के लिए अत्यधिक मानसिक क्षमता चाहिए ताकि पुलिस समाज की ओर से अधिकारपूर्ण भाषा बोल सके क्योंकि पुलिस के जवान भी उसी समाज के उत्तरदायी नागरिक हैं।

किसी भी समाज में, पुलिस की प्रभावहीनता अत्यन्त भारी उत्तरदायित्व है। वह चाहे शासक वर्ग हो या जनता कोई सहन नहीं कर सकता। सेना के समान ही नैतिकता की एक उच्च स्थिति पुलिस में भी बनानी होती है। और एक बार प्रभावहीनता आ जाने पर उसका परिणाम अत्यन्त हानिकारक होता है। विरोधाभास में कहें तो पुलिस का आदर्श एवं प्रभावकारी ढंग से कार्य करने की स्थिति पुलिस संगठन के लिये हानिकारक साबित होगी। जैसे कि एक शांतिपूर्ण विश्व भी सेना और शस्त्रों से छुटकारा नहीं पा सकता। अर्थात् पुलिस का होना तो जरूरी ही होगा। व्यक्ति और समाज के विकास हेतु अच्छे पुलिस बल का होना एक पूर्व आवश्यकता व शर्त है। कानून लागू करने वाली शक्ति के रूप में पुलिस की अनुपस्थिति या उसकी प्रभावशीलता में कमी होना सामाजिक अनुशासनहीनता का कारण बनता है, जिससे उच्चस्तर के मूलभूत मूल्यों में समाज का विश्वास डगमगाने लगता है।

इस विषय के विद्यार्थी "पुलिस ज्यादती" और "पुलिस-नियंत्रण" जैसे शब्दों से भलीं-भांति सुपरिचित होंगे। ये शब्द तो किसी सविशेष परिस्थिति में किसी संदर्भ में, व्यक्तिगत मूल्यांकन करने वाले शब्द हैं। पुलिस राजनैतिक व्यवस्था के उद्देश्य को

ही नष्ट करने का कार्य करे तो वह विचित्र रूप से अप्रभावकारी ही होगी। वरिष्ठ पुलिस नेतृत्व जो सिर्फ बदनाम होते हैं जबकि उनकी गलती गैर-पुलिस संगठन को प्रशिक्षण देकर तैयार करना है।

कानून व्यवस्था का बदलता हुआ ढाँचा इन तथ्यों से और बिगड़ने लगा है क्योंकि पुलिस की संख्या की अपर्याप्तता से बढ़ने के बावजूद कार्यभार पूर्व नहीं हो पाता है। अपराधियों को पकड़कर दंड दिलवाने में दंड संहिता और कानूनी प्रक्रिया, कानून के शीघ्र और ईमानदारी रूप से पालन में बाधा डालते हैं जो आज भी "उपनिवेशक असभ्य राज्य" को अब भी जिन्दा रखा है। असम और पंजाब के ऑपरेशन से जो शिक्षा मिली है, उससे यह आवश्यकता प्रतीत होती है कि सभी पैरा-मिलिट्री पुलिस बलों के लिए कर्त्तव्य, कार्य और क्षेत्र का पुनः निर्धारण किया जाये। भारत में वर्तमान पुलिस, पुलिस बलों के कार्यों को बहुत ही संकीर्ण दृष्टिकोण से देखा जाता है, और इसमें पूरी तरह सुधार दो धार वाली तलवार की तरह है। जो कि बल को दिखाई देने वाले कार्य को समाज की आँखों को धुंधला बनाता है और बल के सदस्य का व्यावसायिक मूल्यांकन करने में असफल रहता है।

बदलते हुए "कानून और व्यवस्था" के इस ढाँचे में पुलिस संगठन की एक प्रभावकारी छवि बनाने के लिए, पुलिस बल को अपने महत्वपूर्ण कार्यों से समाज को यह अनुभव कराना होगा कि वही एकमात्र संगठन है जो विपत्ति के दिनों में समाज का संरक्षक बनकर सामने आता है। यह बात आम आदमी के मनोवैज्ञानिक एवं सामाजिक स्तर पर भी सही सिद्ध होती है जैसे कि पहाड़ खुद मोहम्मद के पास उसे बचाने को आ गए हों। इसलिए पुलिस बलों के लिए यही सही समय है जब कि वे अपने कार्य-व्यवहार का तरीका बदल कर और अस्थायी तौर से विपक्षी राजनैतिक दलों के नेताओं, युवा नेताओं, अल्पसंख्यक समाज के नेताओं, मजदूर संघ के नेताओं, औद्योगिक क्षेत्र के और अन्य भावनात्मक समूह के नेताओं से आम आदमी व जनता को छुटकारा दिलाकर उन्हें स्थायी शांति दिला सकते हैं। यह पूर्णतः निरर्थक नहीं है कि एक "नागरिक पुलिस" या "सकारात्मक पुलिस" का रोल अदा किया जाये न कि केवल "व्यावसायिक पुलिस" का। ऐसा करने से पुलिस का निश्चित रूप से एक असैन्य प्रगतिशील, समयानुकूल आवश्यकतानुसार-दृष्टिकोण विकसित होगा। ऐसी पुलिस को जो एक धर्मनिरपेक्ष, अनुशासित सशस्त्र संगठन है और जिसकी हमें पूरी आवश्यकता है। इस प्रकार संक्षेप में, पुलिस बल की भूमिका को उचित ढंग से परिभाषित किया जा सकता है उसका कार्य जातिसंघ के शांति वाहिनी के अनुसार हो

जो अपनी आंतरिक सीमाओं में हो, ताकि आने वाले समय में एक शान्ति का वातावरण दे सके।

एक प्रजातांत्रिक समाज में पुलिस के कार्य बहुत ही जटिल हैं। पुलिस बल के लिए यह कठिन कार्य है कि वह संपूर्ण समाज की आवाज सुने, जो कि सहायता, बचाव, असमानता, क्षतिपूर्ति, न्याय, टूटते हुए मूल अधिकारों को लागू करने हेतु आवाज उठा रहा है और अनेक दबाव पुलिस बल के सामने हैं। यह एक बहुत बड़ा कार्य है, विशेषकर ऐसे समय जब माहौल हर क्षेत्र में बिगड़ता जा रहा हो। प्रजातंत्र को बचाए रखने के लिए एवं विशेषकर स्वंय पुलिस बलों को अपना ही अस्तित्व बनाये रखने के लिये एक निश्चित पथ अपनाने की आवश्यकता है।

2

बलों के सदस्यों की विशेष समस्याएँ

जब किसी मुठभेड़ में एक पुलिस कर्मी अपनी जान खतरे में डालकर किसी डाकू को जान से मारता है, तो मृत डाकू के लिए जनता के हृदय में अत्यधिक सहानुभूति जागृत होती है। ऐसी घटना को अखबारों में काल्पनिक मुठभेड़ कह कर प्रकाशित किया जाता है। किन्तु जब कोई डाकू किसी पुलिस कर्मी को जान से मार डालता है तो किसी के पास सहानुभूति का एक शब्द नहीं होता। ऐसे समय जब सिपाही गंभीर रूप से घायल होता है और जिंदा रहने के लिए अस्पताल में वह जीवन और मृत्यु के बीच संघर्ष कर रहा होता है तब ऐसी त्रासदी की स्थिति में भी जनता का कोई भी व्यक्ति उसे देखने या मिलने या सहानुभूति प्रदर्शित करने नहीं आता। आते हैं तो केवल उसके अपने सिपाही और विभाग के अधिकारी। कभी-कभी जनता सिपाही के कार्यों को भला-बुरा कह कर एवं मूर्खतापूर्ण समझ कर कोसती है और कहती है कि उसने अनुचित खतरा क्यों मोल लिया। पुलिस विभाग स्वयं ऐसे कार्य को "बुरे ढंग से संचालित योजना" कह देता है। शताब्दियों से पुलिस ऐसी सदाबहार कहानी को सुनती आ रही है। ऐसी घटना या पुलिस एक्शन के बाद तुफान में जाती है किन्तु पुलिस की प्रसिद्धि और छवि शान्ति की पुनर्स्थापना के बाद भी वैसी की वैसी धुंधली ही बनी रहती है। ऐसा इसलिए है कि पुलिस के कार्यों को कभी न्यायपूर्ण ढंग से अनिवार्य या समय और परिस्थिति की मांग के अनुरूप नहीं देखा गया। भारत में पुलिस बल लगातार "अघौषित" युद्ध लड़ता रहा है, कोई भी सैनिक कार्यवाही केवल दिनों या महीनों

तक चलती है किन्तु पुलिस ऑपरेशन कई-कई वर्षों तक चलते हैं। देश के कुछ हिस्से सदैव संवेदनशील बने रहते हैं और पुलिस बल सदैव कर्तव्य के भार से लदे रहते हैं और उन्हें आराम करने, आनंद मनाने, परिवार के साथ वक्त बिताने, व्यक्तिगत समस्याओं को हल करने एवं सबसे महत्वपूर्ण निजी बीमारी का इलाज करवाने को मुश्किल से समय मिल पाता है। यदि संपूर्ण देश के पुलिस समाज को एक साथ लेकर देखें, चाहे वर्दी में हो या सादे वेश में, सशस्त्र हो या सामान्य या विशिष्ट राज्य की हो या केन्द्रीय सब के सब कानून के संरक्षण में जुटे हुए हैं जिन्हें जनता से सहानुभूति तक प्राप्त नहीं होती। सम्बन्धित पुलिस फोर्स को मेडिकल शाखा द्वारा पुलिस बल के सदस्यों के परिवारों की बीमारी छोटी-मोटी दुर्घटना एवं स्वास्थ्य की देखभाल का विशाल कार्य किया जाता है। यही वह स्थान है जहाँ खाकी वर्दीधारी पुलिस कर्मी और सफेद एप्रन पहना चिकित्सक, सेवा के लिए आपस में मिलते हैं और ये दोनों ही व्यवसाय, युद्ध और शान्ति काल में साथ-साथ चलते रहे हैं। दोनों ही व्यवसाय का साथ-साथ चलने का अनुभव अभी तक सुखद रहा है।

एक प्रश्न सदैव पूछा जाता रहा है कि पुलिस बल के लिए अलग से अस्पताल और चिकित्सक क्यों होने चाहिए? वे और इनके परिवार के सदस्य सामान्य उपलब्ध अस्पतालों से चिकित्सा सहायता क्यों नहीं ले सकते? क्या ये सामान्य जनता से अलग हैं? निम्नलिखित अनुच्छेदों में यह बातें स्पष्ट हो जायेंगी।

भारत में पुलिस अस्पतालों की धारणा काफी पुरानी है। अनुमान से हम कह सकते हैं कि डॉक्टरों का एक अलग वर्ग हुआ करता है, जो कि जेल के कैदियों, पकड़े गए लोगों, राजनैतिक कैदियों एवं मीसा, टाडा तथा डी. आई. आर. के अन्तर्गत गिरफ्तार लोगों का इलाज करते हैं। ये ही डॉक्टर फांसी की सजा प्राप्त कैदियों को फांसी देने के बाद उसकी मृत्यु प्रमाणित करते हैं। चुँकि इन डॉक्टरों के पास अधिक कार्य नहीं होता था तो अतिरिक्त समय में ये डॉक्टर शहर के अन्य अस्पतालों में सेवा दान करते। तथा जेल, पुलिस, होमगार्ड एवं इनके सहायक कार्यालयों के कर्मचारी भी पहचान और निकटता के कारण इलाज करवाते हैं। जेलों में उनकी सेवाएं पुलिस कैम्प बलों को मिलना था और स्वाभाविक रूप से इनसे लाभ उठाने वाले भी केन्द्रों में रहने वाले लोग ही होते थे। इसी व्यवस्था से आगे चलकर पूर्णकालिक विशेष पुलिस अस्पताल खुले। इनमें स्टॉफ, राज्य स्वास्थ्य सेवाओं से लिया जाता एवं वित्तीय व्यवस्था पुलिस निधि से की जाती थी। चुँकि पुलिस बल शहर के बाहरी इलाके में स्थापित किये जाते हैं। अत: चिकित्सा सुविधा केन्द्र का शहर की आबादी के लिए उपयोगी होना न्यायपूर्ण है।

कुछ अन्य निम्नलिखित तत्व हैं जिन्होंने पुलिस अस्पताल व्यवस्था को आगे बढ़ाया :

1. पुलिस कर्मी भी नागरिक हैं किन्तु सामान्य नागरिकों से उनमें कुछ अंतर है। वे विशिष्ट कार्य के लिए विशिष्ट समूह के सदस्य हैं। उनके रेजिमेंट में होने के कारण राज्य के प्रति उनकी निष्ठा संदेह से परे है। इन पुलिस कर्मियों को अपने कर्तव्य के निर्वहन के दौरान अपराधियों, असामाजिक तत्वों, आतंकवादी, सट्टेबाजों, जमाखोरों तथा अन्य अनेक के विरुद्ध कार्यवाही करनी पड़ती है। इस कार्यवाही के कारण उनके परिवार और उनकी स्वयं की सुरक्षा खतरे में पड़ती है। अत: पुलिस अस्पताल व्यवस्था उन लोगों एवं उनके परिवारों की सुरक्षा अन्य अस्पताल से बेहतर है।

2. सिविल अस्पताल में अत्यधिक भीड़ रहती है और बीमार पुलिस कर्मी को उक्त अस्पतालों में जाकर इलाज कराने के लिए उनकी ड्यूटी से छुट्टी लेनी पड़ती है जिसमें दिन का अधिक हिस्सा भीड़ में लाईनों में लगे रहने में निकल जाता है। ऐसी व्यवस्था से पुलिस कर्मी अपनी ड्यूटी पर जल्दी नहीं जा सकते।

3. नागरिक अस्पतालों के अफसरों को पुलिस के जीवन की परेशानियों का बहुत कम ज्ञान होता है। इन डॉक्टरों के पास उतना समय भी नहीं होता कि वे इन पुलिस कर्मियों पर अपने कर्तव्य निर्वहन के दौरान पड़ने वाले दबाव को समझ सकें।

   उदाहरणार्थ एक नये भर्ती हुए पुलिस के सिपाही को केवल "जूता काटने" मात्र से भी उसके कर्तव्य पालन में कठिनाई हो सकती है जिसे एक सामान्य सिविलियन डॉक्टर "साधारण समस्या" मानकर उसका इलाज करेगा। किन्तु उसे नये रंगरूट की यह समस्या तभी हल होगी, जब एक विभागीय डॉक्टर उसका इलाज करेगा। जो कि पुलिस के जीवन, उनकी ट्रेनिंग और खेलकूद तथा उनकी अन्य व्यावसायिक समस्याओं को जानता हो।

4. जिन पुलिस कर्मियों को अस्पताल में भर्ती करवाना जरूरी होता है उन्हें पुलिस अस्पताल में ही भर्ती करवाने की प्राथमिकता दी जाती है। उसका विशिष्ट कारण अधिक अच्छी सुरक्षा व उसकी प्रायवेसी बनाए रखना है।

उसके अतिरिक्त उनमें से अनेक को लंबी अवधि तक किसी विशेष कारण से अस्पताल में रखना होता है। जैसे गोली लगना, बम विस्फोट के कारण लगी चोटें, दुर्घटना, ऑपरेशन एवं फ्रेक्चर आदि होने पर। सीविल अस्पताल इसके लिए बिस्तरों की कमी के कारण अनिच्छा जाहिर कर देते हैं। ऐसे मामलों के इलाज की व्यवस्था स्वयं के अस्पतालों में अधिक अच्छी होती है।

5. सिविल अस्पतालों में कार्य करने वाले डॉक्टरों को पुलिस एवं पैरा-मिलिटरी के द्वारा अपनाई जाने वाली व्यवस्था व प्रक्रिया का ज्ञान नहीं होता। अत: उपयुक्त वैधानिक कागजात जो उनके कार्यालयों में लगाते हैं, सिविल डॉक्टर्स नहीं दे पाते। इसके अतिरिक्त केवल पुलिस अस्पतालों में कार्यरत डॉक्टर ही दूर-दराज के बाहरी क्षेंत्रों मे जाकर इलाज कर सकते हैं, जहाँ कि प्लाटून और कंपनियों को रखकर उनका पूरा-पूरा स्वास्थ्य परीक्षण कर स्वास्थ्य-शिक्षा की सलाह दी जाती है। अत: सहसैन्य पुलिस बलों के ट्रूपों की जीवन रक्षा के लिए उनके स्वास्थ्य और नैतिकता पर ध्यान देते हैं।

6. पुलिस बल के नौजवानों को स्वयं अपना इलाज करने की इजाजत नहीं है। उनके बीमार होने पर इलाज की जवाबदारी सम्बधिंत कमांडर की होती है। तथा बीमारी की प्रकृति, गंभीरता एवं ड्यूटी पर जाने की अक्षमता की सूचना औपचारिक तौर पर प्रशासनिक अधिकारी को देनी पड़ती है। अत: प्रशासनिक तथा मेडिकल शाखाओं में तालमेल संभव नहीं है जब तक कि दोनों ही शाखा एक ही अधिकारी के अधीन न हों।

पुलिस बल के अस्पतालों के कार्यों का वर्णन एक पूरे अलग अध्याय में किया गया है। अत: यह बताना आवश्यक है कि विभागीय अस्पताल जिनमें उचित ढंग से कर्मचारियों के केडर बने हैं। वे ही पुलिस बल की स्वास्थ्य समस्या सुलझाने में मदद कर सकती हैं। सिविल अस्पतालों के विपरीत जो केवल इलाज वाले भाग की ही ओर ध्यान दे सकते हैं। पुलिस अस्पतालों का वृद्धतर क्षितिज होता है। जिसमें स्वास्थ्य शिक्षा, स्टाफ ट्रेनिंग, इलाज के बाद की देखभाल (फालोअप), मेडिकल बोर्ड द्वारा स्वास्थ्य समस्या को निपटाना एवं पुनर्वास शामिल है।

पुलिस बल के डॉक्टरों द्वारा उन्नत अस्पतालों में इलाज की व्यवस्था से इलाज

के लिए वित्त एवं अन्य अनुसंशा की व्यवस्था करके कैम्प की सामूहिक रूप से इलाज की व्यवस्था एवं अन्य कार्य भी संपन्न किये जाते हैं। अत: पुलिस बल हेतु स्वास्थ्य सेवा की धारणा आज के समय की आवश्यकता है।

केन्द्रीय पुलिस बल के संगठनों में असम राइफल्स, इस शताब्दी की सबसे पुरानी अर्द्धसैनिक पुलिस बल है। इसके लिये मेडिकल सेवाएं सेना द्वारा की गयी थी। इस बल का हेडक्वार्टर तथा कार्यक्षेत्र उत्तरी-पूर्वी राज्यों में है और यह अर्द्धसैनिक बल है। फलस्वरूप इस असम रायफल्स ने अपने स्वयं के चिकित्सा कर्मचारी भर्ती किये, ताकि वह अपनी चिकित्सा सेवाएँ फोर्स हेडक्वार्टरस एवं ट्रेनिंग सेंटरों पर दे सके। यह कार्य (चिकित्सा सेवा) उस आर्मी मेडिकल कोर द्वारा प्राप्त सेवाओं के अतिरिक्त था। अत: इस बल को दो स्त्रोतों से स्वास्थ्य सेवाएं प्राप्त होती हैं।

केन्द्रीय पुलिस संगठन का दूसरा प्राचीन अर्द्धसैनिक संगठन सी. आर. पी. एफ. कहा जाता है जो सन् 1939 में क्राउन रिपरेजेनटेटिव पुलिस (सी. आर. पी.) के नाम से नीमच में तत्कालीन मध्य भारत के मालवा क्षेत्र में अस्तित्व में आयी। नीमच ओबोहवा की दृष्टि से एक स्वास्थ्यप्रद स्थान है। जहाँ सम-शीतोष्ण जलवायु है एवं मालवा की शीतल हवा जहाँ निरंतर बहती है। उस समय वह एक छोटा-सा कस्बा था और मिलिट्री के केंट क्षेत्र तथा भारत की सबसे पुरानी औपियम एवं अल्कलाईड फैक्ट्री के कारण प्रसिद्ध था। केन्ट क्षेत्र में बिगड़ती हुई कानून व्यवस्था को सुधारना था। स्वतंत्रता के पश्चात् इस बल का नाम सी. आर. पी. एफ. रखकर इसे वर्तमान स्वरूप दिया गया। उस समय नीमच में मेडिकल सुविधाएं कम थीं। इसलिये इस बल को अपना स्वयं का अस्पताल अपने परिसर में खोलना पड़ा, ताकि उनके जवानों को नगर में इलाज हेतु न जाना पड़े और उन्हें अफीम-तस्करी जैसे अपराधों में शामिल होने से रोका जा सके। क्योंकि यहाँ इस प्रकार के अपराध बहुत प्रचलित थे। इस प्रकार सी. आर. पी. एफ. का पुलिस अस्पताल अस्तित्व में आया और धीरे-धीरे यह अपनी गुणवत्ता से केंद्रीय सैन्य बल का प्रथम प्रसिद्ध अस्पताल हो गया। इसके बाद सी. आर. पी. एफ. का लगातार फैलाव एवं बी. एस. एफ., आय. टी. बी. पी. एवं अन्य बलों का जन्म होने से उन्हें एक मेडिकल सेटअप बनाने को बाध्य होना पड़ा। तथा उन्होंने अस्पतालों की एक श्रृंखला महत्वपूर्ण बिंदुओं को ध्यान में रखकर स्थापित की।

यद्यपि मानव होने के नाते पुलिस का कार्य करने वाले व्यक्तियों को भी कोई बीमारी हो सकती है, किंतु कई स्थितियां ऐसी हैं कि जो वर्दीधारी जवानों के लिये विशिष्ट हैं। अत: ऐसी कोई वैज्ञानिक अथवा सांख्यिकी विधि नहीं है जिसके द्वारा

पुलिस बल की बीमारी के नमूने को समझकर अध्ययन किया जा सके, कि बीमारी बढ़ रही है या घट रही है। किंतु सामान्य निरीक्षण के अनुसार कुछ पुरानी बीमारियों में पिछले दशकों में कुछ बदलाव अनिवार्य रूप से आया है। और यह समस्त परिवर्तन रहन-सहन के सामान्य स्तर से बढ़ने, शहरीकरण, स्वास्थ्य के प्रति सतर्कता तथा पुलिस बलों एवं उनके परिवारों को अधिक अच्छी चिकित्सा सुविधाएं प्राप्त होने के कारण हुआ है।

बीमारी एक उलझी हुई प्रक्रिया का दिखाई देने वाला हिस्सा है, जिसमें सामाजिक, आर्थिक, पर्यावरण एवं जीव विज्ञान संबंधी तत्व हैं। बीमारी "आईसवर्ग" के टुकड़े के उस ऊपरी सिरे के समान है जो कि निरीक्षणकर्ता को दिखाई देता है, किंतु शेष हिस्सा (जो पानी के अंदर है) कई गुना विशाल है। प्रत्येक बीमारी का एक लक्षण होता है, दूसरा बीमारी उत्पन्न होने के समय का और तीसरा बाद का, स्वास्थ्य लाभ का अंग होता है। हम इलाज वाले हिस्से को अधिक महत्वपूर्ण मानते हैं, जिसके दौरान गहन इलाज किया जाता है तथा स्वास्थ्य लाभ वाला हिस्सा प्रकृति पर छोड़ दिया जाता है। स्वास्थ्य लाभ के पश्चात अस्पताल से जाते समय केवल आवश्यक सलाह देकर छुट्टी दे दी जाती है। बीमारी का इलाज आईसवर्ग के पानी में डुबे हुऐ हिस्से के समान होता है। जोकि आकार में बड़ा होता है और जिसका प्रभाव समाज तथा व्यक्ति के स्वास्थ्य पर अधिक होता है। किंतु जिस पर सामान्यत: ध्यान कम दिया जाता है। चिकित्सा-सेवा स्थापना में, तीनों ही अंगों का शामिल होना जरूरी है। संपूर्ण चिकित्सा सुविधा में बीमारी की रोक संबंधी एवं स्वास्थ्य प्राप्ति संबंधी कार्य होना चाहिये।

उचित वैज्ञानिक आंकड़ों के उपलब्ध न होने से, पुलिस जवानों की विशिष्ट समस्याओं पर टिप्पणी करना संभव नहीं है। फिर भी निम्नवत् बीमारियों का अनुभव जन्य, वर्गीकरण कर, सुझाव दिया जा रहा है:

1. *दबाव के कारण होने वाली मानसिक बीमारियां :* इनका क्षेत्र काफी विशाल होता है। किंतु आर्गनिक (शारीरिक अंग) बीमारियां जैसे हाईपरटेंशन, इश्केमिक, हाईडिसीज, एसीड पेष्टि डिसीजेज एवं मानसिक बीमारियां अधिक प्रसिद्ध हैं। जोड़ों के दर्द संबंधी बीमारियां (स्पोंडिलोसिस व डायबिटिज मेलाइटस) को परिवर्तित करने वाली बीमारियां भी इसी वर्ग में आती हैं।

2. *प्रतिकूल जलवायु के कारण होने वाली बीमारियाँ :* इस वर्ग में तेज जलवायु के कारण प्राप्त परिस्थितियां, उच्च पहाड़ी या पहाड़, समुद्र तेज धूप का प्रभाव मच्छर,

मक्खी, जल से होने वाली बीमारियां, थायराईड गाइटर, हाइपर प्लोरिनेशन (प्लरोसिस) सभी इसी वर्ग में आती हैं। रक्त एवं विटामिन की कमी संबंधी बीमारियां तथा पौष्टिकता की कमी संबंधी बीमारियां भी इसी वर्ग में आती हैं।

3. *संक्रामक रोग (छूत से फैलने वाली बीमारियां):* समाज में निकट संपर्क में आने के कारण आपसी संक्रमण से होने वाली बीमारियां साधारण हैं। कैम्प जीवन में आपसी मेल-जोल, बातचीत सबसे बड़ा कार्य है। सामान्य से विशिष्ट की ओर फैलने वाला संक्रमण, पुलिस बलों में देखा जा सकता है। तेजी से संक्रमित होने वाली लीवर संबंधी बीमारी जैसे हैजा, टाईफाईड काजूकेटिव रोग कैम्पों में कई बार देखे गये हैं। इनके अतिरिक्त अन्य उल्लेखनीय रोग हैं—सेक्स रोग, टी. बी., कोढ़, दंत रोग, भोजन का शरीर में जहर बनना (फूड पोइजनिंग) आदि। मौसमी सामान्य सर्दी, वाईरल फिवर, आदि पुलिस बल में सामान्य होते हैं।

4. *जख्म एवं युद्ध में आकस्मिक घायल होने की घटनाएं:*

किसी विशेष कार्य को पूर्ण करने में लगे पुलिस बल के लोग —(ऑपरेशन ग्रुप) , पुलिस की बीमारियों का एक बड़ा समूह है, जिसमें अधिकतम प्राणहानि व कार्य-दिवसों की हानि होती है। गोली लगने की चोटें, बम फटने से घायल होना, जलने और आकस्मिक दुर्घटनाएं सामान्य हैं, जो पुलिस बल के सदस्यों के साथ होती हैं।

5. *व्यायाम और खेलकूद समूह :* पुलिस बल में ढोल, ट्रेनिंग कार्यक्रम, सिरिमोनिअल दैनिक बातें होती रहती हैं। अपने पूर्ण पुलिस जीवन में प्रत्येक जवान को विभिन्न श्रेणी के व्यायाम करने होते हैं। अत: बाह्य व आंतरिक कारणों से किसी भी प्रकार की चोटें लगना संभव है।

उक्त वर्गीकरण प्रायोगिक और अनुभव पर आधारित है। अन्य कई और तत्व जिनसे छोटे समूह बीमारी के बनते हैं या पुलिस कर्मियों के विशेष समूह से सम्बन्ध रखते हैं, हो सकते हैं। निम्नांकित उदाहरणों से इस तथ्य को अधिक स्पष्ट कर सकते हैं। सी. आइ. एस. एफ. के सदस्य जो एटोमिक रिसर्च केन्द्र पर कार्य करते हैं, उन्हें अणु विकिरण का प्रभाव सहन करना पड़ता है। अफीम एवं खाद कारखानों में आकस्मिक रूप से होने वाली जहरीली गैस का रिसाव, अफीम की भाप का होने वाला प्रभाव आदि दुर्घटनाएँ प्राय: होती रहती हैं। इनके अतिरिक्त अन्य महत्वपूर्ण व गौण दुर्घटनायें प्राय: जवानों के साथ घटित होती रहती हैं। किंतु पुलिस बल का प्रत्येक

ग्रुप इतना छोटा होता है कि उस पर अलग से विचार नहीं किया जा सकता। एड्स जैसी जान लेवा बीमारी की सूचना 1992 तक किसी भी पुलिस बल से प्राप्त नहीं हुई है।

मद्रास सिटी पुलिस अस्पताल से प्राप्त एक रिपोर्ट के अनुसार, चिकित्सा अधिकारियों ने पांच बीमारियों की सूची बनायी है। जिससे पुलिस के व्यक्ति सामान्यत: पीड़ित होते हैं। वे हैं—शराब के कारण स्नायविक बीमारियां जैसे हाईपरटेंशन, डायबिटीज, श्वास-प्रश्वास संस्थान का संक्रमण (अधिकतर धूम्रपान के कारण) एवं पेप्टीक अल्सर। सर्वेक्षणकर्ता के अनुसार, पुलिस अस्पतालों में अधिक अच्छी सुविधाएं, विशेषज्ञों की सेवाएं और श्रेष्ठ दवाईयां तथा अनुभव की आवश्यकता पर बल दिया है। उन्होंने एक संपूर्ण योजना बनाने की जरूरत पर बल दिया है ताकि पुलिस जवानों के स्वास्थ्य संबंधी बातों पर पूरा-पूरा ध्यान दिया जा सके। इसके लिये उन्होंने पुलिस जवान की ड्यूटी का जोखिमपूर्ण कार्यों को ध्यान में रखकर रिपोर्ट दी है। मनोवैज्ञानिक मार्गदर्शन सलाह देना एवं स्वास्थ्य शिक्षा कार्यक्रम में, सभी मिलकर पुलिस की अस्वस्थता स्थिति की रूपरेखा ही बदल सकते हैं। साथ-साथ सार्वजनिक स्वास्थ्य उपायों को भी पूर्ण बना देगें।

सेना में व्याप्त, अस्वस्थता का स्वरूप का अध्ययन, जो कि राष्ट्रीय स्तर के बलों से संबंधित भी हो सकता है। बढ़ा रुचिकर है। सेना के लिए स्वास्थ्य एक लड़ाई जीतने वाला तत्व है। युद्ध के दिनों में अस्पतालों में आकस्मिक छोटी-मोटी चोटों व अन्य बीमारियों से भरती होने वालों की संख्या अधिक हो जाती है। सार्वजनिक स्वास्थ्य सेवाओं को लागू करने की सफलता या असफलता बीमारी या स्वास्थ्य लाभ से सीधे सम्बन्ध है। शांति काल में अस्पतालों में मरीजों की भरती, संक्रामक या असंक्रामक रोगों के कारण अधिक होती है। किन्तु युद्ध काल में 90 प्रतिशत मामले चोटों, जख्मों के कारण (बिना दुश्मन की कार्यवाही के ही) होते हैं एवं शेष तनाव, दबाव संबंधी गड़बड़ियों के कारण होते हैं। संक्रामक रोगों में टी. बी. के कारण सर्वाधिक सैन्यशक्ति की हानि होती है। अन्य मुख्य बीमारियाँ हैं—सेक्स रोग, डायरिया, मलेरिया, रिकेट सिआ गुप ऑफ फीवर्स, एन्टेरिक फीवर, हैजा आदि। शोध कार्य एवं संकलन हेतु काफी मात्रा में सांख्यिकी आंकड़े एवं "मिलिटरी हाईजिन रिपोर्ट" प्राप्त हो सकती है।

सैन्य सांख्यिकीय आंकड़ों को असंदर्भित एवं पूरी तरह शैक्षणिक समझकर हम उन्हें नहीं छोड़ सकते हैं। किसी भी पुलिस बल में चिकित्सा सेवा हेतु पर्याप्त मात्रा

में सूचनाएं ली जा सकती हैं, जो कि इसके लिए मार्ग दर्शन तत्व है। निम्नांकित निष्कर्ष पुलिस बल की चिकित्सा सेवा के सेटअप के लिए सहायक होगें :

1. पुलिस बलों में बीमारी एवं शांतिकाल की आकस्मिकताएँ और अन्य अस्वस्थता का स्वरूप सेना जैसा ही है।

2. स्थायी रूप से बीमारी के रोकथाम में उन्नति करने से एक प्रभावशाली मिलिटरी हाईजिन सहायक हो सकता है।

3. बलों में बीमारी कम होने से शारीरिक एवं मानसिक रूप से बलों की लड़ाई की ताकत में वृद्धि होती है।

4. स्वास्थ्य स्तर को ऊँचा बनाए रखने के लिए लगातार प्रयत्नरत रहना है और इस स्तर में सदैव वृद्धि हेतु कार्य करना है।

5. जब पिछली त्रुटियों एवं अनुभवों से शिक्षा ग्रहण किये जाने से आगे कि उन्नति हो सकती है।

6. बल के सभी सदस्यों एवं उनके परिवार बलों की स्वास्थ्य के प्रति सजगता श्रेष्ठ हाईजिनिक स्थिति निमार्ण के लिए अनिवार्य है।

7. इलाज से बेहतर बीमारी की रोक है, इस सिद्धांत का कठोर पालन सदैव विशेषज्ञों के मार्ग-दर्शन में किया जाना चाहिए। ऐसा समूह की चिकित्सा में सभी के सहयोग से किया जाना चाहिए।

पुलिस बलों की जीवन शैली एवं कर्तव्य सेना में काफी समानता होने पर भी उनकी स्वयं की मौलिकता, सीमाएँ एवं अनिवार्यताएँ हैं। सेना का मानक अन्य पुलिस बलों से अनेक कारणों से बेहतर स्तर बनाए रखने के लिए किया जाता है। किन्तु यदि हम वेतन, राशन सुविधा, पोषक सुविधा, साधन और अन्य सामान्य वस्तुओं और लाभों को छोड़ भी दें, जो कि सीधे मानव जीवन पर प्रभाव डालते हैं तो भी रहन-सहन के दोनों के स्तर, कर्तव्यों के प्रकार एवं व्यावसायिक गड़बड़ियों के प्रति अपने को प्रदर्शित करने की श्रेणी में अंतर है। केन्द्रीय सह सैन्य बल एवं राज्य सशस्त्र पुलिस सदैव रात-दिन "कानून व्यवस्था" की देखरेख में लगे रहते हैं। सेना को तो युद्ध केवल एक बार अन्तर्राष्ट्रीय झगड़े के कारण गहन आपातकाल के समय ही लड़ना पड़ता है। किंतु इन पुलिस बलों को तो एक अघोषित युद्ध गलियों और सड़कों पर अपने ही नागरिकों से न कि विदेशी शत्रुओं से लड़ते रहना पड़ता है। युद्ध लगातार एवं दीर्घकालीन भी

हो सकता है लेकिन एक दिन बंद भी। ये पुलिस बल के सदस्य सदा ही आतंकवाद से लड़ने हेतु तैयार रहते हैं। अपने कर्तव्य पालन में लगे पुलिस बलों के सदस्यों का आतंकवादी की गोली का शिकार बनने की सदा संभावना रहती है। पुलिस केजुएलिटीज हत्याएँ आतंकवाद से ग्रसित राज्यों एवं क्षेत्रों में अधिक होती हैं और इसका एक कारण उच्च स्तर के आधुनिक हथियार जैसे राकेट लांचर, उन्नत विस्फोट की तरकीबें, ग्रेनेडस एवं रिमोट कंट्रोल द्वारा नियंत्रित हथियार होते हैं जो कि संगठित आतंकवादी संगठनों के पास होते हैं। ट्रेण्ड मानव जीवन की हानि की अधिकता इतनी अधिक होती है जिसका वर्णन नहीं किया जा सकता है। पिछली दशाब्दी (1981-82 से 1991-92) में जितने पुलिस कर्मी आतंकवादी की गोलियों, बम फटने, जातीय दंगे या रेलियों में शहीद हो गए हैं उनकी संख्या 7144 है। यह एक भयप्रद एवं विचारणीय तथ्य है कि 4756 जवान केवल पिछले पांच वर्षों में ही कर्तव्य पालन करते हुए आतंकवाद का शिकार हुए है। देश के दो बड़े पैरा-मिलिट्री बल सी. आर. पी. एफ. एवं बी. एस. एफ. के जवानों को सबसे भारी नुकसान उठाना पड़ा। इस अवधि में वह क्रमश: 504 एवं 866 था। पंजाब की राज्य पुलिस को 1069 और इसके बाद यू. पी. पुलिस को 552 जवानों के जीवन के बलिदान का दुख देखना पड़ा। जबकि वे राष्ट्र की अखंड़ता, सुरक्षा एवं शान्ति के लिए ही अपने कर्तव्यों का पालन कर रहे थे। घायल पुलिस कर्मियों की संख्या इससे भी अधिक है। दुर्भाग्य से पुलिस के जवानों की चोट'' दुर्घटना एवं मृत्यु का बढ़ता हुआ आंकड़ा तेजी से बढ़ रहा है जो हमें सावधान करने वाला है। केवल वर्ष 1991-92 में यदि देश के 12 बड़े राज्यों के आंकड़ें एक साथ रखें, तो तीन व्यक्ति प्रतिदिन आतंकवादियों के हाथों अपने जीवन से हाथ धो रहे हैं।''

कानून के रक्षकों के सामने ऐसा गंभीर खतरा होते हुए, उन्हें एक दक्ष चिकित्सा सेवा की आवश्यकता है जो कि पूर्णत: ट्रेण्ड एवं साधन संपन्न हो ताकि सभी प्रकार के घायलों और बीमार जवानों की देखरेख कर स्वचालित यंत्र के रूप में कार्य कर सकें। इसके अतिरिक्त पुलिस की ड्यूटी से स्वयं कई बुरे प्रभाव इनके स्वास्थ्य पर पड़ते हैं। विशेषकर दबाव वाली गड़बड़ियां। पुलिस बल में लगभग 20 प्रतिशत सक्रिय जनशक्ति, दबाव संबंधी गड़बड़ियों के कारण अनुपयुक्त पड़ी रहती है। पुलिस बलों में चिकित्सा सेवा के सेटअप के बारे में एवं उसके कार्य करने की प्रक्रिया के बारे में अलग अध्यायों में विवेचन किया गया है। समाज में चिकित्सकों की भूमिका तथा उसकी उपयोगिता एवं आवश्यकता के बारे में अधिक लिखने की आवश्यकता नहीं

है। योजनाएं बनाते समय जो उच्च धारणाएँ रखी गयी थीं वे वास्तविक कार्य रूप में परिणत नहीं हुई हैं। अत: हर स्तर पर कमी इस व्यवस्था को जर्जर बना देती है। और उद्देश्य को पूरा नहीं होने देती। ऐसी बीमार व्यवस्था का इलाज है, संपूर्ण व्यवस्था को ही बदलकर उसका आधुनिकीकरण युद्ध स्तर पर करना। यही एकमात्र तरीका है जिसके द्वारा राष्ट्र को ट्रेण्ड पुलिस जवानों के मूल्यवान जीवन को निर्दयतापूर्वक गलियों, सड़कों पर बड़ी संख्या में नष्ट होने से बचाया जा सकता है।

पुलिस बलों में बड़ी संख्या में पुलिस जवानों का एक ऐसा वर्ग शामिल है जिसके कार्य करने एवं जीवन शैली में, मुख्य बलवान लड़ाकू टूपों से बहुत अंतर है। कुछ छोटे समूह हैं, जिनकी कुछ ज्वलंत वास्तविक समस्याएं हैं। ऐसा एक समूह पुलिस बल की महिला इकाई है। अब वह सभी राज्य पुलिस बलों में महिलाओं की भर्ती कर रहे हैं—विशेषकर होमगार्ड व सामान्य पुलिस दलों में। केन्द्रीय बलों में सी. आर. पी. एफ. महिला बटालियन तैयार करने में अग्रणी पुलिस बल रहा है। इसने एक पूरा महिला टूप तैयार किया है, उन्हें ट्रेनिगं देकर कर्तव्य पर अपने पुरुष सहयोगियों के साथ पदस्थ किया है। सीमा सुरक्षा बल (बी. एस. एफ.) ने भी इसी प्रकार की महिला बटालियन तैयार करने की घोषणा की है। इसी के साथ कई राज्यों ने भी महिला सशस्त्र बल गठित करने पर विचार किया है। क्योंकि देश में महिलाओं से संबंधित अपराध बढ़ने से महिला सशस्त्र पुलिस की आवश्यकता बढ़ने लगी है। सेना में भी बड़ी संख्या में नियमित रूप से महिलाएं भर्ती हो रही हैं। ये महिलाएं जल, थल, नभ सेना में क्लर्क, चिकित्सक, नर्स, शिक्षा एवं हवाई सेना में जमीन की ड्यूटी कर रही हैं। पुलिस संगठन में भी महिला सदस्यों की संख्या क्लर्क के रूप में काफी बढ़ती जा रही है।

अत: महिलाओं से संबंधित स्वास्थ्य समस्याओं पर यहां कुछ विवेचन करना पूर्णतया उचित एवं श्रेष्ठ होगा।

महिला पुलिस बल की चिकित्सा संबंधी समस्याएं : भारत उन अनेक देशों में से एक है, जिसने काफी लम्बे अन्तराल के पश्चात महिला वर्ग को सेना में भरती करके उनकी शक्ति का सही मूल्यांकन किया है। अमेरिका ने सन् 1911 में, और ब्रिटेन में लंदन पुलिस ने सन् 1915 में प्रथम बार महिलाओं को सेना में भर्ती किया। एन. सी. सी. ने भारत में प्रथम बार स्कूल और कॉलेज की छात्राओं को युद्ध की ट्रेनिंग दी और उसी का अनुगमन अर्द्धसैन्य पुलिस बल, जैसे होमगार्ड ने भी किया। महिला पुलिस की आवश्यकता इसलिए अनुभव की गयी कि अधिक से अधिक महिलाएं आपराधिक कृत्यों में, तथा अन्य संवेदनशील कार्यों जैसे जुलूस, सत्याग्रह, धरना आदि में शामिल

होने लगीं। राज्य शासन अपनी महिला पुलिस को घरों की तलाशी, हवाई अड्डे पर महिला यात्रियों की जांच, तस्करी में लिप्त महिला अपराधियों को पकड़ने, नशीले पदार्थों के लाने ले जाने की जांच एवं पकड़, लड़कियों को भगाकर ले जाने वालों की जांच एवं पकड़, अवैध सैक्स षड़यंत्र और सबसे महत्वपूर्ण अंतर्राष्ट्रीय जासूसी की धरपकड़ जैसे कार्यों में नियुक्त करती है।

राष्ट्रीय स्तर पर सी. आर. पी. एफ. प्रथम अर्द्धसैनिक बल है, जिसने महिला बटालियन खड़ी की। ऐसी महिला बटालियन की कानून व्यवस्था की स्थिति को संभालने में सफलता की कहानी, शासकीय व सामाजिक दोनों स्तरों पर प्रशंसित की गयी है। जैसा कि एक प्रचीन कथन है—"एक प्रयोग करने वाले को संतुष्ट करता है, जबकि अन्य की संतुष्टी के लिये सैंकड़ों प्रयोग और चाहिये।" इसलिये महिला बटालियन के कार्य करने के अनुभव का मूल्यांकन इतना जल्दी करना उसकी श्रेष्ठता के लिय ये उचित नहीं होगा। अब जबकि अन्य पुलिस बलों ने भी अपनी महिला बटालियन को, कार्य के लिये सड़क पर खड़ा कर दिया है, तो उसका मूल्याकंन करने तथा उपयोगिता सिद्ध करने के लिये भविष्य में कार्यकर्ता नई सामाजिक व्यवस्था में रहेंगे। नैतिक रूप से तो समान अवसरों से महिलाओं को वंचित नहीं किया जा सकता क्योंकि तेजी से होने वाले सामाजिक परिवर्तन में लिंगभेद की सीमा को दूर कर दिया हैं। महिला पुलिस बल को ड्यटी करते समय कितने खतरों का सामना करना पड़ता है, उनका वर्णन इस प्रकार किया गया है:

1. सामाजिक, धार्मिक एवं राजनैतिक सभाओं में पुलिस की व्यवस्था करना जहां बहुत बड़ी भीड़ स्त्रियों एवं बच्चों की होती है। इस ड्यूटी में लंबा समय अचानक एकत्रित होने वाली भावुक भीड़ को नियंत्रित करना होता है। महिला पुलिस भीड़ के सम्मुख अत्यंत तनाव में रहती है।

2. पुलिस अस्पताल व अदालतों में महिला कैदियों की जांच एवं सुरक्षा, सशस्त्र दल की व्यवस्था, इस प्रकार की ड्यूटी से महिला पुलिस सार्वजनिक रूप से पहचान ली जाती है। जिससे उनके व्यक्तिगत जीवन को खतरा उत्पन्न होता है।

3. सैक्स अपराधियों से जुड़ी, बच्चे चुराने वाली, अपराधिक गर्भपात कराने वाली, अनैतिक धंधा करने वाली स्त्रियों से पूछताछ करना आदि, खतरे से पूर्ण कर्त्तव्यों का निष्पादन करने में महिला पुलिस बल को प्रभावित पक्ष

की ओर से निम्नस्तर की टिप्पणियां, गलतियां, जान से मारने की धमकी एवं रिश्वत के प्रस्तावों को सहन करना पड़ता है। जिससे अत्यधिक मानसिक दबाव बना रहता है।

4. पुलिस बल के जनसंपर्क के कार्यक्रम को चालू करना, महिला सिपाहियों की सेवा व सहसैन्य बलों में भर्ती के लिये नामांकन में सहायता करना।

5. महिलाओं से संबंधित अपराधों की गुप्त जानकारी एकत्र करना एवं सी. आई. डी. पुलिस की सहायता करना।

यद्यपि उक्त सभी कर्तव्य संकट में डालने वाले हैं फिर भी पिछली तीन दशाब्दियों में महिला पुलिस बलों का कार्य संचालन पर्याप्त उत्साहजनक रहा है। जिससे और अधिक महिलायें चुनौतीपूर्ण पदों के लिये आगे आ रही हैं, किंतु सब कुछ करने और कहने के बाद भी स्त्री एक स्त्री है जिसकी अपनी सीमायें हैं। पुलिस बल के व्यवस्थापक जानते हैं कि इनकी सीमाएँ कहाँ तक हैं। सारे मानवीय आधारों पर यद्यपि महिलाओं के साथ उनके पुरुष साथियों के समान ही व्यवहार किया जाता है फिर भी उनका शारीरिक, भौतिक एवं जैविक जीवन चक्र भिन्न है। उन्हें कठोर सामाजिक, पारिवारिक सीमाओं में रहना होता है। जिसका उनके पूर्ण कार्यों व गतिशीलता पर प्रभाव पड़ता है। जिसकी आवश्यकता एक सफल पुलिस कैरियर के लिये होती है।

(क) सामाजिक दृष्टिकोण : युगों पुरानी भारतीय परंपरा से स्त्री कई सामाजिक दायित्व सफलतापूर्वक निभाती आ रही है, जैसे - पुत्री, बहन, पत्नी, पुत्रवधू, माता, दादी एवं इसी प्रकार से अन्य। उसे दी जाने वाली शिक्षा उसके जीवन को बनाने में सहायक हो सकती है। किंतु अधिकतर विवाह के बाद उसकी उत्पादक-उपयोगिता कम हो जाती है, जब तक कि परिवार, विशेषकर उसका जीवन साथी शिक्षित व आधुनिक विचारों वाला एवं सामंजस्य रखने वाला न हो। यहां तक कि किसी विभाग में शैक्षणिक योग्यता एवं उपयुक्तता होते हुए भी उसे नौकरी करने की अनुमति नहीं दी जाती है। ऐसी स्थिति में पुलिस की नौकरी करने की अनुमति नहीं दी जाती है। और पुलिस की नौकरी विवाह के बाद करने देना बिल्कुल संभव नहीं है, और फिर पुलिस की नौकरी को जब समाज में ऐसी हेय दृष्टि से देखा जाता है। यदि लड़की विवाह के पहले पुलिस की नौकरी कर भी ले तो उसके विवाह में कई प्रकार की समस्यायें उत्पन्न हो जाती हैं। चुनौती भरे पुलिस संसार में किसी लड़की को प्रवेश पाने से पूर्व कई समस्याओं का सामना करना पडता है। और अनेक सांसारिक रिश्तों

के प्रति कठोर बनना पड़ता हैं। इस प्रकार एक संसार से दूसरे संसार में प्रवेश करने के लिये काफी मानसिक तैयारी एवं सामंजस्य की आवश्यकता होती है। सामंजस्य बिठाने में असफल होने पर न केवल लड़की का कैरियर ही बिगड़ जाता है, वरन् भविष्य का जीवन भी नष्ट हो जाता है।

(ख) शारीरिक रचना एवं शारीरिक प्रक्रिया संबंधी दृष्टिकोण : ईश्वर द्वारा शारीरिक बनावट से स्त्री को मानव जाति की प्रजनन प्रक्रिया में सक्रिय भाग लेने हेतु बनाया गया है। गर्भाधान उसका मूल उत्तरदायित्व है, जिसका भार उसका पुरुष साथी नहीं उठा सकता। संतानोत्पादन के बाद भी बच्चे की देखभाल स्वाभाविक रूप से उसे ही निभानी होती है। यद्यपि उस स्तर पर परिवार के अन्य सदस्य भी उसकी मदद कर सकते हैं। ये सभी परिस्थितियां स्त्री के लिये पुलिस ड्यूटी करने में बहुत कठिनाई उत्पन्न करती हैं। प्रसूती अवकाश इस संपूर्ण प्रक्रिया का केवल एक छोटा-सा अंश पूर्ण करता है। कमांडर व अन्य अधिकारी एक गर्भवती महिला को या बच्चे वाली महिला को सक्रिय ड्यूटी पर भेजने को अमानवीय मानते हैं। ऐसे सीमा में बांधने वाले तत्व किसी महिला के पुलिस कैरियर को निश्चित करते हैं।

(ग) स्त्री का जीवन चक्र दृष्टिकोण : जीव विज्ञान के अनुसार स्त्री का जीवन उसके मासिक रजोधर्म, पत्नी के रूप में सेक्स तथा संतानोत्पादन से मिलकर बना हुआ है। किंतु कार्यरूप में उसका स्वरूप केवल "बच्चा पैदा करना और उसे बड़ा करने" मात्र तक ही सीमित नहीं है। स्त्री के लिये चिकित्सा विषयक और भी बातें हैं जो कि उसकी पुलिस ड्यूटी को प्रभावित करती हैं। तनावपूर्ण मासिक रजोधर्म, गर्भपात की अधिक घटनाएं, और गर्भपात के पश्चात्वर्ती बीमारियां, कमजोरी, क्रमभंग जीवन साथी, व बच्चों से अलग रहने की चुभन, वैवाहिक जीवन में दरार होना, अव्यवस्थित पारिवारिक जीवन, बच्चों की शिक्षा की चिंताएं और अनेक सामाजिक तथा चिकित्सा संबंधी समस्याएं स्त्री पर उसकी पुलिस ड्यूटी के प्रति गंभीर एवं उसके समर्पण भाव पर प्रभाव डालती हैं। हिस्टीरिया, मेनिया, पागलपन, अन्य मानसिक दबाव संबंधी रोग जैसे हाईपरटेंशन, तलाक एवं आत्महत्या के प्रयास पुलिस कार्य करने वाली महिलाओं में सामान्यत: देखे जाते हैं।

मासिक धर्म की अनियमितता और ल्यूकोरिया का एक मुख्य कारण "दबाव" ही है। ऐसी स्थितियों के लगातार बने रहने से पीठ दर्द, यूरेनरी इन्फेक्शन, योनि संबंधी बीमारियां, एवं अन्य रोग उत्पन्न होते हैं। इस दबाव के कारण और भी बीमारियां स्त्रियों में देखी जाती हैं, वे हैं- हाईपरटेंशन, एसिड पेप्टिक बीमारियां, भूख की कमी तथा

उससे होने वाली सामान्य कमजोरी, रक्ताल्पता, (एनिमिया), अपने आसपास के वातावरण में रुचि न होना , अनिद्रा, चिड़चिड़ापन और असामान्य व्यवहार, अवसादपूर्ण दृष्टिकोण आदि। दबाव के कारण उत्पन्न हारमोन्स जैसे केटेकोलेमिन, ग्लुकागोन, कोटिसोल, एवं ग्रोथ हारमोन्स बढ़ जाते हैं और इन सबके इन्सूलिन के एनाबोलिक प्रभाव के विरुद्ध दुश्मनी होती है। परिणामस्वरूप ब्लडशुगर का स्तर दबावपूर्ण स्थितियों में बढ़ जाता है। और जब वह सहन करने की शक्ति से अधिक हो जाता है तो व्यक्ति को डायबिटीज मैलिटज हो जाता है। ये बीमारियां क्रॉनिक स्वभाव की होती हैं और इनको लंबे इलाज की जरूरत होती है। इलाज में अनियमितता से स्थिति और बिगड़ जाती है। जीवन में अनियमित इलाज और चेकअप संभव नहीं है और सशस्त्र पुलिस कर्मियों के लिये तो और भी कठिन है। समस्याओं को रोकने के लिये पुलिस बल की महिलाओं को सामाजिक, भौतिक, मनोवैज्ञानिक, भावनात्मक एवं स्वास्थ्य संबंधी सामंजस्य की आवश्यकता है। महिला ग्रुप की यूनिट और सब यूनिट के कमांडरों को समय देने की आवश्यकता है ताकि वे उनकी समस्याओं को समझ सकें। व्यवस्थापक की दक्षता को लागू कर सकें और समस्याओं को सुलझाने के लिये मानवीय तरीका अपना सकें। पुरुष यूनिटों की बजाय महिला यूनिटों में विशेषतौर से अनुभवी डॉक्टरों को नियुक्त करने से लाभ अधिक होंगे।

व्यायाम और खेलकूद संबंधी स्वास्थ्य समस्याएं : पुलिस बल अपने पूरे सेवाकाल में, एक आदर्श स्वास्थ्य और स्वस्थ मस्तिष्क बनाये रखने का प्रयत्न करते हैं। इसके लिये दैनिक जीवन के नियमित व्यायाम जैसे परेड, खेलकूद, व्यक्तिगत कसरत आदि उनके जीवन का एक अंग होते हैं। बल के प्रत्येक सदस्य को रेजीमेंट के खेलों, एथलेटिक्स, क्रिया कलाप, वार्षिक रिफ्रेशर कोर्स, रूटमार्च, क्रास कंट्री दौड़, वार्षिक फायरिंग अभ्यास, दैनिक प्रात:कालीन शारीरिक व्यायाम में भाग लेने के समान अवसर दिये जाते हैं। इससे इनका शरीर चुस्त और मस्तिष्क सतर्क रहता है उनमें एक युवक जैसे बने रहने का भाव, सक्रियता और पुलिस ड्यूटी इन दोनों में दक्षता प्राप्त होती है। प्रत्येक पुलिस कर्मी के लिए "पूर्ण स्वास्थता" ही उसकी जीविका है। खिलाड़ी होने के लिए आयु एक बहुत बड़ा तत्व है। अन्य तत्व हैं पौष्टिकता का स्तर, बढ़त और हर सीढ़ी पर व्यायाम और खेलकूद की आवश्यकता होती है केवल उसमें कठोरता और संचालन का विवेकपूर्ण विचार चाहिए। पुलिस बलों में भर्ती 18 वर्ष की आयु के बाद ही की जाती है। इस उम्र में उम्मीदवार भर्ती दल को पर्याप्त प्रभावशाली खेलकूद करके दिखा सकता है, यदि उस उम्मीदवार ने स्कूल और जूनियर कॉलेज में पर्याप्त प्रशिक्षण पाया हो और अभ्यास किया हो। सिपाही दल जिन्हें अधिकतर,

ग्रामीण क्षेत्र की जनसंख्या से और निम्न सामाजिक, आर्थिक स्थिति वाले वर्ग से भरती किया जाता है वे ग्राम के स्थानीय स्कूल में ही पढ़े हुए होते हैं और जहाँ उन्हें एथलेटिक खेलों की प्रतिभा का विकास करने का अवसर प्राप्त नहीं होता है। केन्द्र या राज्य सरकारों ने क्षेत्रीय स्पोर्टस केन्द्र स्थापित किए हैं जहाँ प्रतिभावान उम्मीदवार भिन्न-भिन्न स्पोर्टस दलों से जाकर अपनी दक्षता का विकास कर सकते हैं।

श्रेष्ठ खेल प्रदर्शन का अवसर लड़कों और लड़कियों की किशोर अवस्था ही होता है, जब वे अपनी पूर्ण संचालन दक्षता उत्पन्न कर सकते हैं। प्राण-शक्ति की अतिरिक्त क्षमता अत्यधिक होती है और यदि उन्हें उचित क्षेत्र प्राप्त हो सके तो श्रेष्ठतम परिणाम प्राप्त हो सकते हैं। आयु बढ़ने के साथ-साथ शारीरिक क्षमता घटने लगती है और व्यायाम क्षमता, मांसपेशियों की शक्ति घटने और इसके परिणामस्वरूप प्रदर्शन की पूर्णता में कमी आ जाती है। एक खिलाड़ी के लिए प्राकृतिक शारीरिक प्रक्रिया के नियमों को मानना अनिवार्य है यदि सीमा से आगे निकले तो विपत्ति निश्चित आती है। दक्षता का वैज्ञानिक मूल्यांकन, सहनशक्ति, ताकत और शरीर का लचीलापन किसी विशेष खिलाड़ी को किसी विशेष उम्र में कार्य को पूर्ण करने में उसकी सहायता कर सकते हैं यद्यपि उसकी श्रेणी भिन्न-भिन्न होती है। कुछ जातिवाद को छोड़कर, शरीर की सुदृढ़ता का क्षेत्र सीमित होता है, इस अर्थ में कि वह खेलकूद में उठाने वाले कार्य के बोझ को संभाल सके।

आयु के तत्व को ध्यान में रखते हुए, किसी खिलाड़ी का शारीरिक सौष्ठव उसके व्यायाम को सहन करने की शक्ति पर निर्भर करता है। अधिकतम एनटोमिक शक्ति क्षमता, मांसपेशियों की ताकत एवं न्यूरो-मस्कलर को आर्डिनेशन (रिप्लेक्सेस) शरीर का वजन, मोटापा, बीमारी, धुम्रपान एवं पौष्टिकता स्तर इन सबका प्रभाव कुल मिलाकर शारीरिक व्यायाम करने वाले पर पड़ता है। अत: किसी भी खिलाड़ी की शारीरिक योग्यता निम्न बातों से प्राप्त होती है—

(1) सामान्य, शारीरिक, सामाजिक एवं मानसिक स्वास्थ्य।

(2) आत्म-विश्वास की मात्रा।

(3) प्रारंभ करने की उम्र और अपनी प्रतिभा प्रदर्शित करने का अवसर।

(4) स्वस्थ स्नायविक-मांसपेशिक समन्वय।

(5) असफलता में भय, निराशा का होना।

(6) दबाव और तनाव को सहन करने की उचित क्षमता।

अच्छे खिलाड़ी के लिए हर स्तर पर खेलकूद चिकित्सा विशेषज्ञ की सलाह वांछनीय है। जीवन में कई महत्वपूर्ण घटनाएँ, जैसे मेजर संजोकाल आपरेशन, दुर्घटना, खेल की छोटी-बड़ी बीमारियों जैसे कोरोनाशहार्ट डीसीजा डायबिटिज, दमा आदि विशेष रूप से किसी खिलाड़ी के जीवन को प्रभावित करती हैं विशेषकर खिलाड़ी महिलाएँ जिनकी शरीर रचना संबंधी बातें जीवन में उनके खेलकूद कैरियर को प्रभावित करती हैं। जैसे सेक्स हेतु परिपक्वता (प्यूबर्टी) मेनार्की, गर्भाधान, डिलीवरी, बच्चों की परवरिश करना और मेनोपज आदि। स्त्री के जीवन को प्रभावित करने वाले अन्य तत्व हैं—विवाह, बच्चों की देखभाल और सामाजिक दृष्टिकोण, जो न केवल स्त्री की सीमाएं बांधते हैं, अपितु उसे खेल से बाहर कर देते हैं।

सामान्य खेल में चोटें, खेल के नियमों की जानकारी न होने से लगती हैं। जिससे निम्नस्तरीय प्रदर्शन करने से दुर्घटनाएं और खेल के मैदान में असावधानी उत्पन्न होती हैं। पुलिस बल के जवानों को भिन्न-भिन्न खेलकूद में भाग लेना पड़ता है, उन्हें कई कमियों और त्रुटियों से पीड़ित होना पड़ता है। उनमें से कुछ निम्नलिखित हैं—

(1) स्कूल में पढ़ने की आयु में ग्रामीण क्षेत्रों में अपर्याप्त अभ्यास और इसलिए खेल कुछ रंगरूटों और सिपाहियों के लिए दण्ड जैसे माने जाते हैं।

(2) कम दक्ष स्टॉफ के साथ अनुचित और अपर्याप्त कोचिंग सुविधाएँ प्राप्त होना।

(3) विशिष्ट व्यक्तिगत पसंद, अभिरुचि का ध्यान एवं सम्मान नहीं रखा जाता है और उन्हें अकस्मात् खेलों में भाग लेने की आज्ञा देकर अच्छे परिणाम लाने को कहा जाता है।

(4) अधूरे स्पोर्टस किट के साथ अभ्यास करना। अयोग्य, रक्षात्मक वस्त्र, मैदान, ट्रैक और मेट्रेसेस (चटाइयाँ) आदि।

(5) ऐसे वातावरण में अपने खेल प्रदर्शन जहाँ के लिए वे अभ्यस्त नहीं अर्थात् बिना उचित रूप से नई जलवायु में परिचित हुए, कम प्रकाश, रहने की खराब जगह और खिलाड़ी को दिया जाने वाला अपौष्टिक भोजन।

(6) बुरी आदतें जैसे धुम्रपान, शराब पीना, खेल में उचित मापदंड प्राप्ति हेतु

नशीले पदार्थों का सेवन, वजन घटाना, तत्काल शक्ति देने वाली चीजों का अविवेकपूर्ण उपयोग करना। जैसे ग्लूकोज, स्टीरॉड और अनैतिक कार्य जैसे परस्त्री संग करना।

(7) खिलाड़ियों में परस्पर समझ की कमी, उच्चतम स्तर पर पहुँचने के लिए तीव्र महत्वाकांक्षा और खेल के महत्वपूर्ण क्षेत्रों में व्यावहारिक समझ की कमी।

(8) प्रतियोगी-खेलों के लिए अभ्यास लगातार न करना जबकि खेलना पूर्व से निश्चित हो।

(9) श्रेष्ठ खिलाड़ियों में उचित स्वप्रेरणा की कमी और हारने वालों में निराशा पैदा होना।

पुलिस बल में समस्याओं के कुछ ही स्थान ऐसे हैं जो स्वास्थ्य के प्रति खतरनाक सिद्ध होते हों, या बड़ी कठोर चोट पहुँचाने वाले हों। ऐसे जख्मों और चोटों की प्रत्यक्ष या अप्रत्यक्ष क्षति की गणना नहीं हो सकती। जख्मों से होने वाली हानि स्थायी हो सकती है। जिससे कोई स्थायी रोग पैदा हो सकता है। अत: किसी भी खेलकूद की चोट को टालना नहीं चाहिए। उस पर ध्यान देकर हर परिस्थिति में इलाज होना चाहिए। अत: खिलाड़ी को खेल में वापस भाग लेने के योग्य बनाने के उपाय करना चाहिए। खिलाड़ियों को अधिकतम चोट या जख्म, फुटबाल और जिमनास्टिकस में लगती है। जब कि सबसे कम चोट या जख्म टेनिस और क्रास कंट्री रेस में लगती है। ए. वी. कोरीग्रन के एक अध्ययन के अनुसार (1968) में और आगे चोट का स्थान सामान्यत: घुटने 23 प्रतिशत और पीठ में 16 प्रतिशत होता है, जबकि धड़ और सिर पर सबसे कम चोटें या जख्म लगते हैं (प्रत्येक 0.5 प्रतिशत)।

अधिकतम जख्म अधिक खराब स्थिति में इसलिए पहुँच जाते हैं क्योंकि चिकित्सा सहायता समय पर नहीं मिल पाती। तथा योग्य स्पोर्टस चिकित्सा विशेषज्ञ भी नहीं मिल पाते। जो घावों की गहराई का मूल्यांकन कर उसे और आगे नुकसान से बचाने के उपाय सुझा सकें। भारत में मेडिकल पाठ्यक्रम में स्नातक शिक्षा से कम के पाठ्यक्रम में खेल चिकित्सा की विशेषता के बारे में भी नहीं पढ़ाया जाता है। स्नात्कोत्तर पर केवल कुछ ही के द्वारा डॉक्टरों को आगे ट्रेनिंग दी जाती है। यद्यपि पुलिस बलों में खेलकूद और व्यायाम पर आधारित ट्रेनिंग दी जाती है। कार्यक्रम, उनके जवानों के जीवन का एक भाग है। फिर भी वैज्ञानिक तरीके से खिलाड़ियों को और खेल से सम्बन्धित व्यक्तियों

को चिकित्सा ज्ञान देने की संस्कृति का विकास नहीं किया गया है। इसलिए खेल-व्यवसाय के एक महत्त्वपूर्ण हिस्से पर ध्यान नहीं दिया जाता है।

अधिक कार्य करने से लगे जख्म तथा अधिक ट्रेनिंग दिये जाने से हुए जख्म सभी प्रकार के खेलों में खेलों के दौरान लगने वाली चोटों का बड़ा हिस्सा है। ऐसी चोटें लगने के कई कारण हैं। जिसमें खिलाड़ी का कोर्स के पूर्व 'मेडिकल फिटनेस' को नजर अंदाज करना, चिकित्सकों की राय को न मानना और प्रशिक्षकों तथा खेल अधिकारियों के कठोर न मानने योग्य व्यवहार को भी मानने को बाध्य करना शामिल है जिसमें होने वाले परिणामों व परिस्थितियों को भी पूर्व से नहीं देखा जाता है। और भी एक बात यह है कि जनता एवं खेल प्रशिक्षकों में भी यह एक सामान्य प्रवृत्ति है कि वे खेल प्रदर्शन में होने वाली चोटों के लिए खिलाड़ी को ही पूरी तरह दोषी मानते हैं। जिससे दल की नैतिकता एवं व्यक्तिगत रूप से खिलाड़ियों पर प्रभाव पड़ता है। खिलाड़ियों की जिद्दी प्रवृत्ति के कारण वे खेलकूद एवं प्रतियोगिता में भाग लेना जारी रखते हैं, उससे और भी खेल मैनेजर, डॉक्टर और स्वयं खिलाड़ी के लिए समस्याएँ उत्पन्न होती हैं। सभी जख्मों एवं चोटों में जो बार-बार होती है, सब का कारण शरीर के किसी स्थान पर चोट का बार-बार लगना और जख्म के बाद भी खेलते रहना है। इससे चोट अधिक हानिप्रद होकर "टिस्यू सिकनेस" तक बढ़ जाती है।

कठोर व्यायाम एवं खेलकूद के द्वारा होने वाले अधिकतर जख्मों को रोका जा सकता है। यदि कुछ कमियों को दूर कर दिया जाए जो कि खेल मैनेजर में है तथा व्यवस्थित ढ़ंग से समस्याओं को समझा जाए। कुछ उपाय नीचे सुझाव के रूप में दिये गये हैं :

1. मेडिकल जाँच तथा अभिरुचि परीक्षण के बाद ही युवकों को खेलकूद विशेष में भाग लेने देना चाहिए। हृदय संबंधी रोग एवं शरीर की रचना सम्बन्धी रोगों की पूरी जांच कर निदान के बाद ही खेलों में भाग लेने की अनुमति दी जाए। क्योंकि ऐसे रोग खेल प्रदर्शन में बुरा प्रभाव डाल सकते हैं या खिलाड़ी की क्षमता को सीमित बना सकते हैं।

2. प्रशिक्षण देने वालों को चोट लगे हुए खिलाड़ी जवानों के प्रति मानवीय व्यवहार रखना चाहिए और उनकी शारीरिक स्थिति को पुनः सामान्य स्तर पर लाने के लिए प्रयत्न करना चाहिए। उन्हें धीरे-धीरे गहन व्यायाम करवाना चाहिए।

3. खेल चिकित्सकों को जो खेलों की "बायो मेकेनिक्स" जानते हों और जिन्हें शारीरिक रचना और खेलकूद के समय लगने वाली चोटों और जख्मों की पूर्ण रूप से जानकारी व उसके उपचार का ज्ञान हो उन्हें खिलाड़ियों के साथ ड्यूटी पर लगाना चाहिए। उन्हें यह भी निर्देश होना चाहिए कि वे स्टेडियम में व्यक्तिगत रूप में उपस्थित रहें।

4. रंगरूटों के प्रशिक्षण में स्वास्थ्य शिक्षा का समावेश होना चाहिए। उन्हें व्यक्तिगत साफ-सफाई, स्वास्थ्य सुरक्षा के उपाय, ड्रग्ज की सीमाएँ और उनके बुरे प्रभाव, धुम्रपान व शराब के दुष्प्रभाव आदि के बारे में भी प्रशिक्षण के दौरान बताना चाहिए।

5. खेल के नियमों से विपरीत जाकर खेलने को अम्पायर स्टॉफ एवं सुपरवाइजर स्टॉफ द्वारा सख्ती से रोका जाना चाहिए।

6. अधिक अच्छे खेल प्रदर्शन की दक्षता के लिए खिलाड़ी जवानों को घरेलू, आर्थिक एवं प्रशासनिक तनाव से पूर्णतया मुक्त रखा जाना चाहिए। उचित विश्राम घर जाने की सुविधा, मनोरंजन, एवं पौष्टिक आहार, आवश्यकता (केलोरी) के हिसाब से दी जानी चाहिए।

7. स्वास्थ्य सम्बन्धी कोई भी रिपोर्ट खिलाड़ियों से प्राप्त होने पर उस पर उचित विचार किया जाए और उसके बाद वाले योग्य प्रतियोगी को अवसर दिया जाए। मनोवैज्ञानिक भय और तनाव सदैव दूर रखे जाए।

8. विशेष समिति द्वारा आदर्श प्रदर्शन को बढ़ाने हेतु विचार किया जाए। इस विशेष समिति में खेलकूद के विशेषज्ञ चिकित्सक भी उपस्थित रहें। खेल डॉक्टर, किसी विशेषज्ञ की मदद लेकर किसी विशेष मामले को निपटायें कि उसमें क्या कार्यवाही की जाये।

9. जख्म व चोट वाले मामलों में पूरी कार्यवाही के पूर्व ही जल्दी लौटना और लंबे समय तक आराम करना दोनों से ही बचाना चाहिए ताकि संबंधित खिलाड़ी के कैरियर व प्रदर्शन पर विपरीत प्रभाव न पड़े।

10. उचित शारीरिक इलाज एवं पुनः खेलकूद के काम पर लगाना इनकी उचित योजना बनाये।

खेलकूद में भाग लेने वाली महिलाओं का स्वास्थ्य भी महत्वपूर्ण है। जब महिला-खिलाड़ी खेल के मैदान में उतरे तो अतिरिक्त सावधानियां रखना आवश्यक है। क्योंकि इस वर्ग (महिला-खिलाड़ी) के खिलाड़ियों को चोट लगने की अधिक संभावना रहती है केवल उनकी स्थिति व ट्रेनिंग पर ही पूर्णत: निर्भर न रहा जाये। यदि मैं इनको कमजोर किस्म का खिलाड़ी कहूँ तो इनके पक्षधारी लोग मुझे क्षमा नहीं करेंगे। किन्तु उनकी शारीरिक रचना के कारण उन्हें खेलकूद की चोट लगने की अधिक संभावना रहती है। अधिकतम चोटें उन्हें घुटने और एड़ी में लगती हैं। महिला खिलाड़ियों को कंपोउन्ड फ्रेक्चर और सिर में चोट कम लगती है क्योंकि अभी महिलाएं फुटबॉल, बाक्सिंग और कुश्ती में कम भाग लेती हैं। उनके सीने और जननांगों में भी चोट लग सकती है। ऐसी चोटें या जख्म छोटी-मोटी बात से लग सकती हैं। जैसे जख्मों की रगड़ त्वचा से होना। ऐसी रगड़ से स्त्री के जननांगों पर हानिकारक प्रभाव पड़ सकता है। साथ ही उसका सेक्स जीवन तथा दांपत्य जीवन भी बिगड़ सकता है। गर्भधान के प्रथम तीन माह गर्भाशय की साइज बढ़ने पर सक्रिय खेलों में भाग लेने से गर्भपात की संभावना रहती है। बाद के महीनों में भ्रूण का वजन बढ़ने से खिलाड़ी को मजबूरन मैदान से दूर रहना पड़ता है। खेल मैदान और ट्रेक इवेन्ट्स खेल प्रदर्शन कई बातों से प्रभावित है— (1) स्त्री खिलाड़ी में भावात्मक परिवर्तन। (2) गर्भधारण काल। (3) मासिक धर्म। (4) डिस मेनोरिया एवं (5) रज स्त्राव बंद होने के समय स्त्री को कम थकाने वाला व्यायाम में भाग लेना इस बात पर निर्भर है कि स्त्री किस प्रकार अपनी कार्य करने की क्षमता कायम रखती है, अपने शरीर को कैसा आकार देती है उसे कितना लचीला और मुड़ने वाला रखती है, आदि, आदि। सर्वश्रेष्ठ प्रदर्शनों में से कुछ उनके मासिक धर्म के बाद संचालित होते देखे गये हैं। किन्तु खेलने हेतु भी लड़की से न तो जबरदस्ती की जानी चाहिए और न ही उसे खेलने से रोका जाना चाहिए। क्योंकि वह अपने मासिक धर्म के समय किसी प्रतियोगिता में भाग ले या न ले। पुलिस में कार्यरत महिलाओं को परिवार नियोजन के उपाय काम में लेने की आवश्यकता है, ताकि वे सामाजिक या अनचाहे गर्भधान को राके सकें और अपने खेलकूद तथा सेवा-काल के रिकार्ड को कायम रख सकें।

इस अध्याय में व्यक्तिगत और समूह खेल के दौरान लगने वाली चोटें और उनके निदान और विशिष्ट इलाज की बातों का वर्णन हमने जानबूझकर नहीं किया है। ऐसा विस्तृत वर्णन इस विषय को अधिक लम्बा बना देता है जो कि इस ग्रंथ की विषय-सूची में नहीं है। इसमें जो विषय लिए गए हैं वे पुलिस बल के क्रिया-कलापों के संदर्भ में हैं। यद्यपि कई विषयों पर अभी विचार किया जाना शेष है। चिकित्सक,

मनोवैज्ञानिक, शिक्षादर्शन और शारीरिक शिक्षा के विशेषज्ञों को शोध करने की आवश्यकता है, क्योंकि इस विषय में उन्नति के लिए काफी क्षेत्र रिक्त पड़ा है- खिलाड़ियों के स्वास्थ्य स्तर को ऊँचा उठाकर, हर स्तर पर खेलों का स्तर हमें ऊँचा उठाना चाहिए।

3

पुलिस बल की मूलभूत आवश्यकताएँ

किसी भी पुलिस प्रशिक्षक से आप पूछें कि "एक पुलिस कर्मी कैसा होना चाहिए" बिना किसी फर्क के यही उत्तर मिलेगा "वह एक पुलिस कर्मी जैसा ही होना चाहिए"। अथवा और भी अच्छे से अच्छा उत्तर वह देगा तो कहेगा कि "एक पुलिस कर्मी को शारीरिक रूप से चुस्त और मानसिक रूप से सतर्क होना चाहिए"। दूसरे शब्दों में, एक पुलिस कर्मी को एक निश्चित आचरण संहिता का पालन करने वाला अर्थात् रेजिमेंट के नियम, परम्परायें और निश्चित मापदंड, जो पूर्ववर्ती अधिकारियों ने बनाए हैं उनका पालन करने वाला, साथ ही सुदृढ़ शारीरिक रचना वाला, स्वस्थ एवं सतर्क मस्तिष्क वाला, अपने आसपास के वातावरण के प्रति संवेदनशील, किसी उत्प्रेरणा के प्रति क्रियाशील और कर्तव्य के प्रति योग्य और तैयार स्थिति में रहने के लिए अथवा पुलिस की गतिशीलता उसमें बनाए रखने के लिए एक पुलिस कर्मी की मूलभूत आवश्यकताओं की पूर्ति अनिवार्य रूप से होनी चाहिए। ऐसे तत्व जो स्तर, स्वास्थ्य और नैतिकता का ह्रास करें, और व्यक्ति के अनुशासनात्मक नियंत्रण पर बुरा प्रभाव डालें, उन्हें दूर करना चाहिए। ऐसे तत्वों को यहाँ विस्तार से वर्णित किया गया है।

1. *भोजन और पौष्टिकता :* राज्य पुलिस में जो पुलिस ट्रूप्स गठित किए जाते हैं उनमें ज्यादातर राज्य के ही लोग रहते हैं, किन्तु राष्ट्रीय स्तर के पुलिस बल में एक अखिल भारतीय स्तर कायम किया जाता है। भिन्न-भिन्न राज्यों के लोगों की तथा अलग-अलग क्षेत्रों की भोजन की आदतें अलग-अलग होती हैं। किन्तु जब वे पुलिस

बैरेकों में एक जैसा भोजन, एक ही रसोईघर से करते हैं तो यह संभव नहीं हो सकता कि पुलिस बल के प्रत्येक सदस्य की व्यक्तिगत चाह, और स्वाद की पूर्ति की जा सके। ऐसा होते हुए भी भोजन का मीनू इस प्रकार बनाया जाता है कि माह या पंद्रह दिनों में सभी वर्गों के लोगों को उनका इच्छित भोजन मिल जाए। केवल भोजन ही व्यक्ति या सिपाही की मूलभूत आवश्यकता नहीं है। पुलिस बल में अच्छा भोजन रंगरूटों के आकर्षणों में से एक आकर्षण हो सकता है। ताकि वे पुलिस बल में स्थाई बने रहें, क्योंकि वे अधिकतर निम्न सामाजिक एवं आर्थिक स्थिति वाले वर्ग से आते हैं और उनके घरों में भोजन पूर्ण स्तर का नहीं होता। लगभग जीवन का आधा संघर्ष प्रत्येक व्यक्ति को भोजन के लिए करना पड़ता है और व्यक्ति की आधी आमदनी भोजन पर खर्च होती है। अच्छा भोजन ही एक अच्छे पुलिस जवान का निर्माण करता है। इसलिये हम यहाँ अंग्रेजी की एक मशहूर कहावत को उद्धृत करना चाहेंगे- ''सोल्जर्स मार्च ऑन देयर स्टोमक''।

भोजन के प्रकार के अतिरिक्त, उसकी पौष्टिकता तथा वह कितनी केलोरी देता है इस पर भी उचित विचार करना चाहिए। भोजन में सभी अनिवार्य तत्व, जैसे कार्बोहाइड्रेट्स, चर्बी, प्रोटीन, खनिज और विटामिन होने चाहिए जो व्यक्ति को शारीरिक तथा मानसिक कार्यों के लिए पर्याप्त शक्ति दे सकें, तथा शरीर की सामान्य टूट-फूट और टिस्यू हानि को पूरा कर सकें। नये टिस्यू बना सकें। साथ ही भोजन ऐसा हो जो छोटी आँत के ''लूमेन'' में पर्याप्त अवशेष छोड़ सके। जो उचित उत्प्रेरणा ''पेरिस्टेलेसिस'' को लेकर पेट को साफ रख सकें। अच्छे व पके भोजन के पदार्थों के लिए स्वच्छता के नियमों का पालन अनिवार्यत: करना चाहिए और किसी भी प्रकार की मिलावट, जल से होने वाली बीमारी, भोजन जहरीला बनने से होने वाली बीमारियों से बचाने हेतु भोजन का स्तर उच्च बनाए रखना चाहिए। जब पुलिस का जवान अस्पताल में भर्ती होता है तो अस्पताल के रसोईघर से शासकीय खर्च पर मुफ्त भोजन दिये जाने की व्यवस्था है। किन्तु सामान्यत: देखा जाता है कि वह स्वंय अपने भोजन का खर्च पूरा करता है, जो आंशिकरूप से वह अपने राशन मनी से देता है। बढ़ती हुई कीमतों के कारण समय-समय पर भोजन का स्तर कायम नहीं रखा जाता है। मुख्य खाद्यान्न भारतीय खाद्य निगम के भण्डारों से शासन द्वारा नियत वस्तुएँ उचित कीमतों पर दी जाती हैं, किन्तु सब्जियाँ, माँसाहारी वस्तुएँ एवं विशेष भोजन की वस्तुएँ खुले बाजार से ही खरीदी जाती हैं। यह व्यवस्था संतोषजनक है किन्तु इसमें लगातार सतर्कता की आवश्यकता है। ताकि लालची मेस-मैनेजर भोजन का स्तर न गिरा दें।

2. *आवास एवं वातावरण :* पुलिस के जवानों को दिये जाने वाले मकान उचित, हवादार एवं सुन्दर होने चाहिए। ये मकान हर प्रकार से पूर्ण होने चाहिए। जैसे-

जलप्रदाय, विद्युत, नाली व्यवस्था, खिड़कियाँ जिनमें मच्छरों को रोकने वाली जाली लगी हो। राज्य पुलिस में "कोतवालों" के लिए तथा जिला पुलिस केन्द्रों पर शासन अपने जवानों के लिए परिवार-क्वार्टर तथा अविवाहित व्यक्तियों के कमरे अलग-अलग बनाता है। किन्तु ट्रेनिंग केन्द्रों, सशस्त्र पुलिस इकाइयों एवं केन्द्रीय सह-सैन्य पुलिस बलों को बैरकों में स्थान दिया जाता है। स्टॉफ के लिये स्थायी जगहों पर सीमित पारिवारिक क्वार्टर्स होते हैं। पुलिस बलों में ही बार-बार एक "हाट-स्पाट" से दूसरे "हाट-स्पाट" जाते रहते हैं, उन्हें राज्य सरकारों के पुलिस प्रशासक अस्थायी जगहों पर रखते हैं, जैसे बैरकें, स्कूल व कॉलेज की इमारतें, क्लबों की इमारतें अथवा खुले मैदान में तम्बू ऐसा अधिकतर केन्द्रीय सह-सैन्य पुलिस बल में देखा जाता है।

लम्बे समय तक ड्यूटी करने के बाद जब सिपाही दिन के खाली समय में बैरेक में लौटते हैं, तो उन्हें कुछ मूलभूत सुविधाएँ चाहिएँ, जैसे -नहाने और कपड़े धोने के लिए काफी मात्रा में पानी, क्योंकि वे पसीने व धूल से भरे आते हैं। प्रत्येक बैरक के साथ एक रसोईघर होना चाहिए ताकी जवानों को गरम भोजन मिल सके तथा वहाँ का वातावरण अत्यधिक शांत होना चाहिये ताकि जवान आराम कर सकें। बैरकों की स्वच्छता बना कर रखी जाए तथा उनके बाहर आस-पास छायादार पेड़ लगे हों, जिससे वातावरण ताजा, स्वच्छ व ठण्डा रहे। सफाई की उत्तम व्यवस्था, तथा भली प्रकार देखभाल किए जाने वाले लॉन और चारों ओर बगीचा पुलिस जीवन की गरिमा और शान को बढ़ा देंगे। बदलती हुई "कानून और व्यवस्था" के अनुसार, पुलिस बल के बढ़ते हुए ट्रूपों के कारण, सभी व्यक्तियों को पक्के मकान तो दिये जाना संभव नहीं है। ऐसी स्थितियों में तम्बू के द्वारा निर्मित स्थान रहने को दिया जाता है। केनवास से बने तम्बू के घर, इन लोगों को भीषण गर्मी, शिशिर की कड़कती ठण्ड एवं तेज वर्षा से नहीं बचा सकते। इसके अतिरिक्त तूफानी हवा और आग से भी नुकसान हो जाता है। भरती केन्द्रों पर तथा ड्यूटी पर लगी बटालियनों को तम्बू से बने स्थान अन्य मूलभूत सुविधाओं के साथ देना चाहिए। सर्दी के मौसम में बिनिट्स पेरिन सट्स, छाती के रोग, तथा गर्मी में लू लगने के मामले तम्बू में रहने वालों के लिए बहुत ही सामान्य बातें हैं। जवानों को पैरासाइटिक व काली आँतों की बीमारी भी हो जाती है क्योंकि वे धूल-मिट्टी के नजदीक रहते हैं। रहने की व्यवस्था चाहे जैसी भी हो वह सुरक्षित होनी चाहिए। स्वच्छ जल प्रदाय की माँग तो जवानों के लिए सामान्य माँग है। पीने के पानी की उचित व्यवस्था करके उन्हें गंदे जल स्त्रोत से पानी लेने से बचाया जा सकता है और इस प्रकार उन्हें गन्दे जल से होने वाले रोगों से सुरक्षा प्रदान कर सकते हैं।

3. *व्यायाम :* पुलिस बलों में व्यायाम जीवन की एक शैली है। सामान्य ड्यूटी

के अतिरिक्त व्यायाम, पी. टी. परेड और ट्रेनिंग-कोर्स के द्वारा विशेष व्यायाम होता हैं जैसे-जंगल-कैम्प, कमांडोकोर्स, चढान पर चढ़ाई, पहाड़ों पर चढ़ाई एवं खेलकूद। ये कार्यक्रम इस प्रकार बनाए जाते हैं कि पुलिस बल का हर सदस्य व्यायाम में नियमित रूप से भाग लेता रहे ताकि वह अपने पुलिस जीवन के कैरियर को चुस्त और सुदृढ़ बना सके।

उम्र बढ़ने के साथ-साथ कोर्स कम परिश्रम वाले होते जाने चाहिए। यह उनके कैरियर की योजना का एक हिस्सा है। अनुचित योजना बनाने से व्यायाम के बाद होने वाली गड़बड़ियां (बीमारियाँ) उत्पन्न होती हैं जैसे-ओबेसिटी, आर्थिटिज (जोड़ों का दर्द) व डायबिटिज आदि। अत: प्रत्येक जवान को, किसी भी व्यायाम कार्यक्रम में लगाने के पूर्व उसकी सूक्ष्म रूप से सावधानीपूर्वक जाँच होनी चाहिए, जिसमें उसकी बढ़ती आयु के साथ होने वाली बीमारियाँ जैसे—नेत्र व कान के रोग, हाइपरटेंशन, हड्डी सम्बन्धी खराबी, हृदय और श्वास-सम्बन्धी रोगों में से यदि किसी भी रोग के कोई लक्षण दिखाई दें तो उसे कठोर परिश्रम वाली ड्यूटी, रात्रि की ड्यूटी, रूटमार्च, लंबी ड्राइविंग, पहाड़ी पर चढ़ाई आदि से दूर रखने की अनुशंसा की जा सकती है। कुछ मामलों में, क्रमानुसार, योग सम्बन्धी व्यायाम करने को कहा जा सकता है। व्यायाम और खेलकूद विषयक समस्याएँ अलग अध्याय में वर्णित की गई हैं।

एक अच्छा व्यायाम और ड्यूटी का कार्यक्रम पुलिस जवान को क्रियाशील एवं परिश्रमशील रखते हैं। और पुलिस विभाग में ऐसी परिस्थितियों के कई लाभदायक प्रभाव होते हैं। इससे पुलिस जवान उदासीनता से दूर रह सकता है और उसे अच्छी नींद आती है, अच्छी भूख लगती है। इन सबसे पुलिस जवान मानसिक चिन्ता व बीमारी से बचा रहता है।

4. *विश्राम :* कठोर परिश्रम के बाद विश्राम अनिवार्य होता है, ताकि पुन: क्षमता-प्राप्ति के लिए ऊर्जा उत्पन्न हो सके। इसमें शारीरिक व मानसिक दोनों प्रकार का विश्राम शामिल है। प्रत्येक पुलिस जवान को कुछ घंटे ड्यूटी करने के बाद पूर्ण विश्राम की अनुमति शांत वातावरण एवं स्वस्थ एंव स्वच्छ जगह पर रहने हेतु देनी चाहिए, सक्रिय ड्यूटी करने वाले पुलिस जवानों को कितना विश्राम दिया ज़ाए, यह एक चर्चा का विषय हो सकता है। नागरिक सेवा की अपेक्षा पुलिस की सेवा (ड्यूटी) कठोर होती है। ड्यूटी लम्बे समय की रहती है—जैसे संतरी को खड़े-खड़े ड्यूटी देनी होती है, परेड़, दौड़, व्यायाम, रूटमार्च, पेट्रोलिंग आदि। सामान्यत: एक व्यक्ति को दिन के 24 घंटे के तीसरे हिस्से यानी आठ घंटे सख्त ड्यूटी करने को दी जा सकती है।

दूसरे आठ घंटे साधारण कार्य और तीसरे आठ घंटे विश्राम के लिए होने चाहिए। चूंकि पुलिस जवान का कार्य निश्चित रूप से नागरिक सेवा से कठोर होता है। अत: उस जवान के लिए इससे कम कुछ भी प्रस्तावित नहीं किया जा सकता है। सैद्धांतिक रूप से पुलिस जवान के कठिन कार्य की अवधि को हल्के कार्य से बदला जा सकता है, किन्तु विश्राम के घंटे नही घटाए जा सकते। विश्राम के आठ घटों में से पाँच-छ: घंटे अनिवार्यत: बिस्तर पर नींद में बिताने चाहिए। ताकि मासंपेशियों और मस्तिष्क को पूर्ण रूप से आराम मिल जाये। दिन का एक बड़ा भाग जवानों को मनोरंजन एवं आनंद मनाने के लिए देना चाहिए।

पुलिस जवान अपने दैनिक कार्य से खिन्न होने लगते हैं। अत: बीच-बीच में मस्तिष्क को मनोरंजन में लगाने, इच्छानुसार कार्य अथवा कार्य का प्रकार बदलते रहना चाहिए। व्यक्तिगत रूप से जवान अपने को दिये गए समय को किसी भी व्यक्तिगत शौक को पूरा करने अथवा कोर्स के अतिरिक्त अन्य किसी कार्य में कर सकता है। व्यक्ति अपने परिवार के साथ समय बिताने में संतोष का अनुभव करता है। जैसे-अपने बच्चों को आस-पास का दृश्य दिखाने, किसी स्थान की सैर कराने, सिनेमा, सर्कस, मेला, मार्केट या खरीददारी कराने-जैसे व्यक्तिगत स्कूल सम्बन्धी वस्तुएँ क्रय करवाना, समाज में आना-जाना आदि। पुलिस बल के सिपाहियों को नशीले पदार्थ, शराब एवं अन्य पेय पदार्थ लेने से रोका जाना चाहिए ऐसा वे गहरी निंद्रा के लिए कर सकते हैं। किन्तु इससे व्यक्ति को इनका नशा करने की आदत पड़ सकती है जो उसके स्वास्थ्य के प्रतिकूल है।

व्यवहार में कार्य के बीच-बीच "कार्य-आराम, नींद" ऐसा कोई आदर्श कार्यक्रम नहीं बनाया जा सकता क्योंकि पुलिस बल का कार्य करने का आधार ही अलग है। यहाँ कार्य करने के कोई निश्चित घंटे नहीं हैं एवं भारी कार्यवाही वाले क्षेत्रों में जवानों को ग्यारह घंटे लगातार कार्य करना पड़ता है और कई कारणों से उसी टूप को पुन: कर्तव्य पर लगा दिया जाता है। इसके आपातकालीन कारण हो सकते हैं। जैसे खेलकूद, प्रशासनिक और कार्यालयीन ड्यूटी, उत्सव परेड़ अथवा प्राकृतिक अपव्यय जैसे मृत्यु, सेवा-निवृत्ति और त्यागपत्र आदि। ये कई महीनों तक रिक्त रहते हैं जिससे शेष टूपों पर अतिरिक्त भार पड़ता है। ऐसी परिस्थितियों से जवानों को कठोर कार्य के बाद पूरा आराम नहीं मिलता।

5. *खेलकूद :* पुलिस बल के प्रत्येक सदस्य को किसी न किसी खेलकूद में भाग लेना चाहिए। ऐसे कार्य-कलाप खेलकूद के क्षेत्र में न केवल छिपी प्रतिभाओं

को सामने लाते हैं अपितु आपसी सहयोग व समूह भावना उत्पन्न करते हैं एवं पुलिस बल के सदस्यों में निकट मित्रता लाते हैं। क्योंकि वे सब विभिन्न सामाजिक, आर्थिक वर्गों एवं विभिन्न भौगोलिक क्षेत्रों से आकर भरती होते हैं। अपनी रेजिमेंट की ड्रिल के साथ-साथ एक पुलिस कर्मी के दैनिक जीवन का यह एक भाग होना चाहिए। जवान और जे. सी. ओ. या एस. ओ. जिन्हें कार्यालयीन कार्य में लगाया जाता है उन्हें जब तक नियमित व्यायाम और खेल में नहीं लगाया जाता, तो उनमें बैठकर कार्य करने की आदतों का विकास हो जाता है यहाँ तक कि मध्यम आयु के पुलिस अधिकारियों के लिए भी नियमित शारीरिक व्यायाम होना चाहिए जो उनकी शरीर की चर्बी में वृद्धि और शरीर को बेडौल होने से रोकता है। खेल और व्यायाम की योजना इस प्रकार बनानी चाहिए कि हर सदस्य को प्रतियोगी एवं अभ्यास खेल भाग लेने का पर्याप्त अवसर मिले। पुलिस बटालियन के कमांडर इस का प्रयोग जवानों को थकाने एवं बिना ड्रग्ज के अथवा शराब के, रात्रि को एक अच्छी नींद लाने के तरीके के रूप में उपयोग में लाते हैं। कुछ खेल मौसमी होते हैं। अत: खिलाड़ियों को कई खेलों में भाग लेने देना चाहिए। कुछ लोग किसी विशेष खेल में अतिरिक्त रुचि लेते हैं और उसमें व्यावसायिकता तक पहुँच जाते हैं। शिक्षित खेल चिकित्सकों द्वारा स्टेमिना, परफारमेंनस तथा इम्प्रूमेन्ट जैसे-पहलुओं पर राष्ट्रीय व अन्तर्राष्ट्रीय खेल केन्द्रों पर, विशेष स्थान पर वैज्ञानिक मूल्यांकन हो रहा है। ऐसा करना स्पोर्टस रिकार्ड के लिए आवश्यक हो सकता है। किन्तु टूपों में सभी जवानों को खेलने हेतु समान अवसर प्रदान करने का उद्देश्य रहता है और यह कहना व्यर्थ है कि यही खेलों की सच्ची भावना है।

आधुनिक खेलों में कई प्रकार की व्यक्तिगत सामग्री की आवश्यकता होती है, जैसे मैदान, ट्रेक, स्पोर्ट्स, साधन, खेल-सूट और ऐसे ही अनेक साधन। ये साधन महंगे हैं और सभी जवान उन्हें नहीं खरीद सकते। अत: परंपरागत खेल जैसे कबड्डी, खो-खो योगिक व्यायाम खेले जाने चाहिए जो खुले मैदान में भी खेले जा सकते हैं और समय भी कम लगता है। लड़ाई सम्बन्धी (बिना शस्त्र के) व्यायाम, अर्थात् जूडो-कराटे भी ऐसे समय किए जाते हैं जब खेलों का कोई निश्चित कार्यक्रम नहीं होता।

5. *पारिवारिक जीवन :* सिविल पुलिस और सशस्त्र-पुलिस बल में सेवाएँ केवल राज्य की सीमा तक सीमित रहती हैं। इसलिए ऐसा किसी-किसी अवसर पर ही होता है कि लम्बे समय तक टूप पारिवारिक स्थान से दूर रहते हों। किन्तु केंद्रीय सह-सैन्य पुलिस बल में स्थिति बिल्कुल भिन्न है। आजकल केवल कुछ ही स्थानों पर परिवार-प्रमुख निवेश बनाए गए हैं। जहाँ सीमित मात्रा में फ़ैमिली क्वार्टर्स बनाए गए हैं और जहाँ सीमित मात्रा में पुलिस परिवार रहते हैं। किन्तु ये सुविधाएँ इतनी कम

हैं कि संपूर्ण सशस्त्र बल का दस से बारह प्रतिशत भाग ही एक समय में इतनी सुविधा का लाभ उठा सकते हैं। अतः केवल इन मुट्ठीभर विशेष अधिकार प्राप्त लोगों के लिए, अन्य सभी लोग अपने परिवार व बच्चों को अपने घर छोड़ते हैं और दूरस्थ क्षेत्रों में जवान एक "कुँवारा जीवन" अकेले बिताकर सेवा करते हैं। अतः स्वाभाविक रूप से परिवारों को निश्चित समय तक ही रहने की अनुमति दी जाती है। ताकि दूसरे प्रतीक्षारत व्यक्ति को "फेमिली-क्वार्टर" उपलब्ध हो सके। पुलिस ट्रूपों के अचानक इधर-उधर जाने से और "फील्ड एरिया" में मकानों की कमी होने से तथा आतंकवादी गतिविधियों के बढ़े हुए खतरे के कारण सपरिवार रहने की अनुमति देना संभव नहीं है। कुछ अर्द्ध-अस्थाई स्टेशनों (स्थानों) पर, जवानों को, कैम्प के क्वार्टर एवं मकानों में रहने व पारिवारिक जीवन का आनंद लेने की अनुमति, सहानुभूति के आधार पर दी जाती है।

6. *परिवार वह सामाजिक संस्था है* जो जीवन का संतुलित हिसाब रखता है, समय पर इच्छानुसार भोजन देता है, बच्चों के विकास और शिक्षा के लिए स्वस्थ वातावरण प्रदान करता है तथा यौन संतुष्टि सुरक्षित रूप से देता है, आदि, आदि। ये सब सुख पुलिस जवान को भी जीवन में संतुष्टि देते हैं जिससे वह अपनी ड्यूटी पूर्णतः से करने के योग्य बन पाता है। वह स्वस्थ व चुस्त रहता है और वह किसी भी अवैध कार्य अथवा अपराधात्मक कार्य करने से दूर रहता है। परिवार से दूर रहने से भावनात्मक और विचारात्मक तत्व उभर कर ऊपर आ जाते हैं। परिवार में रहने से बच्चों के प्रति उनका लगाव अटूट व स्थाई रहता है। जब जवान अपने परिवार के साथ रहता है तो झूठे तार, संदेश (जैसे मृत्यु, बीमारी आदि के) उसे छुट्टी पर जाने हेतु नहीं बुलवाना पड़ते हैं। पुलिस बल में ऐसे कई मामले देखे गए हैं जब जवानों और उनके परिवार के सदस्यों में मानसिक व भावनात्मक विकृतियाँ देखी जाती हैं। परिवार से अलग रहने से अनेक सामाजिक समस्याएँ उत्पन्न होती हैं जैसे-वेश्यावृत्ति, यौन संबंधों में पति-पत्नी का आपसी अविश्वास, दम्पत्ति में आपसी गलतफहमी, घृणा, यौन अंगों की बनावट उत्तेजना एवं "लेवियेनिज्म" आदि। यह कहना व्यर्थ है कि पारिवारिक जीवन, पुलिस बलों में, जवानों की एक महत्वपूर्ण मूलभूत आवश्यकता है। यह कटु सत्य अन्य लोग नहीं समझ सकते क्योंकि उनकी ऐसी परिस्थितियाँ नहीं होतीं।

7. *ड्रेस (वर्दी) :* एक कर्तव्यनिष्ठ व समर्पित पुलिस जवान का सपना होता है कि वह भली प्रकार की पोशाक पहने जो कि उसे एक अच्छा व्यक्तित्व, फुर्ती व पुलिस का स्वाभिमान प्रदान करें। वर्दी उसे अपनी पहचान और पुलिस ड्यूटी की पवित्रता की याद भी दिलाती रहती है। जिन पुलिस बलों के पास, अच्छी फिटिंग वाली

वर्दी, जो भली प्रकार धुली और प्रेस की गई हो और जिसका अच्छी तरह रख-रखाव होता हो, उससे उसका स्वास्थ्य भी अच्छा रहता है। सिपाही की वर्दी जो महत्वपूर्ण कार्य करती है, वह है सिपाही का अपने स्वयं के स्वास्थ्य व शरीर के प्रति एक चेतना, उनकी आकृति और चुस्ती की भावना का विकास करना। मौसम के अनुसार जैसे शीतल पहाड़ों और बर्फीले क्षेत्रों में, ठण्ड व कोहरे के अनुसार सिपाही को पोशाक देनी चाहिए।

8. *पुलिस कल्याण :* कल्याण एक विस्तृत शब्द है जिसमें कई विषय आते हैं। यह वह मूल तत्व है जो पुलिस बल की नैतिकता का उच्च स्तर बनाए रखता है। एक कमाण्डर तभी सिपाहियों को युद्ध में जाने हेतु प्रेरित कर सकता है, जब उसने शांतिकाल में सिपाहियों के कल्याण का पूरा-पूरा ध्यान रखा हो। सैन्य पुलिस बलों में, तीन महत्वपूर्ण अधिकारी होते हैं जो शांतिकाल में जवान और उनके परिवारों के कल्याण कार्यक्रमों के लिए सीधे-सीधे उत्तरदायी हैं। उनमें शामिल हैं सबसे पहले कमांडिंग ऑफिसर जो जवानों के सभी सामयिक पेमेंट्स की निगरानी रखता है। उदारता से ऋण देना, अवकाश स्वीकृत करना और अन्य सेवाकाल के लाभ देता है। दूसरा सुबेदार मेजर होता है जो निम्नलिखित श्रेणियों और सुपरवाइजर अधिकारियों में एक पुल का कार्य करता है। वह सिपाहियों की भावनाओं को उक्त अधिकारियों के सम्मुख विचारपूर्वक रखता है और अंतिम है चिकित्सा अधिकारी। डॉक्टर और उनका सहसैन्य पुलिस बल का स्टॉफ, बीमार जवानों और उनके परिवार की देखभाल करता है। अत: अस्पताल कल्याण कार्यक्रमों का केन्द्र बन जाता है और चिकित्सा स्टॉफ दुखी पुलिस जवानों और उनके परिवारों को तत्काल राहत प्रदान करता है। जवानों से दूर या अलग रहने वाले परिवार उनके मुखिया की अनुपस्थिति में चिकित्सा अधिकारियों व स्टॉफ के साथ अपने आप को सुखी अनुभव करता है। केन्द्रीय सहसैन्य पुलिस बलों हैडक्वार्टरों (प्रमुख स्थल) पर जवान के परिवार के सदस्यों को थोड़े समय के लिए रोजगार देकर या परिवार-प्रमुख की बीमारी में रोजगार प्रदान करे। यह सर्वोत्तम कल्याण पुलिस यूनिट कर सकती है जिससे परिवार की आमदनी की पूर्ति हो जाती है। सेवा सहसैन्य पुलिस बल की सभी संगठनों व इकाइयों में किया जा सकता है।

जब पुलिस बल अपनी ड्यूटी पर बाहर होते हैं, तब उनके परिवारों के सदस्यों की चिकित्सा की पूरी देखभाल करना कल्याण का श्रेष्ठतम रूप है। चिकित्सकों का सहानुभूतिपूर्ण व्यवहार और अन्य अधिकारियों तथा स्टॉफ का सहायतापूर्ण दृष्टिकोण, परिवारों को सांत्वना देता है और कर्त्तव्य पर गए पुलिस जवान के मनोबल, नैतिकता को ऊँचा उठाता है। इससे कल्याण कार्यक्रम का प्रचार होता है।

9. *अच्छे कार्य का पुरस्कार :* यह पहले ही कहा जा चुका है कि पुलिस कर्मी का कार्य संसार में सबसे अलग है। पुलिस समाज में एक बहुत ही धन्यवाद रहित कार्य करती है। कोई बिरला ही पुलिस के कार्य की गंभीरता को समझता होगा जो कार्य वे लुका-छिपी का खेल खेलते हुए करते हैं। कठोर हृदय आंतकवादियों एवं अपराधियों के साथ वे अपने जीवन को खतरे में डालते हैं। उन्हें समाज और सरकार बदले में कुछ नहीं देते सिवाय किन्हीं मौकों पर शासन या विभाग उन्हें कुछ इनाम दे देता है, उसे छोड़कर पुरस्कार लिखित प्रशंसा, सेवा पुस्तिका (एस. बी.) में प्रशंसा अंकित करना, नकद पुरस्कार एवं स्मरणीय वीरता दिखाने पर पुलिस मेडल इन रूपों में हो सकता है। पुलिस बल के विशिष्ट कार्यों, खेलों व अन्य क्षेत्रों में इस प्रकार के पुरस्कार देने से पुलिस का उत्साह बढ़ता है, उनकी अन्तप्रेरणा बढ़ती है। पुलिस अधिकारियों की बजाए पुलिस जवान के कैरियर में अच्छे कार्य का प्रभाव लंबे समय तक रहता है और वह महत्वपूर्ण है।

10. *चिकित्सा सुविधा :* किसी भी पुलिस बल की कार्यप्रणाली में चिकित्सा सुविधा जीवनरेखा का कार्य करती है। यह संपूर्ण पुस्तक पुलिस बलों की मेडीकल शाखा का वर्णन करने हेतु ही लिखी गई है और उसे ही समर्पित है। अत: इस विषय पर सभी अध्यायों में विस्तार में लिखा गया है। पुलिस बलों में यह "चिकित्सा" शब्द कल्याण नैतिकता, सुख के पर्याय है। डॉक्टर या चिकित्सा शांति व युद्धकला में पुलिस जवानों के साथ-साथ चलते हैं और उनके मित्र व दार्शनिक दोनों हैं।

11. *मनोरंजन :* किसी भी पुलिस बल, सेना या सहसैन्य इकाई में मनोरंजन और आनंद की सुविधा उनकी व्यवस्था का एक अभिन्न अंग है। ऐसी व्यवस्था पुलिस बलों के रखे कार्य में, स्वस्थ मस्तिष्क बनाए रखने के लिए बहुत ही महत्वपूर्ण हिस्सा निभाती है। दूरदराज के स्थानों पर कार्य में लगे जवान जो अपने परिवार व मित्रों से अलग रहते हैं, उन्हें कठिन श्रम के बाद कुछ मनोरंजन की आवश्यकता होती है। आधार कैम्प पर तो जवान और उनके परिवार सभी मनोरंजन कार्यक्रम का लाभ उठाते हैं-जो वहाँ नियमित रूप से चलता है। ऐसे कार्यक्रम विस्तृत होते हैं। इनमें फिल्म दिखाना, नियमित टी. वी. कार्यक्रम विडियो-पिक्चर शो, न्यूजट्रेक, खेलकूद व विडियो गेम्स। इन्हें आधुनिक मनोरंजन कहा जाता है। किन्तु पुराने (फिर भी अधिक पुराने नहीं) साधन जैसे रेड़ियो, टेपरिकार्ड, स्टीरियो, अखबार, पत्रिकाएँ आदि भी उनके ज्ञान में वृद्धि करते हैं। ये सभी समय बिताने का अच्छा साधन बनते हैं और उदासीनता को दूर करते हैं। कुछ जवानों को कला जैसे नाटक, वेराइटी शो, इनडो गेम्स जैसे ताश, कैरम आदि

में आनंद आता है। ऐसे भी जवान है जो अच्छे भोजन, ड्रेस आदि के शौकीन होते हैं तथा उत्सुकता से रात्रि के भोजन की प्रतीक्षा करते हैं। पुलिस बलों में अपवादस्वरूप कुछ जवान ऐसे भी होते हैं जो कवि, चित्रकार, स्केचग्राफ, कार्टूनीस्ट और करिकेचरिस्ट्स और संगीतज्ञ होते हैं। यहाँ तक कि डाक सेवा भी पत्रों के द्वारा फील्ड एरिया में जवानों को प्रसन्न और जोशीले रखने में मदद करती है।

इन कार्यक्रमों में शिक्षाप्रद फिल्में, नागरिक कर्त्तव्य, यातायात के नियम, परिवार कल्याण के तरीके आदि दिखाए जा सकते हैं। जो उन्हें जीवन में अच्छे नागरिक बनाने में सहायक हो सकते हैं। ''परिवार निवास'' वाले केन्द्रों पर, व्यावसायिक फिल्में पाठ्यक्रम सह कार्यकलाप, विभिन्न शौक एवं कैरियर की योजना विषयक फिल्में बच्चों के लाभ के लिए दिखा सकते हैं। सेवानिवृत्ति के बाद पुर्नवास योजनाएँ बड़ी रुचिकर होंगी। विशेषकर उन लोगों को जो अपनी सेवा के अंतिम छोर पर चल रहे हों।

12. *बच्चों की शिक्षा :* केन्द्रीय सहसैन्य पुलिस बलों में, जहाँ पुलिस बल अपना अधिकतम समय ड्यूटी बटालियन में रहकर बिताते हैं-यहाँ जवानों और अधिकारियों के बच्चों की शिक्षा बहुत पिछड़ जाती है। जिसके मुख्य कारण हैं- बार-बार स्थान परिवर्तन, स्कूल व पाठ्यक्रम बदलना, ड्रेस, शिक्षा माध्यम और पाठ्यक्रम को पूर्ण करना आदि। जब परिवार व बच्चों को उनके गृहनगर या परिवार क्वाटर केंद्र पर छोड़ दिया जाता है तो बच्चों को पिता का देखरेख एवं मार्गदर्शन प्राप्त नहीं होता। बच्चों के भविष्य की चिंता सशस्त्र पुलिस जवानों को बार-बार छुट्टी पर जाने को विवश करती है। वे अधिक छुट्टी या फिर अंतिम रूप से नौकरी छोड़ने का फैसला या फिर पुलिस बल ही छोड़कर जाने का विचार कर लेते हैं।

इस समस्या को आंशिक रूप में ''फेमिली स्टेशन'' स्थापित कर हल करने का प्रयास किया गया है, जहाँ मांटेसरी स्कूल, केन्द्रीय स्कूल, लोकल व नगर निगम के प्राथमिक स्कूल, तथा अन्य सहायक सेवाएँ जैसे ''स्कूल-बस'' साधारण किराए पर मिल जाती है। शासकीय कर्मचारियों को मिलने वाली सुविधाएँ—जैसे छात्रवृत्ति, ट्यूशन फीस, छात्रावास क्षतिपूर्ति एवं बच्चों को शिक्षा भत्ता इन के अतिरिक्त पुलिस बलों ने अपने स्वंय के पब्लिक स्कूल स्थापित किए हैं। औद्योगिक ट्रेनिंग संस्थाओं ने देश के विभिन्न भागों में मेडिकल और इंजीनियरिंग कॉलेजों में रिजर्वेशन प्रारम्भ किया है। ऐसा होने से पुलिस बल के सदस्यों को बच्चों के भविष्य की चिंता से मुक्त किया है तथा जवानों को कठिन क्षेत्रों में अपनी ड्यूटी करने में उत्साह दिखाया है।

13. *छुट्टी और अवकाश :* अपने घरों से दूर कार्य करने वाले जवानों के लिए छुट्टियाँ मनाना भी आराम करने का एक प्रकार है। प्रति वर्ष 15 दिन आकस्मिक अवकाश एवं एक या दो माह का अर्जित अवकाश पुलिस बल के प्रत्येक जवान को मिलता है। इस प्रकार का अवकाश अनिवार्य रूप से लेना पड़ता है ताकि व्यक्ति दैनिक जीवन के एक जैसे कार्य में परिवर्तन ले आये। मित्रों, रिश्तेदारों, माता-पिता, परिवार के सदस्यों से मिल सके। स्वयं या अन्य अपने पर निर्भर व्यक्तियों का विवाह कर सकें तथा जमीन व अन्य संपत्ति की देखभाल कर सके। छुट्टी अथवा कर्त्तव्य से अनुपस्थिति बीमार जवानों को स्वास्थ्य लाभ में मदद करती है। जवान को उसके परिवार में कोई आकस्मिक घटना होने पर उसे विशेष कृपा अवकाश स्वीकृत कर उसे घर तक जाने का यात्रा भत्ता दिया जाता है। आपातकाल होने पर यदि अवकाश स्वीकृत न हो तो किसी ऑपरेशन के लिए चिंतित और व्यग्र हो जाता है। सभी जवानों को अवकाश पर जाने की प्रेरणा दी जानी चाहिए। उसकी छुट्टी का समय निश्चित करके उसके तनाव को दूर करने में मदद करनी चाहिए।

14. *सेवानिवृत्ति लाभ एवं पुन: योजनाएँ :* सशस्त्र पुलिस के सिपाही जो अपने जीवन का श्रेष्ठतम भाग देश सेवा में बिताते हैं, उन्हें सरकार से अच्छे व्यवहार की आकांक्षा करना उचित ही है। वे सेवानिवृत्ति के बाद एक शांतिपूर्ण जीवन बिताने की इच्छा रखते हैं। साथ ही लाभदायक सेवा-निवृत्ति लाभ भी चाहते हैं। लाभ केवल आर्थिक ही न हों-अन्य लाभ जैसे प्लाट प्रदाय करना, स्व-वित्त प्रेरित कॉलोनियों की सदस्यता प्राप्ति, राशन की तथा अन्य चीजों की सरलता से प्राप्ति जो सार्वजनिक वितरण प्रणाली से उन्हें प्राप्त हो सके, उन पर निर्भर बच्चों के लिए स्कूलों की सुविधा, सेवानिवृत्त लोगों व उनके बच्चों के लिए व्यावसायिक ट्रेनिंग, स्वरोजगार योजना या आंशिक रोजगार तथा चिकित्सा सुविधा होनी चाहिए। पुलिस के व्यक्ति सेवा निवृत्ति के बाद प्राइवेट गार्ड एवं सुरक्षा गार्ड के रूप में नियुक्त किये जा सकते हैं ताकि बढ़ती महंगाई से उन्हें कुछ राहत मिल सके। चूंकि ये जवान अधिक उम्र के होते हैं वे नागरिक नौकरी, जो कम मेहनत की होती है वही कर सकते हैं।

15. *धार्मिक भावनाओं का सम्मान :* पुलिस बलों में सभी राज्यों, धर्म, भाषाएँ एवं भौगोलिक क्षेत्र से सम्बन्धित निवासी शामिल होते हैं।

केन्द्रीय सहसैन्य पुलिस बलों में यह सत्य है कि जहां उनसे अधिक निष्पक्ष, धर्म निरपेक्ष एवं संकीर्ण जातिगत विचारों से ऊपर उठकर जनता के साथ व्यवहार की आशा की जाती है। इसके होते हुए भी प्रत्येक सदस्य के धार्मिक विश्वास का पूर्ण सम्मान

किया जाता है। उन्हें अपनी इच्छानुसार परमात्मा में विश्वास रखने और पूजा-प्रार्थना की अनुमति दी जाती है। पुलिस बलों की रेजिमेंट के केन्द्र पर सभी धार्मिक एवं पवित्र स्थल, जैसे मंदिर, मस्जिद, गुरुद्वारा, चर्च आदि बनाए जाते हैं और जवान सभी धार्मिक उत्सव सामूहिक रूप से मनाते हैं। यहाँ तक की जवान की मृत्यु की दशा में भी उसके धर्म के अनुसार ही उसका अंतिम संस्कार किया जाता है। धार्मिक प्राथनाएँ और पूजा से जवानों को मानसिक शांति प्राप्त होती है। इस बात का पूर्ण सम्मान किया जाना चाहिए।

18. *कार्य-संतुष्टि :* प्रत्येक कार्य करने वाले को अपने कार्य से संतुष्टि मिलनी चाहिए। इसमें कई तत्व शामिल हैं-जैसे अनुकूल वातावरण का निर्माण करना जिससे पुलिस कर्मी के जीवन-स्तर में उन्नति हो और कार्य करने की पूर्ण प्रेरणा हो। असंतोष और खिन्नता की भावना पुलिस जीवन में उत्प्रेरणा की कमी लाती है, जबकि संतुष्टि और अपने कार्य से संतोष प्राप्त होने से परिपक्वता आती है। चूंकि पुलिस जवानों को कोई भी कार्य, किसी भी समय, कहीं पर भी अनिवार्य रूप से करना पड़ता है। अत: घरेलू झगड़े, यातायात नियंत्रण, मृत व्यक्तियों के अंतिम संस्कार, आदि करने में उनकी अरुचि हो जाती है। अनेक सर्वेक्षणों से यह स्पष्ट हो चुका है कि लगभग 50-60 प्रतिशत टेलीफोन कॉल जो पुलिस थानों पर आते हैं वे घरेलू झगडों व अपराध सहित बातों से संबंधित होते हैं जैसे घरेलू झगड़ों में हस्तक्षेप करना, बाधा पैदा करने वाले जानवरों को भगाना, निकालना, खोए हुए बच्चों की खोज करना, आदि, आदि। पुलिस जवान ऐसे कार्यों को करते जाते हैं एवं कभी उन्हें टालने का प्रयत्न करते हैं, देरी करते हैं अथवा जनता से पैसा ऐंठने की सोचते हैं। तथापि पुलिस के कार्य की प्रवृत्ति को क्रांतिकारी रूप से बदला या सुधारा तो नहीं जा सकता, किन्तु पुलिस के जवानों को यह समझाना चाहिए कि उनका कार्य समाज के लिए सार्थक है और उसमें उनकी शक्ति सही जगह लग रही है।

प्रत्येक जवान एवं कर्मचारी से पुलिस कार्य की उन्नति के लिए सुझाव मांगना चाहिए और उन्हें प्रभावशील ढंग से लागू करने से उन्हें सक्रिय प्रेरणा मिलेगी, जैसे कि पुलिस बल के सभी श्रेणियों के पदवालों का आपसी-सहयोग, अधिक संतुष्टि के लिए प्राप्त हो सकेगा।

4

जनशक्ति नियोजन एवं पुलिस स्वास्थ्य

आज के अत्यंत जटिल आधुनिक समाज में, आधुनिक पुलिस बलों का आकलन उनके प्रभावशाली पुलिस कार्य से किया जाता है। उन्हें कार्यों की जटिलता, कार्य से उत्पन्न तनाव और पुलिस टूपों के दूर-दूर भौगोलिक भागों में नियुक्ति जैसी कई समस्याओं का सामना करना पड़ता है। समाज में पुलिस बलों की नियुक्ति की अधिक मांग को देखकर, क्योंकि शांति व्यवस्था की स्थिति बदतर होती जा रही है, ऐसे में पुलिस बलों का फैलाव और उनकी सेवा की गुणवत्ता में वृद्धि, इनसे ही उनके जीवन या अस्तित्व की रक्षा हो सकेगी। सही समय पर सही संख्या में जवानों की व्यवस्था करना, इसके लिए सरकार को आधुनिक मैनेजमेंट के ढांचे को प्रयोग में लाना आवश्यक है। इस व्यवस्था में संपूर्ण जनशक्ति सम्मिलित है, जिसकी योजना बनाने में, मोटे तौर से सही भर्ती, उचित स्टॉफ ट्रेनिंग, उचित स्थान पर उचित व्यक्ति की नियुक्ति पदों का विश्लेषण एवं कार्य के प्रति प्रेरणा आदि आदि बातें (सम्मिलित) हैं। पुलिस बलों के योजनाकर्ता विभिन्न पुलिस बलों के शारीरिक व शैक्षणिक स्तर हेतु केवल परिपत्र निकालकर या निर्देश देकर ही संतुष्ट हो जाते हैं। पुलिस जवानों की भरती के लिए कुछ निश्चित मापदंड केवल "सामान्य उद्देश्य" के लिए हैं। वे दिन हवा हो गए जब पुलिस ड्यूटी अत्यंत मशीनी प्रकृति की हुआ करती थी। अर्द्ध साक्षर साधारण युवक से काम चल जाता था। आजकल पुलिस की नौकरी में कई क्षेत्र ऐसे हैं जहां दक्ष जनशक्ति चाहिए। इसलिए आज की आवश्यकता यह है कि उम्मीदवार शिक्षित

एवं पर्याप्त बुद्धिमान हो ऐसे ही पुलिस रंगरूटों का चयन किया जाये।

मूलत: पुलिस जवान की ड्यूटी समाज में शांति स्थापना की है और इस कार्य में शारीरिक शक्ति की अधिक आवश्यकता है। यह बात शिक्षा के तत्व को पीछे धकेल देती है। उच्च शिक्षा का पुलिस व व्यक्तिगत जीवन के हर क्षेत्र में अपना महत्व है। किन्तु 1979 के देशव्यापी पुलिस आंदोलन से जो शिक्षा मिली है वह यह है कि पुलिस में भली प्रकार शिक्षित युवा वर्ग के जवानों के दल ने इस पुलिस आंदोलन को नेतृत्व दिया था। यह इस धारणा को निरस्त कर देता है कि निम्न श्रेणी के पुलिस वर्गों में उच्च शिक्षित व्यक्तियों को रखा जाए।

पुलिस सेवा में प्रविष्ट होने वाले उम्मीदवारों की आयु के बारे में भी मतभेद हैं। कांस्टेबल स्तर पर ट्रेनिंग लम्बी और कठिन है युवा, नरम, लचीले, शक्ति वाले, व्यक्ति अधिक उपयोगी होंगे। अत: पुलिस बल में 18 से 22 के आयु वर्ग के, ऊर्जावान व कठिनाइयों का दृढ़ता से सामना करने वाले व्यक्तियों का स्वागत है। उच्च पद के सहायक अधिकारियों का गजेटेड अधिकारियों के लिए शैक्षणिक व बौद्धिक आवश्यकताएँ अहम होती हैं और फिजिकल ट्रेनिंग की अवधि भी कम होती है। ऐसे मामलों में भी उम्मीदवारों की आयु 25 से 28 वर्ष से अधिक नहीं होनी चाहिए।

दुर्भाग्य से हमारे देश में कई पुलिस बलों में व्यक्तिगत नीति (परसनल पोलिसी) की भर्ती के बारे में कोई निश्चित नीति ही नहीं है जबकि पुलिस बलों में वृद्धि अनिवार्य हो किन्तु बिना किसी मैनेजमेंट सम्बन्धी फिलॉसफी और योजना के पुलिस बलों में अनियमित रूप से भर्ती की जाती है। परिणामत: पैदा होने वाली उलझनों को अस्थायी रूप में दबा दिया जाता है और भविष्य में होने वाले प्रभावों पर कोई ध्यान नहीं दिया जाता। सरकार की नीति को स्पष्ट रूप से लागू करने के लिए कोई लगातार रिसर्च (शोध) कार्य नहीं किया जाता, न कोई विकास कार्यक्रम ही चलाया जाता है या कोई ऐसी रूपरेखा नहीं बनाई जाती जिससे अनियमितताएं दूर हों और स्पष्ट नीति झलक सके। प्रतिवर्ष स्वाभाविक रूप से हजारों पद रिक्त होते हैं जैसे सेवानिवृत्ति, त्यागपत्र, मृत्यु, स्वैच्छिक सेवानिवृत्ति, अन्य विभागों में स्थानांतरण तथा इनवेलिडेसन आदि। किन्तु इससे भी अधिक खाली स्थान नई बटालियन की स्वीकृति देने से होती है। बल में लगातार शक्ति भरते रहने के लिए और बल की शक्ति का क्षय रोकने हेतु प्रत्येक पुलिस बल को प्रभावशाली ढंग से जनशक्ति नियोजन प्रकोष्ठ (मैनपावर प्लानिंग सेल) गठित करना आवश्यक है जो सभी पहलुओं को निगरानी रख सके जो कि निम्नलिखित हैं :

(क) संभावित रिक्त होने वाले पदों का आंकड़ा तैयार करना और उन्हें भरने के उपाय।

(ख) उचित ट्रेनिंग देकर जनशक्ति का विकास।

(ग) सही व्यक्ति को सही जगह पर पदांकित करने हेतु उचित अभिरुचि।

(घ) अयोग्य व अनफिट व्यक्तियों को बल से निकालने हेतु उचित प्रशासनिक एवं मेडिकल प्रक्रियाएँ।

(ङ.) निकाले गए लोगों का पुनर्संस्थापन।

(च) दोषी लोगों को सही प्रेरणा देना।

निम्न अनुच्छेदों में पुलिस बलों में रंगरूटों की भरती एवं स्वास्थ्य शिक्षा के लिए सीमित रूप में वर्णन किया जाना है।

कोई यह पूछ सकता है कि जनशक्ति नियोजन का पुलिस बलों में पुलिस के जवानों के स्वास्थ्य से क्या संबंध है? इन दोनों का गहरा संबंध है। जब कोई नई बटालियन या ग्रुप केन्द्र खड़ा किया जाता है या बनाया जाता है, तो उस बटालियन का केन्द्रीय या धुरीय स्टॉफ वर्तमान बटालियन या यूनिट से ही लिया जाता है। फलस्वरूप कार्यरत पुरानी यूनिट या बटालियन की जनशक्ति या उनकी प्रभावपूर्ण शक्ति कमजोर होती है। पुरानी यूनिटों का कार्य पुरी तरह प्रभावित होता है शेष बचे नफरी को अधिक कार्य करना पड़ता है, जिससे उनके जवानों का स्वास्थ्य बिगड़ता है। पदों की तब तक पूर्ति नहीं होती जब तक कि नये रंगरूट अपने बेसिक ट्रेनिंग पूरी नहीं कर लेते जो नौ माह की अवधि की होती है। यह तो शरीर के किसी अंग में कैंसर की वृद्धि के समान होता है जो कि संपूर्ण शरीर को ही जकड़ लेता है। पुलिस बल में उचित व स्वस्थ विकास के लिए ऐसी स्थितियों को दूर रखना चाहिए।

भर्ती के समय स्वास्थ्य परीक्षण : भविष्य पुलिस कर्मी का चयन उम्मीदवारों की भीड़ में से सर्वश्रेष्ठ एवं योग्यतम व्यक्ति को छाँटकर किया जाता है। युवाशक्ति का पुलिस व्यवसाय में प्रवेश बिंदु होता है। भविष्य में बनने वाले पुलिस बल का स्वास्थ्य पूरी तरह से इस बात पर निर्भर करता है कि नई भर्ती किस प्रकार की जाती है।

शारीरिक और मेडिकल स्तर के बारे में मापदंड पहले से ही विधिवत् नियमों और आदेशों में दिये गये हैं। कुछ विशेष वर्गों के पुलिस जवानों को भर्ती के लिए छोटे-

छोटे उपनियम या मार्गदर्शक मापदंड को छोड़कर, पुलिस बलों में एक जैसे ही होते हैं। क्योंकि बलों में सर्वोत्तम भर्ती और एकरूपता लाना मूल उद्देश्य है। इसके अतिरिक्त, सी. आर. पी. एफ., बी. एस. एफ., असम राईफल्स आदि सेन्ट्रल को सशस्त्र राज्य पुलिस प्रांतीय सशस्त्र जवान विशेष सशस्त्र पुलिस के साथ मिलकर, सम्मिलित पुलिस ऑपरेशन करने होते हैं। "केन्द्रीय पुलिस संगठन" देश की द्वितीय रक्षा पंक्ति का कार्य करती है। अत: सामान्य स्तर की ट्रेनिंग, सेना के समान ही इन बलों को दी जानी आवश्यक होती है, इन कारणों से सहसैन्य पुलिस बलों के स्वास्थ्य विषयक मापदंड़ों में कोई समझौता संभव नहीं है। इनके नियंत्रक मंत्रालय अलग-अलग होते हैं। सशस्त्र पुलिस बलों के जवानों से सुरक्षा सेना के समान पूरे वर्ष सदा तैयार रहने की आशा की जाती है।

सशस्त्र पुलिस बल की नई भर्ती में स्वास्थ्य की कठोर जाँच इसलिए की जाती है, ताकि यह सुनिश्चित हो सके कि बलों में अस्वस्थ उम्मीदवार प्रवेश न पा सकें, और केवल सुदृढ़ व स्वस्थ कार्यबल बन सके, जो कि देश की सुरक्षा व्यवस्था का वास्तविक संरक्षक बने। नई भर्ती के कार्य में लगे प्रशासनिक और मेडिकल अधिकारीगण अपने सर्वोत्तम विवेक का उपयोग करके अन्तिम चयन कर सकते हैं। नई भर्ती के कुछ मार्गदर्शन नियम सभी राज्य व केन्द्रीय सशस्त्र बलों के लिए सामान्य हैं। जबकि ये नियम विभिन्न सरकारी संगठनों द्वारा विभिन्न समय पर बनाए गए हैं। इच्छित मापदंडों के अनुसार, सम्बन्धित राज्य या क्षेत्र के लोगों के सामान्य स्वास्थ्य व शरीर की बनावट को ध्यान में रखकर (जो कि भौगोलिक व क्षेत्रीय विशेषताओं पर आधारित होती हैं), जाति-समूह आदि को भी ध्यान में रखते हुए मापदंड़ों में छोटे-छोटे परिवर्तनों से अस्वीकार नहीं किया जा सकता। इसके अतिरिक्त नई भर्ती करने वाली टीम नये से नये नियमों के संशोधन सरकार से प्राप्त कर सकती है ताकि उम्मीदवार को कानूनी न्याय मिले। केन्द्रीय पुलिस बलों में नई भर्ती की धारणा क्या हो? इसके लिए नीचे मूलरूप में मार्गदर्शक सिद्धान्त दिये जाते हैं :

(1) *भर्ती का प्रथम पहलू : उम्मीदवार के शारीरिक माप को लेना है*—जैसे ऊँचाई, वजन, सीना, आदि। उम्र का प्रमाणीकरण, शैक्षणिक प्रमाण-पत्र, जाति प्रमाण-पत्र, आदि की जाँच होती है ये सारे कार्य प्रशासनिक पुलिस एवं सहायक स्टॉफ करता है। जो डॉक्टर भर्ती बल के साथ जाता है उसका भी कार्य इस कार्य की निगरानी रखना और गलत माप को दुरूस्त करवाना है। इसके अतिरिक्त डॉक्टर उम्मीदवारों के बाह्य व्यक्तित्व या रूप का भी निरीक्षण कर सकता है जैसे खराब शारीरिक गणना, अंगों की खराबी एवं बेडौल होना, तुतलाना या अतर्कपूर्ण बातचीत आदि।

(2) *कद का माप :* कद के माप में पर्याप्त ध्यान देने की जरूरत है। उम्मीदवार को माप के सहारे सीधा खड़ा किया जाए—जिसमें दोनों पैर सटा कर रखें, शरीर का वजन एड़ियों पर छोड़ा जाये—उसका सिर, कंधे और पुट्ठे माप स्टैंड के स्तर खड़े हुए सीधे, मापने के लिए डंडे के साथ रहे। ऊँचाई आधे सेंटीमीटर तक भी सही सही मापी जाये।

भर्ती के लिए, व्यक्ति का शारीरिक गठन प्रथम मापदंड है, जो बीस-इक्कीस वर्ष की आयु तक पूर्ण विकसित हो जाता है। यदि कोई उम्मीदवार बीस वर्ष से नीचे की उम्र का है, तो भविष्य में उसकी ऊँचाई बढ़ सकती है। अत: ऊँचाई का अंतिम माप 22 वर्ष के बाद पुन: लिया जाये, जो उसके सेवा रिकार्ड एवं परिचय पत्र में अंकित किया जाए। अच्छी ऊँचाई जवान के व्यक्तित्व को बढ़ाती है, जो कि भीड़ को नियंत्रण के मामले में विशेष लाभदायक है।

(3) *सीने का माप :* सीने का माप महत्वपूर्ण है। क्योंकि यह शरीर के बढ़ने एवं विकसित पुरुष तथा श्वास-प्रश्वास स्थिति को संकेत करता है। सीने का सही-सही माप और उसके उचित फैलाव की क्षमता-ये अच्छे विकसित व्यक्तित्व के ढ़ाँचे एवं मांसपेशियों के विकास एवं श्वास-प्रश्वास की स्वस्थ-क्षमता के घोतक हैं। जो व्यक्ति पुरानी श्वास-प्रश्वास बीमारियों से ग्रसित होते हैं तथा पौष्टिकता की कमी, विशेषकर कैलशियम एवं प्रोटीन की कमी वाले होते हैं-उनका सीने का माप पूर्ण स्तर का नहीं मिलेगा।

रंगरूट को अपने पैरों पर सीधे खड़ा करके उसकी भुजाओं को अपने सीने से ऊपर रखने को कहें। फीते (टेप) सीने के आसपास मध्य में रखा जाए। सामान्य सीने का माप लेने के बाद उम्मीदवार से पूरा श्वास लेने को कहा जाये ताकि सीना पूरी तरह फैल जाये। तब अधिकतम नाप अंकित करें। कुछ हृदय रोगों में सीने का फैलाव सीमित होता है। और जोर लगाने पर व्यक्ति को ड़िसनीआ हो जाता है। इस स्थिति में डॉक्टर को कंधों के झुकाव, या स्कुपलर विगिंग या कोई असामान्य एपिगेस्टिक पल्सेसन की ओर ध्यान देना चाहिए जो कि किसी आंतरिक बीमारी की घोतक है।

(4) *सामान्य परीक्षण :* डॉक्टर को एनेमिया (रक्ताल्पता) धमनियों की पेरिकोसिटी, पौष्टिकता की कमी, चर्म रोग, कोढ़ के दाग, अच्छा न होने वाला अल्सर लिफोनोड्स, सुप्त संकेत, मालार फल्स आदि की ओर ध्यान देना चाहिए। ताकि वह यह स्पष्ट बता सके कि कोई सिस्टेमिक बीमारी तो उम्मीदवार को नहीं है।

(5) *वंश परंपरागत रोगों की जाँच :* शरीर में कोई खराबी जो किसी वंश परंपरागत या अन्य प्रकार से हुई हो जैसे बोलेग, नगनी, फ्लैट फूट आदि का निरीक्षण होना चाहिये। मालेओसी में या घुटने में कोई भी टेढ़ा मेढ़ापन जो लम्बे समय तक बूट आदि पहनने पर लंबा चलने पर या खेलकूद में भाग लेने पर, कष्टदायक स्थिति पैदा करे तो ऐसी बातों पर अयोग्य घोषित करने के लिए, उचित विचार का कारण बताना चाहिए। किसी अंग का छोटा होना या अंग का नष्ट होना चाहे वह किसी भी कारण से हुआ हो अयोग्य घोषित करने के निश्चित मामले होते हैं।

(6) *आँखों की जाँच :* नये भर्ती होने वाले जवान के लिए, बीमारी और नेत्र ज्योति का अत्यधिक महत्व है। नेत्रों के बाह्य परीक्षण से किसी भी छूत की बीमारी का पता लग सकता है। जैसे आँखों की जलन, केराटिटिस, कर्नियिल अल्सर, आदि। निकट दृष्टि और दूरदृष्टि दोनों के लिए सही-सही जाँच, उचित मापदंड के चार्ट का उपयोग करना चाहिए, ताकि त्रुटि न रहे। प्रत्येक आँख की जाँच अलग-अलग होनी चाहिए। रंग दोष की जाँच इशिहारा चार्ट द्वारा होनी चाहिए। क्योंकि ऐसा नेत्र-दोष किसी उम्मीदवार को अयोग्य ठहराने के लिए पर्याप्त आधार होता है। नेत्र सम्बन्धी मामलों में सहायक क्लर्क एवं अस्पताल स्टॉफ के पद के लिए पर्याप्त छूट देनी चाहिए। किंतु ड्राइवर तथा फिटर के पदों के लिए इस मामले में कठोरता अनिवार्य है। किसी भी श्रेणी का आंखों को स्कुईन्ट सशस्त्र बलों के लिए भर्ती हेतु अयोग्य करार देने का आधार होना चाहिए। जिसमें वाहनों के ड्राइवर भी शामिल हैं।

रंगों की पहचान सम्बन्धित दोष लगभग जन्म से ही होता है और यह एक स्थाई दोष है। तेज दृष्टि का स्तर, उम्र व पद के अनुसार भिन्न-भिन्न हो सकता है। भर्ती दल के अधिकारियों के समक्ष, भूतपूर्व सेनाओं के व्यक्तियों को भरती करते समय ऐसे मामले आ सकते हैं।

(7) *सही श्रवण शक्ति :* पुलिस बलों के लिए सही श्रवण शक्ति का होना आवश्यक है। श्रवण स्थाई दोष जैसे नस सम्बन्धी त्रुटि यदि किसी उम्मीदवार में हो तो उसे पुलिस बल में भर्ती नहीं किया जा सकता। यद्यपि भर्ती के स्थान पर एक उचित श्रवण शक्ति जाँच नहीं सकती किन्तु जो व्यक्ति "सामान्य बातचीत" बीस फूट दूरी से सुन सकता है, वह पुलिस ड्यूटी के योग्य होता है।

(8) *शारीरिक साफ-सफाई :* किसी भी सिपाही के लिए स्वस्थ दाँत और मसूड़े एक महान धन है। दाँतों में उचित काटने और चबाने की शक्ति होनी चाहिए। इसलिए

इसी के साथ-साथ जवान के टॉसिल और गले का भी निरीक्षण होना चाहिए। मुख्य दोष जैसे—आवाज की कठोरता, दोषपूर्ण हकलाना, या नाक से बोलना ये सभी दोष अयोग्य करार देने हेतु पर्याप्त हैं।

(9) यदि पेट या किडनी के पास कोई बड़ा स्कार हो तो वह बताता है कि उम्मीदवार का पूर्व में कोई बड़ा ऑपरेशन हुआ होगा। इसके अतिरिक्त हरनिया, बवासीर एवं फिसर ये भी पुलिस में भर्ती के लिए अयोग्यता में आते हैं—क्योंकि ऐसी बीमारी की स्थिति उस समय बढ़ जायेगी जब उम्मीदवार से कठिन श्रम कराया जायेगा।

(10) *श्वास क्रिया सिस्टम :* श्वास-प्रश्वास सम्बन्धी सिस्टम पर विभिन्न पेथोलोजिक, वातावरण एवं एलेर्जी विषयक प्रभाव होता है। जिससे पुरानी लम्बी बीमारियां उचित बढ़त में असफलता, व्यायाम करने की सहन शक्ति में कमी होना और सर्दी आदि की स्थिति अत्यधिक खराब होना, आदि होते हैं। इसके पूर्व कि कोई बीमारी घोषित कर उम्मीदवार को अयोग्य घोषित कर दिया जाए श्वास-प्रश्वास संस्थान की पूरी जाँच की आवश्यकता है। शंकास्पद स्थितियों में किसी विशेषज्ञ द्वारा दूसरी बार राय लेना तथा सीने का एक्सरे तथा विटालोग्राफी उम्मीदवार को अयोग्य ठहराने के पूर्व करवा लेना आवश्यक है।

(11) *कार्डियो वास्कूलर सिस्टम :* भर्ती करने के पूर्व उम्मीदवार का ब्लड प्रेशर सहित अन्य डॉक्टरी जाँच कर लेनी चाहिए। जन्मजात या बाद में उत्पन्न हृदय रोग व्यायाम करने में सहनशक्ति को कम कर सकते हैं एवं पुलिस कर्मी के कर्तव्य निभाने में बाधक हो सकते हैं। यहाँ तक कि हृदय के किसी भी प्रकार का (मरमर) का भी उचित मूल्यांकन होना चाहिए। ब्लड प्रेशर में अस्थाई चढ़ाव व्यायाम के बाद में या परीक्षा के भय के कारण हो सकता है। ऐसे मामलों में कोई अंगविषयक-बीमारी घोषित होने के पूर्व बार-बार जाँच होनी चाहिए। इ. सी. जी. करना व किसी विशेषज्ञ की राय जानना भी उम्मीदवार को निरस्त करने के पूर्व आवश्यक हैं।

(12) *स्नायविक मनोवैज्ञानिक दृष्टिकोण :* पुलिस बलों में किसी भी पद पर नियुक्ति के लिए उम्मीदवार को सामान्य स्नायविक-मनोवैज्ञानिक बीमारियाँ नहीं होनी चाहिएं। मेनिएक या हिस्टीरिया विषयक लक्षण या मानसिक संतुलन में कमी-ये ऐसी स्थितियाँ पुलिस भर्ती में उम्मीदवार को अयोग्य ठहराती हैं। जवानों में औसत बुद्धि उनकी भर्ती के लिए पर्याप्त है, किंतु उच्च श्रेणी की बुद्धि, स्मृति, निर्णय एवं मानसिक सतर्कता सबार्डिनेट ऑफिसर या गजटेड ऑफिसर की सीधी नियुक्ति के लिए जरूरी है।

वास्तविकता यह है कि भर्ती दल जिसके पास समय और सुविधाएँ कम होती हैं, सभी आवश्यक परीक्षण व जांच नहीं कर सकता। अत्यधिक बेरोजगारी के कारण उम्मीदवार बड़ी संख्या में आते हैं अतः वापस घर लौटने के पूर्व प्रत्येक की सभी प्रकार की सही-सही जाँच करना उचित होता है। इस भंयकर भीड़ की जांच कर पाना मानवीय ढंग से संभव नहीं होता। शारीरिक माप के बाद ही मेडिकल जांच की जाती है और तब तक दिन काफी बीत जाता है और डॉक्टर को उम्मीदवार की उचित जाँच के लिए मुश्किल से ही प्राकृतिक प्रकाश मिलता है। केवल डाक्टर द्वारा की गई क्लिनिकल जाँच ही भर्ती का आधार बनती है। भर्ती करने वाले चिकित्सक की चिकित्सा-जाँच में तेजी एवं बुद्धि ही उम्मीदवारों के मूल्यांकन का एवं भर्ती का आधार है। सर्वोत्तम भर्ती के लिए "ब्ल्यू-बुक" में दिये गए नियम सभी पर्याप्त नहीं हैं। इस विशेष कार्य हेतु सदैव योग्यतम उम्मीदवारों में से सर्वोत्तम को नियुक्ति देना न्यायसंगत है। सह सैन्य पुलिस बलों के लिए या होमगार्ड अथवा स्थानीय पुलिस के लिए कांस्टेबल का चुनाव कर, महिला बल की स्थापना एक कठिन कार्य है। पुलिस के पद के लिए उचित शारीरिक स्तर एवं मेडिकल स्टेटस की आवश्यकता होती है। किन्तु अस्पताल एवं कार्यालयीन कर्मचारियों के पदों के स्टेंडर्ड में छूट दी जा सकती है। भर्ती के मामले, व्यक्तिगत गुणों के आधार पर निपटाए जाते हैं। फिर भी कोई भी गर्भवती महिला गर्भधारण की किसी भी अवस्था में शासकीय सेवा जवॉइन नहीं कर सकती है, यह एक सामान्य नियम है। ऐसी नियुक्ति प्रसूति (डिलीवरी) के बाद ही हो सकती है। ऐसे सभी मामलों में किसी स्त्री रोग विशेषज्ञ की रिपोर्ट, मेडिकल परीक्षण का एक बहुत बड़ा हिस्सा है।

पुलिस बलों में भर्ती के कठोर मापदंड होते हुए, अनाकर्षक वेतन एवं सुविधाओं, ड्यूटी में पदोन्नति का अभाव, आदि के होते हुए भी योग्य उम्मीदवारों की उपलब्धि में कभी कोई समस्या उत्पन्न नहीं हुई बल्कि कई अवसरों पर भर्ती दल को रिक्त पदों की कमी के कारण उम्मीदवारों को निराश करना पड़ता है। देश में जनसंख्या के विस्फोट एवं पढ़े-लिखे शिक्षित बेरोजगारों के कारण ही भर्ती के दिवस इच्छुक उम्मीदवारों की भीड़ लग जाती है।

मेडिकल पूछताछ : सामान्य विश्वास के विपरीत, पुलिस बलों में मेडिकल जाँच में प्रश्न पूछना न तो अवांछनीय है न ही औपचारिक रिवाज मात्र है। जैसे प्रत्येक शासकीय कर्मचारी को अपने चरित्र और जीवन-वृतान्त की स्वच्छ छवि प्रस्तुत करनी होती है। अतः पुलिस बल में मेडिकल जाँच के प्रश्न पूछना भर्ती प्रक्रिया का एक

अविच्छिन्न अंग है। जिससे पिछले समय में किसी बीमारी के इतिहास का पता लग सके। यह प्रक्रिया कठोरता से सेना, केन्द्रीय रिर्जव पुलिस फोर्स तथा राज्यों के सशस्त्र बलों की भर्ती में अपनाई जाती है। स्थानीय नागरिक पुलिस की भर्ती में व्यायाम को परीक्षण-सुविधा के कारण हटा दिया जाता है। देश में सशस्त्र पुलिस बलों के उच्च अनुशासन एवं ड्यूटी के लिए सदैव तैयारी ही उनकी शानबान है। ऐसी स्थिति प्राप्त करने के लिए एक स्वस्थ मानसिकता एवं स्वस्थ शरीर दोनों की आवश्यकता होती है। अत: मेडिकल संबंधी प्रश्नावली सशस्त्र पुलिस बलों के लिए अधिक सही संदर्भ में हैं। ऐसे बल हैं—केन्द्रीय पुलिस बल, रेपिड एक्शन फोर्स, नेशनल सिक्युरिटी गार्ड, कमांडो सर्विस, आदि, आदि। उम्मीदवार किसी भी बीमारी से ग्रस्त रहा हो अथवा पारिवारिक इतिहास इस मामले में पोजिटिव रहा हो और बीमारी भर्ती के समय चिकित्सा-परीक्षक की पकड़ में न आई हो ऐसी बीमारियाँ जैसे—एपिलेप्सी, डाईबिटिज, पेट की टी. बी., पारिवारिक ब्लीडिंग डिस आडर्स, नर्वस ब्रेक डाउन, मूर्छा आना, आदि में बाहरी लक्षण भर्ती के समय पकड़ में नहीं आते। अत: मेडिकल जाँच में प्रश्न पूछा जाना पूर्णत: सही है।

मेडिकल जाँच में उम्मीदवार से प्रश्न पूछे जाने को अधिक सार्थक बनाने हेतु पैरा-मेडिकल स्टॉफ को पूरक सूचना निकलवाने का गंभीरता से प्रयत्न करने की आवश्यकता है। आंकड़ों के दो कारणों से गलत होने की संभावना है। प्रथम तो उम्मीदवार मेडिकल प्रश्नावली को शायद समझ न पाए कि क्या पूछा गया है, दूसरे, वह अपनी उम्मीदवारी निरस्त होने के भय से सच्चाई को छुपाने का प्रयत्न कर सकता है। अत: उम्मीदवार को यह विश्वास दिला दिया जाना चाहिए कि जो जानकारी उससे ली जा रही है वह केवल रिकार्ड के लिए है, न कि उसका उपयोग उसकी उम्मीदवारी निरस्त करने में किया जायेगा।

शिक्षा और पुलिस स्वास्थ्य : भारत के लगभग सभी प्रकार के पुलिस बलों में भर्ती के लिए कम से कम शैक्षणिक योग्यता (दसवीं कक्षा उत्तीर्ण) रखी गई है। फ्लोअर पद के लिए तो और भी कम शिक्षा वाले को लेने की अनुमति है, सीधे नन गेजेटेड या गजेटेड पर नियुक्ति हेतु उच्च शिक्षा अर्थात् ग्रेजुएट होना आवश्यक है। देश में साक्षरता का प्रतिशत बढ़ने एवं देश में बेरोजगारी बढ़ने से, उम्मीदवार सामान्यत: वांछित योग्यता से अधिक वाले ही भर्ती हेतु आते हैं। अत: आज के रिक्रूटों का दल पर्याप्त रूप से, वांछित योग्यता से अधिक वाली होती है, इसके चलते पुलिस बलों के नवरक्षी को बेहतर व्यक्तिगत साफ-सफाई, रहन-सहन का अच्छा स्तर, बीमारी

में तत्काल मेडिकल सहायता ले लेने वाले तथा परिवार नियोजन के प्रति सजग रहने उम्मीद की जाती है। इसलिए उच्च शिक्षा का सीधा प्रभाव ट्रूप्स के स्वास्थ्य पर पड़ता है। अत: उच्च शिक्षित युवकों को पुलिस बलों से भर्ती के लिए उत्साहित करना चाहिए। किन्तु ऐसे शिक्षित युवक अधिक महत्वाकाँक्षी भी होते हैं और आसानी से निराश हो जाते हैं। ऐसी स्थिति से बचने के लिए बल में ऐसे लोगों को भर्ती करना चाहिए जो कि बल हेतु एक धरोहर का काम करें और उन्हें प्रेरणा प्रदान करनी चाहिए। तत्कालिक प्रेरणा (इन्सेन्टिव) उन्हें किसी कोई विशेष कार्य देना हो सकता है। इन्हें ऑफिस राईटर कलाकारी या लायसन्स का कार्य दिया जा सकता है। अन्य इन्सेंटिव भी जो उन्हें समय-समय पर दी जा सकती हैं वे हैं—उनका उच्च पदों पर चयन, जैसे कि सब इन्सपेक्टर मिनिस्ट्रीयल स्टॉफ। सिगनल यूनिट के पदों पर विज्ञान स्नातकों को लेना तथा कम्प्यूटर शिक्षित लड़कों को डाटा-प्रोसेसिंग सेल के कार्य में लगाना और अपराध विश्लेषण शाखा में इन सर्विस में ही जवानों को रिसस्टिरिंग आदि।

भर्ती प्रक्रिया में ईमानदारी अपनाई जानी चाहिए जिसमें बीमारी मुक्त या फिट लोगों को ही पुलिस बल में स्वीकार किया जाए। तो यह बावजूद मेहनत बेकार सिद्ध हो सकता है क्योंकि कुछ प्रमुख बीमारियाँ जवानों में भर्ती के समय अनदेखी रह सकती हैं, जैसे—मधुमेह, कुछ हृदय रोग अथवा कोई पुरानी अच्छी हो चुकी टी. बी.। रूटिन की जाँच अन्दरूनी बीमारी की खोज नहीं कर सकती। कोई भी भर्ती दल इतना पूर्ण नहीं हो सकता कि वह सभी बीमारियों को दूर रखकर जवानों की भर्ती कर सके। और फिर मानव शरीर जब भिन्न-भिन्न वातावरण में भोजन, व्यायाम आदि लेता है, तो उसे कोई भी बीमारी उत्पन्न हो सकती है।

नये पुलिस जवान सभी एक जैसे नहीं होते। उनमें से प्रत्येक विभिन्न सामाजिक वातावरण व सांस्कृतिक पृष्ठभूमि से आते हैं। जवानों की व्यक्तिगत विशेषताएँ भोजन सम्बन्धी आदतों और अन्य शौक व इच्छाओं का बलिदान हो जाता है। उसे अंतरंग सामूहिक जीने के लिए गढ़ा जाना है, जिस पर कठोर अनुशासनात्मक नियंत्रण होता है। वे आदेश का पालन करने को सदा तैयार रहते हैं। यहां तक कि भयानक स्थितियों में भी। यह रूपान्तरण एक सिविलियन व्यक्ति में परिवर्तन है जो शारीरिक मानसिक, भावात्मक एवं सामाजिक रूप से फिट पुलिस बल के जवान बन जाते हैं। यह ऐसा ही तरीका है जिसमें समय की गति के साथ लकड़ी कोयला और कोयला हीरा बन जाता है। इसके पृष्ठभूमि में उनकी वर्षों की ट्रेनिंग व मार्गदर्शन है। स्वास्थ्य को ऊँचा स्तर व उच्चकोटि का फिटनेस बनाने में सहयोग करती है, साथ ही पुलिस व्यवसाय के प्रति समर्पण के भाव बढ़वाता है।

पुलिस ट्रेनिंग में स्वास्थ्य शिक्षा : भारत में पुलिस ट्रेनिंग केन्द्र विभिन्न पुलिस बलों को ट्रेनिंग देते हैं वे बेसिक ट्रेनिंग एवं सेवा काल में ट्रेनिंग भी देते हैं। पुलिस बलों में भर्ती के तीन स्तर हैं। सबसे नीचे काँस्टेबल स्तर है, मध्य में सब-इन्सपेक्टर या असिस्टेन्ट सब-इन्स्पेक्टर स्तर एवं उच्च स्तर है अधिकारियों का "काँस्टेबुलरी" को पहले बेसिक ट्रेनिंग लेनी होती है। यह रिक्रूट ट्रेनिंग सेंटर पर होती है या बटालियन हैडक्वार्टर्स पर होती है, जिसका एक निश्चित कार्यक्रम होता है। मध्य स्तर के अधीनस्थ अधिकारी स्तर की ट्रेनिंग (इतनी ही अवधि की) पुलिस ट्रेनिंग कॉलेज या केन्द्रीय सहसैन्य पुलिस बलों के केन्द्रीय ट्रेनिंग कॉलेज में होती है। ये जूनियर अधिकारी जो पुलिस बल के वास्तव में "जूनियर मैनेजर" होते हैं, जो उच्च अधिकारियों तथा काँस्टेबुलरी के मध्य पुल का कार्य करते हैं। अन्त में अपरलेवल के सीधे नियुक्त गजेटेड अधिकारी होते हैं। जो स्टेट पुलिस केडर, केन्द्रीय पुलिस संगठन केडर या अखिल भारतीय सेवा केडर के होते हैं जैसे आई. पी. एस. अधिकारी नेशनल पुलिस एकेडमी में ट्रेनिंग लेते हैं। जब की स्टेट व सी. पी. ओ. केडर के अधिकारी उनके स्वयं के कॉलेज एकेडमी में ट्रेनिंग लेते हैं। प्रशासनिक, मैनेजर विषयक, कानूनी और संचालन सम्बन्धी ट्रेनिंग पूरक रूप में क्षेत्रों में दी जाती है एवं इसमें प्रोबेशनशिप भी, ऑफिसर केडर के लिए बाद में दी जाती है।

स्वास्थ्य शिक्षा को बहुत ही सामान्य विषय के रूप में समझा जाता है। इसे आमतौर पर चिकित्सा शिक्षा के साथ मिला दिया जाता है। और केवल इसे डॉक्टर का ही कार्य मानकर छोड़ दिया जाता है। किन्तु यह धारणा बिल्कुल गलत है (स्वास्थ्य-शिक्षा) व्यक्ति को अपने स्वयं के स्वास्थ्य की रख-रखाव, अंधविश्वासों से ऊपर उठना एवं विवेक जाग्रत करना, स्वास्थ्य को उन्नत करने के ज्ञान का गंभीरता से अर्जन करना और स्वास्थ्य के प्रति सजग रहना, अपने आप को बजाए बीमार अनुभव करने के इन बातों को सीखते हैं और स्वास्थ्य को मूल्यवान संपत्ति बना देने से है। स्वास्थ्य शिक्षा स्वस्थ आदतें पैदा करके अच्छे व्यक्तित्व के बीज बोती है। स्वास्थ्य के अमूल्य एवं असीमित लाभों का वर्णन इस पुस्तक के सीमित क्षेत्र में नहीं किया जा सकता।

क्या पुलिस बलों में स्वास्थ्य शिक्षा बेसिक ट्रेनिंग का एक हिस्सा बनाई जाए? यदि ऐसा है तो यह मामला अभी तक निर्णायक राय बनकर क्यों नहीं आया? यह एक सर्वमान्य सूत्र है। अतः इसमें बहस की जरूरत ही नहीं है। सभी क्षेत्रों में और सभी जगह लोग इस बात पर सहमत हैं कि स्वास्थ्य शिक्षा बहुत बड़ा रोल अदा करती है। इसलिए इसे सभी पुलिस बलों में मूलरूप से ट्रेनिंग में शामिल किया जाए। यह

अच्छी व्यक्तिगत आदतों को बनाती है और सकारात्मक स्वास्थ्य की नैतिकता प्राप्त करने में सहायक है। स्वस्थ बना रहने में सहयोग करती है तथा बीमारियों से ग्रसित होने को कम करती है। स्वस्थ रहने हेतु यह सारी सुविधाएँ देती है। किन्तु केवल ज्ञान प्रदान करने से कोई लाभ नहीं होगा, जब तक कि ट्रेनी का दृष्टिकोण पक्ष में न हो। स्वास्थ्य शिक्षा का प्रभाव जवानों के परिवार, पड़ोसी और अंत में समाज पर पड़ता है। किन्तु दुर्भाग्य से ऐसी स्वास्थ्य शिक्षा के महत्व को बहुत कम समझा जाता है। जो बाधाएँ "स्वास्थ्य-शिक्षा" के लिए आयोजित होती हैं या फस्टएड, व्यक्तिगत हाईजिन आदि की शिक्षा जिनमें दी जाती है, उन्हें बहुत सुविधा से अपने उद्देश्य से भटकाकर, पाठ्यक्रम के बाहर की क्रियाओं के लिए काम में लिया जाता है। यहाँ तक कि पुरानी ट्रेनिंग संस्थाओं में उचित "टीचिंग एडस" भी प्राप्त नहीं होते।

"काँस्टेबुलरी" की बेसिक ट्रेनिंग में स्वास्थ्य-शिक्षा का गहन कार्यक्रम अधिक उपयोगी होता है, क्योंकि ये रंगरूट विभिन्न जातीय पृष्ठभूमि से आते हैं, उनकी शिक्षा कम होती है, उनका सामाजिक एवं आर्थिक मापदंड अधिकतर ग्रामीण क्षेत्र का होता है। किन्तु जब वे एक बार पुलिस की बैरक में जीवन बिताते हैं तो व्यक्तिगत हाईजिन के सिद्धान्तों का पालन उनके लिए आवश्यक हो जाता है। पुलिस बलों में जनशक्ति के विकास का यह एक तरीका है। जीवन-स्तर का बढ़ाना और सर्वांगीण विकास हेतु स्वास्थ्य-शिक्षा अत्यंत प्रभावकारी है। ऐसी शिक्षा का प्रभाव सेवा काल में लम्बे समय तक बना रहता है।

अधीनस्थ अधिकारी वर्ग की नागरिक शिक्षा उच्च होती है एवं पदों पर चयन उच्च-स्तर की प्रक्रिया से प्रतियोगी परीक्षा के माध्यम से होता है। पुलिस बलों के ये "मिडिल मैनेजर्स" पुलिस स्टेशनों पर अपराधों को रोकने या सशस्त्र बलों में प्लाटून कमांडर के पदों पर कार्य करते हैं और संचालन के ट्रेन्ड सिपाहियों के पाइआनिअर ग्रुप का नेतृत्व करते हैं। यह आशा की जाती है कि इन्होंने स्वास्थ्य-सेवा के मूल सिद्धांतों को सीखा है। स्वास्थ्य-शिक्षा उनकी ट्रेनिंग में सहायक होती है ताकि वे जन स्वास्थ्य के मामले, सफाई के सिद्धांत का अधिक अच्छी धारणा बनाकर बैरकों, रसोइयों, जल-प्रदाय, बीमारी से लड़ने की शक्ति, मक्खी-मच्छरों को नष्ट करने आदि का सही ज्ञान रख सकें। ट्रूपों के सुपरवाइजर के रूप में वे स्वस्थ और अच्छा जीवन जीने के लिए रुचियों का विकास करते हैं और अपने अधीन काँस्टेबुलरी (जवानों) की स्वास्थ्य-सम्बन्धी आवश्यकताओं को अधिक अच्छा समझते हैं। अतः इनके लिए स्वास्थ्य शिक्षा अमूल्य है।

किन्तु ऐसी अपूर्ण शिक्षा व्यवस्था द्वारा अधिकारियों को प्रशिक्षित क्यों किया जाए? जो पहले से ही उच्च शिक्षित होते हैं, एवं सीनियर पुलिस प्रशासनिक पदों पर कार्य करते हैं। ये अधिकारी पुलिस बल के एक बहुत बड़े भाग का नेतृत्व करते हैं, जहाँ वे अपने अधीन व्यक्तियों के सम्पूर्ण विकास की योजना बनाने का कार्य करते हैं। इसमें स्वास्थ्य संबंधी योजनाएं बनाना भी शामिल है, जिसमें जन स्वास्थ्य के अच्छे ज्ञान की आवश्यकता होती है तथा जिसमें राष्ट्रीय और अन्तर्राष्ट्रीय स्वास्थ्य कानून भी जानना आवश्यक होता है। फिर भी उनका पढ़ाना केवल कक्षा के कमरों तक ही सीमित नहीं रहना चाहिए। गेस्ट लेक्चर, सिंपोजियम, प्रदर्शन एवं फील्ड स्टडी ये सभी अधिक योग्य एवं उचित रहेंगे। विडियो फिल्म शो अधिक प्रभाव डाल सकता है। इसके अतिरिक्त उनके सीनियर अधिकारी, अपनी सामान्य ड्यूटी के अलावा पर्याप्त मानसिक तनाव झेलते हैं जिससे उनमें "दबाव की बीमारी" (स्ट्रेसडिसीज) उत्पन्न हो सकती है। स्वास्थ्य-शिक्षा उन्हें इसके लिए सजग बना देगी।

"स्वास्थ्य-शिक्षा" देना न केवल पुलिस बलों के लिए अपितु जनता के हर सदस्य के लिए उपयोगी है। हमारे स्कूलों के पाठ्य-पुस्तकों में स्वास्थ्य-शिक्षा के बारे में कुछ नहीं बताया जाता है। आज कल के प्रसिद्ध प्रचार-माध्यम जैसे अखबार, रेडियो, टी.वी. ने कुछ हद तक यह कार्य संभाला है। फिर भी कक्षाओं में नियमित पाठ्यक्रम पढ़ाना भी आवश्यक है क्योंकि अध्ययन का क्षेत्र विशाल है। यौन-शिक्षा जो कि स्वास्थ्य-शिक्षा का ही एक भाग है, के बारे में चर्चा करना भी उपयोगी होगा। अपूर्ण, अधूरा यौन-ज्ञान कई उलझनों और बीमारियों को पैदा करता है। यौन-शिक्षा के विषय का उचित ज्ञान, चरित्र-निमार्ण में सहायक होता है। किन्तु यह शिक्षा स्कूलों में सम्भवत: शिक्षाविदों की शर्म के कारण कभी नहीं दी जाती। पुलिस बलों में ट्रेनिंग लेने वाले जवान वयस्क और परिपक्व होते हैं एवं पूर्ण अनुशासित ढांचे के नीचे कार्य करते हैं। इस स्तर पर लड़कों को यौन-शिक्षा भली प्रकार दी जा सकती है, जो अपना 70 या 80 प्रतिशत जीवन पुलिस बैरकों में बिना परिवार के व्यतीत करेंगे और इस अवधि में इनके दूसरों से यौन सम्बन्ध हो जाने की संभावना रहती है। यौन-शिक्षा का अच्छा ज्ञान उन्हें यौन बीमारियों, गर्भधान यौन सम्बन्धी गड़बडियों से बचायेगी, क्योंकि इन बातों का समापन अन्त मे तलाक या आत्महत्या में होता है।

स्वास्थ्य-शिक्षा संबंधित विषयों का पाठ्यक्रम बनाने के काम से इस पुस्तक में जान बुझकर नहीं लाया गया है। बेसिक ट्रेनिंग के अलावा कई प्रकार की सेवाकालीन ट्रेनिंग, आरिएन्टेशन कार्यक्रम, सभी रेकों में विभिन्न संस्थाओं द्वारा चलाए जाते हैं।

उनमें एडवांस शस्त्र कलाएं, टेक्नीक, अस्थाई प्रशासनिक या दूर-संचार मामले, जंगल की लड़ाई या विद्रोह का सामना करना सिखाया जाता है। इन पुलिस बलों में कुछ संदर्भ रखने वाले स्वास्थ्य-विषय पर भी इन कक्षाओं में सिखाया जाना चाहिए ताकि भाग लेने वाले को कुछ लाभ हो। सेवाकालीन पाठ्यक्रम के लिए कुछ स्वास्थ्य शीर्षक नीचे सुझाए जाते हैं:

	कोर्स का नाम	**प्रस्तावित स्वास्थ्य शिक्षा का प्रकार**
1.	ऑफिसरों, कमांडेन्ट एवं मेडिकल ऑफिसरों के लिए प्रशासनिक रिफरेशर कोर्स	स्ट्रेसडिस आर्डर्स, जैसे डायबिटीज, हाइपरटेंशन, कोरोनी हार्ट डिसीज, इसिडपेज्टिक डिसीज स्वास्थ्य योजना, राष्ट्रीय और अन्तर्राष्ट्रीय स्वास्थ्य कानून।
2.	जूनियर कमांड एवं सीनियर कमांड कोस नॉन कमीशन्ड अंडर ऑफिसरों के लिए	व्यक्तिगत हाईजिन, मलेरिया और जल में होने वाली बीमारियों की रोकथाम, परिवार नियोजन विधियां, यौन-रोगों की रोकथाम, एड्स, हेपेराइटिस ड्रग्ज के बुरे प्रभाव एवं स्वचिकित्सा।
3.	सीनियर इंस्पेक्टर रिफ्रेशर कोर्स	वृद्घावस्था में स्वास्थ्य समस्याओं की पहचान, मान्यता और उनकी व्यवस्था एपिडेमिक कंट्रोल एवं नोटिफिएबल डिसीजेज।
4.	मोटर ट्रांसपोर्ट ऑफिसर एवं क्वार्टर मास्टर कोर्स	प्राथमिक चिकित्सा, दुर्घटनाओं, चोटों के लिए क्षेत्र-व्यवस्था, फ्रेक्चर, ब्लीचिंग, चोट लगे व्यक्ति को ले जाना, विषैले रसायनों द्वारा हुई दुर्घटना का इलाज।
5.	टीयर स्मोक कोर्स	दुर्घटनावश एम. आई. सी. नशे का इलाज, रोकथाम, बनावटी श्वास देना।
6.	वेपन टेक्टिक कोर्स	मैदान में गोली लगने पर व्यवस्था करना, रक्तस्राव चिकित्सा।
7.	जंगल वारफेअर कोर्स	सांप काटने पर प्राथमिक चिकित्सा, बिच्छू और अन्य जहरीले कीड़ों का काटना, मैदान

	में ड्रेसिंग प्रक्रिया, जल के संबंध में अनुशासन रखना।
8. मैप रीडिंग एवं शूटिंग कोर्स	नेत्र रक्षा, आंखों की जाँच और इलाज, मैदान में गोली लगने पर प्राथमिक चिकित्सा एवं हेमोरटेज।
9. अनआर्म्ड काम्बेट कोर्स	मांसपेशियों की रचना व्यवस्था का ज्ञान, मोच का इलाज एवं फिजियो थेरेपी एवं इन्फ्रारेड ट्रीटमेंट।
10. बगलर कोर्स	श्वास-प्रश्वास समस्याएं और उनकी व्यवस्था इलाज टी. बी. आदि।
11. रसोइए और सफाई कर्मचारियों के लिए	व्यक्तिगत हाइजिन, जल-संबंधी बीमारियां-भोजन का जहर बनना, आंखों के परजीवी कीडे, टी. बी., खाने योग्य पदार्थों का निरीक्षण, जैसे फल-सब्जियाँ, अंडे, माँस, मछली और चिकन, चर्म रोग।
12. फायर फाइटिंग कोर्स	जलने की प्राथमिक चिकित्सा, बचाव और सहायता कार्य, डूबने की दुर्घटना में बचाव कार्य।
13. मेडिकल ऑफिसर का बेसिक कोर्स	सांख्यिकी और आर्थिक टॉपिक, जनसंख्या वृद्धि पर परिवार नियोजन, एपिडेमिक कंट्रोल, सिद्धान्त और व्यवहार खेलकूद सम्बन्धी दवाएं, पुलिस बलों में विभिन्न कोर्स के लिए टीचिंग, एड्स, अस्पताल परिचालना।
14. मेडिकल ऑफिसर का रिफ्रेशर कोर्स	संकटपूर्ण स्थिति में व्यवस्था हेतु एडवांस ट्रेनिंग, लेप्रोस्कोपिक परिवार नियोजन ऑपरेशन मेडिकल सांइस में नवीनतम खोज। निदान और इलाज की प्रक्रियाएँ।

	अस्पताल-प्रशासन।
15. अस्पताल के स्टॉफ का बेसिक कोर्स	सभी फर्स्ट-एड व नर्सिगं प्रक्रियाएं, प्रयोगशाला और सी. टी. टेकनिक्स, हाईजिन सेनिटेशन, एपिडेमिक कंट्रोल, ड्रग कानून, ए. डी. आर. की व्यवस्था। कॉडियो रेचिरेटी इमरजेन्सी।

इस प्रकार स्वास्थ्य शिक्षा एवं प्राथमिक चिकित्सा, दोनों पुलिस ट्रेनिंग कार्यक्रम के अविच्छिन्न अंग होने चाहिए। देश में प्रत्येक ट्रेन्ड पुलिस कर्मी को फिर से ट्रेन्ड करना चाहिए। इन्हें फर्स्ट-एडवर्कर भी बनाना चाहिए जो अपने साथी या पड़ोसी की मदद आवश्यकता के समय कर सकें तथा साथ-साथ अपनी व्यक्तिगत शैली भी एक आदर्श नागरिक की बना सकें। हम सब पुराने मुहावरे को जानते हैं कि, "हर पुलिसमैन वर्दी में एक नागरिक है और हर नागरिक बिना वर्दी के एक पुलिसमैन है"। पुलिस दर्शन का विकास चाहने वाले लोग पुराने मुहावरे का इस प्रकार आधुनिकरण करेंगें "प्रत्येक पुलिस जवान एक ट्रेन्ड फर्स्ट-एड वर्कर है। और स्वास्थ्य शिक्षक एवं एक आदर्श नागरिक है जो व्यक्तिगत सफाई का एक जीता जागता प्रतीक है"।

5

पुलिस ड्यूटी का स्वास्थ्य पर प्रभाव

अन्य व्यवसायों की तरह पुलिस ड्यूटी कार्य नहीं एक व्यवसाय है, और जो व्यक्ति पुलिस ड्यूटी आरम्भ करता है, वह एक व्यवसाय में प्रवेश करता है और एक बार इस व्यवसाय में प्रवेश करने वाला लगभग स्थाई रूप से ही इसमें प्रवेश कर लेता है। किसी भी व्यवसाय में समर्पण व व्यवसायी भावना की जितनी जरूरत चाहिए उतनी ही इस व्यवसाय में भी है। जो भी पुलिस बल में प्रवेश करता है वह लगभग शेष संसार को भुला देता है उसके लिए उसकी अपनी ड्यूटी और सम्मान तथा खाकी वर्दी की गरिमा अन्य सबसे पहले आती है। इसमें त्याग असीमित होता है और कई बार पुलिस कर्मी को अपना सुखी जीवन स्वयं, अपने परिवार और अपने पर आश्रित लोगों, मित्रों एवं रिश्तेदारों की सुरक्षा का त्याग करना पड़ता है, जो बिना यह प्रतीक्षा किये कि सरकार या समाज बदले में उसे क्या देता है या उसके कार्य का मूल्यांकन कैसे किया जाता है।

व्यावसायिक चिकित्सा के विचारक इस बात पर आश्चर्य करते हैं कि क्या अन्य व्यवसाय के समान, पुलिस के कार्य का भी पुलिस कर्मी पर कोई विशेष प्रभाव होता है। पुलिस या सशस्त्र पुलिस का जवान जिस वातावरण में कार्य करते हैं उसे ध्यान में रखते हुए तथा जो दबाव वे इस कार्य से पाते हैं, उसे देखते हुए, एक स्पष्ट संदेह मन में होता है कि कोई न कोई प्रभाव तो इस कार्य का पड़ता ही होगा। पुराने जमाने

में पुलिस की छवि एक सुदृढ़ मजबूत पुलिस कर्मी की थी जो सड़कों या चेक-गेट पर खड़ा मिलता था। किन्तु पिछले कुछ दशकों से, पुलिस ड्यूटी की प्रकृति काफी बदल गई है। कानून और व्यवस्था (लॉ एण्ड आर्डर) की स्थिति में स्वतंत्र भारत के पूर्व की स्थिति से क्रान्तिकारी परिवर्तन हो चुका है, और इसलिए पुलिस की ड्यूटी की प्रकृति में भी परिवर्तन हुआ है। देश के विभिन्न भागों में भावनात्मक और लगाववादी वर्गों के तेजी से पैदा होने से देश के वर्तमान पुलिस बलों की नफरी में तेज वृद्धि और फैलाव को आवश्यक बना दिया है। तथा उन्हें विशेष व एडवांस ट्रेनिंग देने, उनमें विशेषज्ञ ग्रुप बनाने, महिला पैरामिलिटरी संगठन खड़ा करने, रेपिड एक्शन फोर्स बनाने आदि के लिए बाध्य कर दिया है और इसी ने पुलिस का स्वरूप पूरी तरह बदल दिया है। इसके अतिरिक्त "हाट-स्पाट्स" होने वाले तेज आंदोलन में ड्यूटी देना, सशस्त्र पुलिस बल का प्रमुख कार्य हो गया है।

ऐसे कई तत्व हैं जो सीधे पुलिस कर्मी के स्वास्थ्य पर उसकी ड्यूटी के कारण प्रभाव डालते हैं, अब हम कुछ तत्वों का विवेचन करते हैं :

1. *सामान्य तत्व:* कुछ पुलिस पदों को छोड़कर पुलिस का जीवन मुख्यत: बैरक जीवन है। भर्ती के तत्काल बाद सशस्त्र पुलिस बल के व्यक्ति पुलिस परिसर में रहना प्रारम्भ कर देते हैं। वहाँ वे सिंगल मैन बैरकों में रहते हैं जो कि अकेले व्यक्ति बिना परिवार, जिन्हें "फोर्स बेचलर" भी कहा जाता है के रहने के लिए ही होते हैं। इन बैरकों में लंबे-लंबे हाल और चौड़े-चौड़े बरामदे होते हैं, जिनमें काफी संख्या में जवान रहते हैं जो कि भरती के बाद ट्रेनिंग, कम अवधि के पाठ्यक्रम, रिफ्रेशर-कोर्स, आदि करने आते हैं। ये बैरक, यद्यपि उनमें से कुछ में आधुनिक सेनिटेशन सुविधाएँ होती हैं, फिर भी ये भीड़ भरे होते हैं एवं इनमें वेंटीलेशन खराब होता है। तेजी से विस्तार के कारण सभी लोगों को यह सुविधाएँ भी नहीं मिल पातीं। जवान को तंबू में जगह मिल जाने से ही संतोष करना पड़ता है। जिसमें खुली बैठक की लेट्रीन्स होती है और पानी वहाँ टेंकरों से मिलता है। नये जवानों को जिन्हें तब तक घर की यादों से पूर्णत: मुक्त होना शेष होता है अपने पुराने सामाजिक सम्बन्ध खो देते हैं। नये स्थान पर भी उनकी गतिविधियों पर कैम्प के बाहर जाने पर पाबंदी होती है। परिवारजनों, मित्रों, रिश्तेदारों से बिछोड़ उनके मस्तिष्क को पिछली यादों में ले जाता है, और जिसे उन्हें भुलाना होता है क्योंकि वहाँ व्यस्त ट्रेनिंग कार्यक्रम रहता है, और ऐसी गतिविधियों की शिक्षा मिलती है जिन्हें पूरी तरह बचा लेना मुश्किल होता है। इन गतिविधियों में—जंगल की ट्रेनिंग, लांग रूट मार्च, रेंज फायरिंग, खेल-कूद, बैरकों की मरम्मत और

अन्य क्रिया-कलाप शामिल होते हैं। एक ही रसोईघर से भोजन लेकर खाना होता है जिससे अपनी पंसद का खाना नहीं मिल पाता। क्योंकि यहाँ आकर इसकी खाने की पसंद और ना पसंद सभी का बलिदान करना पड़ता है। यदि ट्रेनिगं सेंटर उसके गृहनगर से दूर स्थित हो तो वहाँ की जलवायु का प्रभाव भी उस पर पड़ता है जो बहुत महत्व रखता है। भाषा की कठिनाई भी (विशेषकर दक्षिण भारत के निवासियों में) उन्हें एक भिन्नता अनुभव कराता है, जबकि वे ट्रेनिगं की भाषा या स्थानीय भाषा नहीं सीख लेते। (हिन्दी जो रोमन लिपि में लिखी जाती है) तथा हिन्दी में भी दी जाती है। यद्यपि अहिन्दी रंगरूटों को हिन्दी पढ़ाने की वहाँ व्यवस्था रहती है, किन्तु नई भाषा का ज्ञान इतनी जल्दी नहीं दिया जा सकता। इसके अलावा अध्यापक भी हिन्दी माध्यम से पढ़ाते हैं। इसलिए यह व्यवस्था पूर्णतः सफल नहीं होती। राज्य पुलिस बलों में रंगरूट और सिखाने वाले शिक्षक अधिकतर स्थानीय ही होते हैं और स्थानीय भाषा का ज्ञान रखते हैं। अतः ट्रेनिंग का माध्यम चाहे जो हो, समझाने का काम हिन्दी भाषा में ही होता है। अतः वहाँ ऐसी कठिनाईयों पर शीघ्र ही विजय प्राप्त कर ली जाती है।

नये पुलिस रंगरूटों की ट्रेनिगं कठोर होती है। ट्रेनिंग द्वारा रंगरूट को रेजिमेंट का जवान बनाया जाता है जो एकरूप होकर सेवा करते हैं और उन्हें कठोर पुलिस जीवन को सहन करना सिखाया जाता है। कुछ नए रंगरूट जो कि अपने पुलिस जीवन के प्रति गंभीर नहीं होते हैं, न उनमें दृढ़निश्चय और समर्पण भावना की कमी होती है, वे अपना रास्ता पुलिस कैरियर के बाहर ढूँढ़ते हैं। कई नये भरती हुए जवान अपने मन की शांति अस्पतालों के सहारे से प्राप्त करने का प्रयास करते हैं। जहाँ वे अपनी छोटी-मोटी बीमारियों को बढ़ाचढ़ा कर बताते हैं और अस्पताल में इलाज हेतु भरती हो जाते हैं। कुछ लोग अपने उच्च अधिकारियों को अन्य प्रकार से प्रसन्न कर अपने मन की शांति पाते हैं उनमें से कुछ आकस्मिक अवकाश लेकर घर के लिए रवाना हो जाते हैं। किन्तु वापस कभी लौटकर पुलिस की (खाकी वर्दी जीवन में) नहीं आते और अंत में यह नौकरी छोड़ देते हैं।

2. *नया संसार, नया साथ :* जब प्रशिक्षित पुलिस कर्मी सक्रिय पुलिस ड्यूटी में प्रवेश करता है, तो उसे अपराध, अराजकता, अपराधियों की खोज, कोर्ट की प्रक्रियाएँ, दंड आदि एक नागरिक पुलिस की हैसियत से देखने में आते हैं। सशस्त्र पुलिस बलों में सिपाही को भीड़-नियंत्रण, सीमा पर गश्त लगाना, बड़े-बड़े स्थान की सुरक्षा करना, वी. आई. पी. की सुरक्षा करना, तथा आतंकवाद विरोधी पुलिस के कार्य करने होते हैं। ये सब सामान्य जीवन से पूरी तरह हटकर किए जाने वाले कार्य हैं।

समाज में पुलिस कर्मी को शान्ति के प्रहरी और जातीय एकता व प्रेम का दूत माना जाता है। किंतु उसे अन्य दृष्टि से शासक पार्टी एवं प्रशासनिक सेटअप की एक एजेंसी के रूप में भी उसे देखा जाता है, अत: उस पर विश्वास नहीं किया जाता।

अपने पुलिस कैरियर में अपराधियों के अंडरवर्ल्ड रिश्वत लेने के लिए उकसाने वाले और शराब आदि अन्य बुरी आदतवालों का सामना करना होता है। ईमानदार, एवं कट्टर पुलिस ऑफिसर एवं कांस्टेबल जो सरलता से उनके जाल में नहीं आते उन्हें जीवन की धमकी दी जाती है या उनके बच्चों के अपहरण की धमकी दी जाती है, आदि आदि। ड्यूटी का प्रकार विषम होता है तथा मानसिक और शारीरिक दोनों प्रकार से थकाने वाला होता है। सट्टेबाजों, तस्करों, काला बाजार करने वालों से व्यवहार करना बहुत खतरे से भरा होता है। छापे, खोज, छिपे रहकर कार्यवाही की प्रतीक्षा करना और इसी प्रकार के अन्य कार्यों में ड्यूटी के घंटे या समय निश्चित नहीं होता। अत: पुलिस कर्मी को अपने सुखों का त्याग करके, सावधान और तनाव में रहना पड़ता है। इससे पुलिस कर्मी के शरीर व मस्तिष्क में दबाव और तनाव पैदा होता है लंच और डिनर का कोई समय निश्चित नहीं होता और ट्रूपों को थोड़े से समय की सूचना पर, किसी तैयारी के लिए समय मिले बिना गश्त करना होता है। सशस्त्र पुलिस बलों के बार-बार इधर-उधर घूमने से और अचानक जलवायु के बदलने से उनके शरीर पर विपरीत प्रभाव पड़ता है। अनुचित तनाव व दबाव, खाने-पीने के समय में अनियमितता, अचानक यात्राएँ, आदि पुलिस बल के जवानों के स्वास्थ्य-स्तर को बिगाड़ने के जिम्मेदार बनते हैं।

चूँकि सहसैन्य पुलिस बल सुरक्षा की द्वितीय पंक्ति के रूप में कार्य करती है एवं सीमा पर गश्त लगाना उनकी वैध ड्यूटी है। इन बलों के सैनिक, सीमाओं पर अंतर्राष्ट्रीय सैन्य संघर्ष का सामना करते हैं और दुश्मन के सैन्य बलों से गोलियों से घायल होकर चोट खाते हैं। ऐसी स्थितियों में ट्रूपों को अपने वार्षिक-अर्जित अवकाश पर जाने का अवसर मुश्किल से मिलता है, और वे सिपाही अपने परिवारों से दूर कटे हुए रहते हैं। अपनी व्यक्तिगत, सामाजिक और संपत्ति सम्बन्धी समस्याओं को हल करने में असमर्थ रहने से, सैनिक चिंतित व तनावपूर्ण अवस्था में रहते हैं। आंतकवादी क्षेत्रों में पुलिस बल, समाज-विरोधी तत्वों तथा गलियों, सड़कों पर गैर-कानूनी भीड़ का निशाना बनता है, जिनके विरुद्ध उन्हें अपने हथियार अपनी ड्यूटी के अन्तर्गत उठाना पड़ता है। यह मजमा और आतंकवादी, उसी समाज के अंग हैं जिसके कि सशस्त्र पुलिस जवान स्वंय भी हैं। ड्यूटी की पुकार को छोड़कर सिपाहियों के कुछ

सामाजिक कर्त्तव्य भी होते हैं। पुलिस कर्मी की यह दोहरी जिम्मेदारी अशांत क्षेत्रों में अनोखी होती है और उनकी मानसिकता पर इसका विपरीत प्रभाव पड़ता है।

3. *मानसिक दबाव :* कर्तव्य पर लगे हुए पुलिस कर्मी पर अत्यधिक मानसिक दबाव रहता है। जैसा कि पूर्व में ही कहा गया है कि जो कार्य पुलिस को करने को दिया गया है वह अद्‌भूत है, इसलिए एक मानव होने के नाते पुलिस कर्मी को वही कार्य करना पड़ता है जो उसकी इच्छा और चेतना के विरुद्ध होता है। पहले तो वह अपने उत्तरदायित्व के निर्वाह करने से बचना चाहता है। किन्तु अधिकारियों के हौंसला देने के बाद उसे वही कार्य करने को मजबूर होना पड़ता है। वरिष्ठ अधिकारियों को अपने प्रशासनिक अधिकारियों द्वारा दिये कार्य को पूर्ण करवाना होता है और वे कांस्टेबुलरी द्वारा वह कार्य किसी प्रकार करवाना चाहते हैं। खतरा या जिम्मेवारी वाला काम कराना स्वाभाविक है। चूंकि पुलिस सीधे अपराधियों और बदमाशों के खिलाफ काम करती है इसलिए इसको इन असामाजिक तत्वों से सदैव धमकी मिलती रहती है। ये असामाजिक तत्व रिश्वत, भय और अन्य अवैध-साधनों द्वारा पुलिस कार्यवाही पर विजय पाना चाहते हैं। जब स्वंय जवानों के मित्र या रिश्तेदार इन अपराधियों में शामिल होते हैं तो स्थिति और विकट होती है क्योंकि ऐसे नाजुक समय में पुलिस के जवानों को अपनी ड्यूटी के प्रति असाधारण समर्पण दिखाना पड़ता है। ऐसा मनोवैज्ञानिक आघात पुलिस कर्मी को छोटा या बड़ा मानसिक ब्रेक डाउन का कारण बन सकता है।

विभिन्न कारणों से ऐसी लगातार तनाव वाली ड्यूटी पर तैनात रहने से पुलिस कर्मी का तन-मन खोखला हो जाता है। अपने व्यक्तिगत दृष्टिकोण, चेतना व पारिवारिक पृष्ठभूमि और कुल मिलाकर अपनी मानसिक क्षमतानुसार संतुलित नीति अपनानी होती है। अधिकतर कर्तव्य की वेदी पर पुलिस जवान को अपनी आंतरिक भावनाओं की बलि चढ़ानी पड़ती है। किन्तु ऐसे सभी दबाव जवान के शरीर और मस्तिष्क पर प्रतिकूल प्रभाव डालते है जो अंत में बीमारियों के रूप में उभरकर सामने आते हैं। पुलिस व्यवसाय में हाईपरटेंशन, एसिड पेयटिक बीमारी, डायबिटिज और अन्य अनेक बीमारियां सामान्य हैं। उनमें से कुछ जवान, जो अधिक जोश भरे होते हैं, अधिकतर कोरोनरि हार्ट की बीमारी एवं मानसिक ब्रेक डाऊन से ग्रस्त होते हैं। इससे पुलिस बल के कार्य-कलापों पर प्रतिकूल प्रभाव लक्षित होता है। मस्तिष्क के दबाव पर विजय प्राप्त करने के लिए पुलिस कर्मी सदैव चिकित्सा अधिकारियों से अच्छी नींद व आराम, ड्रग्ज के माध्यम से शक्ति व लाभ प्राप्त करने के लिए सहायता

मांगते हैं। कुछ जवान शराब के आदी हो जाते हैं, जो कि ड्रग्ज के आदी होने के समान ही है और शराब शरीर के अंगों को स्थाई नुकसान पहुँचाती है। नशा करने के अलावा जवान, मालन्यूट्रिशन, लीवर में सिरोशिस एवं कार्डियों मायोपैथिज से पीड़ित होते हैं फिर परिवार, धन की हानि, जीविका एवं कमाने वाले को खोकर दुखी होता है और इसका कुप्रभाव उनके भविष्य के जीवन पर लंबे समय तक मंडराता रहता है।

4. *आंतरिक तत्व :* पुलिस कर्मी के जीवन पर असर डालने वाले अनेक बाहरी दबावों के अतिरिक्त कई आंतरिक तत्व भी हैं जो मुख्य रूप से जवान के जीवन व कैरियर को प्रभावित करते हैं। इसका क्षेत्र विस्तृत है। प्रथमत: अतिरिक्त कार्य भार। लगातार वर्ष भर अधिक ड्यूटी करने से जवान के स्वास्थ्य पर बुरा प्रभाव पड़ता है। अन्य महत्वपूर्ण तत्व जैसे आर्थिक कठिनाइयाँ, मामूली वेतन, जिससे जीवन में महंगाई से संघर्ष करना, और सामाजिक चुनौतियों का सामना करना, इन सभी का पुलिस जवान की मानसिक शांति और स्वतंत्रता पर, उसके ड्यूटी पूरी करने पर बहुत प्रभाव पड़ता है इससे वह बेईमान होने की ओर बढ़ता है और कुछ अवैध रूप से नकदी या वस्तुएँ स्वीकार करने लगता है। उसकी पुलिस गतिशीलता अपने पद के प्रति स्वप्रेरणा का अभाव, और अच्छे कार्य का पुरस्कार और प्रशंसा नहीं मिलने से कम होती है। स्वयं व परिवार का गिरता हुआ स्वास्थ्य उसे शारीरिक और मानसिक रूप से शिथिल रखता है तथा कार्य करने की पूर्ण तैयारी नहीं रह पाती। अंत में पुलिस ड्यूटी की नीरसता, उसे पुलिस के वास्तविक कार्य को करने से अनुपयोगी बनाती है। केवल उसकी दैनिक दिनचर्या सामान्य चलती रहती है।

ऊपरी विवरण दिखाई देने वाले ऊपरी तत्वों का आर-पार विश्लेषण मात्र है, जो पुलिस कर्मी की सक्रिय ड्यूटी करने में उसके स्वास्थ्य को प्रभावित करता है। ऐसे अनेक विस्तृत व आवश्यक तत्व हो सकते हैं जो अत्यंत व्यक्तिगत, केवल व्यक्ति विशेष की ही जानकारी में हों और कभी भी प्रकट नहीं हुए हैं। इस विषय पर कभी भी खोजपूर्ण, व्यवस्थित शोध नहीं किया गया है। सशस्त्र पुलिस बलों के शारीरिक और मानसिक बीमारियों को एक खोजपूर्ण आलोचनात्मक विश्लेषण करने पर कोई संदेह नहीं कि अनेक महत्वपूर्ण तथ्य प्रकट हो सकते हैं। केवल एक बड़े तत्व "दबाव" जिस पर ही काफी समझाकर लिखने की जरूरत है।

5. *दबाव का प्रभाव :* जैसा कि पिछले अनुच्छेदों मे कहा गया है, तनाव सबसे बड़ा कारण है जो पुलिस कर्मी की सक्रिय ड्यूटी में बाधा डालती है। किन्तु दबाव (स्ट्रेस) स्वयं ही बीमारी नहीं है। यह तो उत्प्रेरणा हेतु जिम्मेदार भावना है। सभी दबाव

नुकसानदायक नहीं हैं। शारीरिक या मनोवैज्ञानिक दबाव, कभी-कभी उसकी सहनशक्ति भी बढ़ा सकते हैं। जब यह सहनशक्ति की सीमा कम अवधि तक रहती है तो प्रारंभिक रूप में लाभदायक भी रहती है। बायोलोजिकल स्ट्रेस (दबाव) का कारण इनफेक्सन शारीरिक दबाव के कारण अत्यधिक गर्मी, सर्दी, जलना, चोट लगना, आदि है। जबकि मनोवैज्ञानिक दबाव घरों, दफ्तर, आस-पड़ोस, क्लब, रिश्तेदार, आक्रामक व्यक्ति, चिढ़ने वाले व्यक्ति या सामाजिक परिवर्तन के प्रति अनुकूल वातावरण के अभाव से उत्पन्न होते हैं। शरीर की स्वयं की रक्षात्मक मेकेनिज्म होती है जो दबावपूर्ण परिस्थितियों में कार्य करती है जिसे "जनरल एडाप्शन" अर्थात् सामान्य अनुकूलन कहते हैं। जिसमें "बिटुटरी एवं एड्रेजल ग्रंथियों का योगदान रहता है। अनुकूलन के अभाव में दूकार की स्थिति उत्पन्न होती है, जो आक्रमण और सुरक्षा की मेकेनिज्म में असंतुलन पैदा करती है। ऐसी असंतुलन या गलत अनुकूलन मानसिक रोगों को पैदा करता है।

मानसिक दबाव से सम्बन्धित रोग सशस्त्र पुलिस बलों में अधिक फैल रहे है। इस प्रकार की बीमारियाँ सामान्य जनता में उच्च स्तर के अधिक विकसित लोगों में, अर्थात् सुविधा सम्पन्न एवं व्यापारी वर्ग में तीव्र गति से फ़ैल रही हैं। इस वर्ग में कई प्रकार की बीमारियाँ हैं जो विभिन्न प्रकृति की हैं-जैसे मनोवैज्ञानिक बीमारियाँ, हाइपरटेंशन, नेफ्रोसेलेरोसिस, कोलाजन बीमारियाँ, कुछ चर्म रोग, इस्केमिक और अन्य आथेरो-स्वलेरोटिक हार्ट बीमारियाँ थायरो टोक्सिकोरिनत, आदि। आधुनिक निदान एवं इलाज की प्रक्रियाओं के कारण इस सूची में अधिकाधिक "स्ट्रेस डिसआर्डर्स" की बीमारियां जुड़ती जा रही हैं। यह स्पष्ट किया जाता है कि एकमात्र "दबाव" ही अकेला इन बीमारियों का कारण नहीं हो सकता जब तक कि अन्य रोगवर्धक उस बीमारी में मौजूद न हो। दूसरे शब्दों में, यह एक उत्प्रेरक तत्व उस बीमारी का हो सकता है जिसमें कई कारण होते हैं। इन बीमारियों में अन्य तत्व भी धुरी का कार्य या अपना रोल अदा करते हैं-जैसे संवेदनशील व्यक्तित्व, वातावरण का प्रभाव, व्यक्ति की सांस्कृतिक पृष्ठभूमि, आदतें और व्यवहार का तरीका एवं दबाव को सहन कर जाने की क्षमता, आदि।

आधुनिक सभ्यता, जीवन की तेज गति की निश्चित लय के साथ मानव-मानस पर एक निश्चित प्रभाव डालती है जिसके फलस्वरूप प्रतिक्रियाओं की शृंखला प्रारंभ होती है। यद्यपि शरीर के जिस अंग पर बीमारी का प्रभाव होता है उसका निश्चय, शरीर की बनावट और वंश परंपरा के तत्वों से होता है और न कि मस्तिष्क के कारण

जैसे कि हमेशा विश्वास किया जाता है। दबाव संबंधी रोग सेना के तीनों अंगों (आर्मी, नेवी तथा एयर फोर्स) में बढ़ते हुए दिखाई दे रहे हैं। विशेषज्ञों ने अधिकारी वर्ग में इन बीमारियों का प्रभाव निम्न वर्ग के जवानों की तुलना में तीन गुना अधिक पाया है और यह रोग सभी वर्गों में तेजी से अग्रसर हो रहा है। यद्यपि पुलिस बलों को इस विषयक सांख्यिकी जानकारी उपलब्ध नहीं है, फिर भी इस बीमारी का जो पेटर्न है वह अनुमानत: नियमित सेना से अलग नहीं है। लगभग 20 प्रतिशत जनशक्ति का ह्रास का कारण मृत्यु और अयोग्य घोषित केस है जहाँ प्रत्यक्ष या अप्रत्यक्ष रूप से इन्हें इस के लिए जिम्मेदार माना जा सकता है।

दबाव संबंधी बीमारियों को जड़ से मिटाने एवं उन्हें रोकने के उपाय बनाने हेतु चिकित्सा वैज्ञानिक और प्रशासक जो कि इन मामलों के नियंत्रक एवं सर्वेसर्वा हैं, उनको आमंत्रित किया जाता है कि वे अपनी खोज को ऐसे मामले को पहचानने, विश्लेषण करने, डाटा इकट्ठा करने जैसे कार्यों पर केन्दित करें। इन बीमारियों पर नियंत्रण पाने के लिए हमने कुछ सुभाव दिये हैं जो निम्नांकित हैं :

(1) पुलिस बलों में अनिच्छा से भर्ती होने वाले व्यक्तियों की भर्ती न होने देने के लिए सावधानी से उम्मीदवारों का चयन करना।

(2) सेवा के प्रारंभ में ट्रेनिंग काल और ''अंकुरण'' स्तर पर स्वस्थ व अनुकूल वातावरण का निमार्ण।

(3) पुलिस जीवन के लिए उचित प्रेरणा, कैम्प जीवन बिताने, अकेले रहने, और अपराधिक तथा आतंकवादी वातावरण में जीने के प्रति अभिरुचियों का विकास।

(4) ''स्व प्रेरणा'' के लिए योग्य उम्मीदवारों की पहचान एवं आगे बढ़ने का अवसर प्रदान करना बजाय कम योग्य व्यक्तियों के साथ जहाँ के तहाँ उसी पद पर रहने के। कैरियर के प्रमोशन, अपनी अतिरिक्त क्षमता, गुण या प्रतिभा का प्रदर्शन करने की सुविधाओं का दिया जाना।

(5) अभिरुचियों के विकास में उचित मार्गदर्शन देना, जवान के शारीरिक और मानसिक स्वास्थ्य को बढाना, कार्य करने के स्थान पर अनुकूल वातावरण का निमार्ण एवं साथियों के साथ मित्रतापूर्ण संबंध बढ़ाना।

(6) देय रकमों का तत्काल भुगतान, आर्थिक तनाव दूर करने हेतु भत्ता व

एडवांस देना, समय पर पदोन्नति और अन्य सेवाकालीन लाभ निश्चित करना।

(7) उचित मात्रा में अवकाश देना, छुट्टियों में यात्रा का कंशेसन लाभ देना ताकि वह अपने परिवार के सदस्यों, रिश्तेदारों और मित्रों से मिल सके। उनके वातावरण में परिवर्तन और आराम करने का अवसर देना।

(8) उचित शिक्षा, ट्रेनिंग और मोटिबेसन द्वारा नैतिकता का निमार्ण।

(9) मनोवैज्ञानिक रोगों और गलत अनुकूलन एवं असुरक्षित व्यक्तित्व वाले लोगों की पहचान करके उन्हें हटाना, ऐसे मामलों की पहचान हेतु कोई निश्चित टेस्ट नहीं किए जा सकते हैं। निकटता से निरीक्षण और सावधानी से प्रश्न पूछने से ऐसे व्यक्तियों की पहचान हो सकती है।

(10) पुलिस बलों में "उचित रूप से व्यक्तियों की व्यवस्था करना" यह बढ़ते रोगों को नियंत्रित करने की एक कुंजी है।

आधुनिक पुलिस बलों में व्यवस्थापना में सबसे अधिक कठिन समस्या कांस्टेबलों को नीरस दोहराए जाने वाले कार्य को करने की प्रेरणा देना है। यद्यपि उसे करना कठिन नहीं है। इसके अतिरिक्त अभिरुचि की कमी और किसी कार्य के प्रति नापसंदगी के कारण जवान बीमार हो जाते हैं और ऐसी जिम्मेदारी को टालते हैं। अब बड़ी संख्या में पढ़े-लिखे नवयुवकों में पुलिस बल में भरती होने से "ऑफिसर के अर्दली" का काम जिसमें कांस्टेबल को अपने वरिष्ठ अधिकारी का कार्य देखना पड़ता है, जो उसे पसंद नहीं। 1977 के राष्ट्रीय पुलिस कमीशन ने अनुशंसा की है कि पुलिस बलों से अर्दली प्रथा समाप्त कर दी जाय। जिसका तेजी से पालन किया गया है। ये कांस्टेबल अर्दली के कार्य के साथ-साथ अधिकारी एवं उसके परिवारिक सदस्यों की सुरक्षा, टेलीफोन कॉल सुनना और ऑफिसर को रेजिमेंट की ड्यूटी के लिए तैयार करना- ये कार्य भी करते थे। अखिल भारतीय सशस्त्र बलों और कुछ राज्य सरकारों के सशस्त्र बलों ने इन सब कार्यों को करने के लिए एक नई व्यवस्था लागू की है जिसे "सिक्यूरिटी एड" कहा जाता है। ऐसे कई प्रयोग पूरे देश की पुलिस व्यवस्था में सुधार हेतु परीक्षण के तौर पर किए जा रहे हैं।

इस तथ्य के होते हुए भी कार्य की प्रकृति बदल गई है फिर भी अर्दली के इस कार्य के प्रति ट्रूपों के सक्रिय लोगों में नापसंदगी है। इसे कई प्रलोभन देकर पूरा किया

जाता है जैसे फुटकर लाभों का लालच देना व व्यक्तिगत आराम प्रदान करना। सामान्यत: 50 वर्ष की आयु के जवान स्वत: इस कार्य के लिए अपने को प्रस्तुत कर देते हैं क्योंकि वे पुलिस में भारी कार्यों को करने योग्य नहीं रहते। कुछ राज्य सशस्त्र बलों ने एक नई व्यवस्था इस समस्या को हल करने के लिए की है। उन्होंने एक नया "केडर" फोलो टू ऑफिसर "फलोअर" वेतन श्रेणी में बना दिया है। ऐसे पदों पर भरती होने वाले लोग "सी.पी.ओ." का स्क्यूरिटी एड का कार्य करते हैं, जैसे सुरक्षा सहायता देना। ऐसा सक्रिय ड्यूटी करने वाले ट्रेन्ड जनशक्ति को नीरस कार्य करने से रोकना और ट्रूपों में असंतोष पैदा होने से रोकना है।

तनावग्रस्तता के परिणाम : अध्याय की समाप्ति से पूर्व, तनावग्रस्त पुलिस कर्मी पर होने वाले प्रभावों का वर्णन करना उचित होगा। एक पुलिस कर्मी जो सार्वजनिक शांति और समाज को तनावरहित, शान्ति में रखने का उत्तरदायित्व निभाता है, कई बार स्वयं तनाव में रहता है। एक तनावग्रस्त जवान में कई क्रॉनिक बीमारियाँ पैदा हो जाती हैं। उसकी बीमारी से उसकी दक्षता ही प्रभावित नहीं होती अपितु उसके परिवार को भी आर्थिक कष्ट उठाना पड़ता है। पौष्टिक आहार की कमी से बीमारी और अधिक बढ़ जाती है। इसकी कार्य करने की क्षमता बुरी तरह घट जाती है। अन्य तत्व जैसे ओवर ड्यूटी, निराशा, स्वप्रेरणा या अच्छे कार्य के लिए पुरस्कार की कमी भी आगे और उसके कार्यक्षमता में कमी लाते हैं। यदि पुलिस बल, ऐसी बुराईयों का शिकार होता है तो वह किसी विशेष कार्य के लिए जिसके लिए उन्हें नियुक्त किया गया है अप्रभावशाली हो जाता है। अप्रभावशाली पुलिस बल कानून और व्यवस्था की स्थिति पर नियंत्रण करने के अयोग्य हो जाता है या अन्य कोई भी कार्य जो उसे दिया जाता है वह उसे भी करने के अयोग्य हो जाता है। शासक दल की सक्रिय भुजा होने के कारण पुलिस बल के अयोग्य होने से अराजकता और दंगे पूरे देश में फैल जाते हैं और अंत में प्रजातांत्रिक व्यवस्था को ही खतरा उत्पन्न हो जाता है। अत: तनाव या किसी एक पुलिस कर्मी का खराब स्वास्थ्य भी एक अकेली, अलग घटना नहीं होती। उसका संदर्भ पूरे देश की प्रजातांत्रिक व्यवस्था से रहता है। ऐसे मामलों को टाला नहीं जा सकता। देश के हित को ध्यान में रखते हुए पुलिस कर्मी के तनाव को दूर करना और उसकी बीमारी का संपूर्ण इलाज करना दोनों ही अति आवश्यक हैं। कोई भी अवशेष अधिकतर तनाव, असंतोष, शिकायत या बीमारी, बार-बार उभरता रहता है, यह उस अग्नि के समान है जिसे पूरी तरह बुझाया न गया हो।

6

चिकित्सक एवं स्वास्थ्य व्यवस्था

स्वास्थ्य सुख-शान्ति की भांति आत्मनिष्ठ लिहाजे के लिए बल्कि वस्तुनिष्ठ परिणाम के लिए एक अधिक अमूर्त शुद्ध है। यह एक व्यक्ति से संबंधित परिस्थितियों का वर्णन है जो उसके आनुवांशिक, शारीरिक एवं सभ्यता के वातावरण की विशेष में प्रभावोत्पादकता के स्तर का प्रतिनिधित्व करता है। चिकित्सा शास्त्र मानव समाज के हित के लिए है उसे ज्ञात सभी विज्ञानों से श्रेष्ठ उपयोग करने की कला है। सभी कालों में चिकित्सकों ने सभी जैव वैज्ञानिक, यांत्रिकी एवं चिकित्सय विकासों को रोगी के स्वास्थ्य आहवानों को पूरा करने के लिए अपनाया है एवं समय के अंतराल में इस व्यवसाय को जीवित रखा तथा मानव जाति के क्रम विकास के लिए निरन्तर कारक के रूप में उभारा।

आरोग्य विज्ञान पूर्व ऐतिहासिक काल से ही किसी न किसी रूप में प्रयोग में रहा है। अनेक वर्षों तक जो लोग बीमार पड़ते थे उनके परिवार के लोग एवं रिश्तेदार उसकी देखभाल किया करते थे। आइसोलेसन, रोगनिवारण, नर्सिंग केयर सेवा आदि जैसी अवधारणाओं के आगमन के साथ-साथ रुग्णता के व्यक्तिगत एवं आर्थिक दबाव से जल्दी रक्षा के लिए व रोगी को आराम देने के लिए सुष्यकीभल संस्था गत देख-रेख अस्तित्व में आई। "होस्पीटाल" जो अंग्रेजी का 'होस्पीटलिटी' अर्थात् मेहमान नवाजी शब्द से आया है। मेहमान नवाजी शब्द से उत्पन्न होने के माध्यम से स्वास्थ्य सेवा,

देखभाल की शैली, शल्य चिकित्सा, प्रसवशालय, शिशु की देखरेख कार्यक्रमों, प्रयोगशाला, एक्सरे इत्यादि के आगमन के साथ-साथ गति धारण की औद्योगीकरण, शिक्षा एवं स्वास्थ्य चेतना अनेक दिशाओं में इस प्रकार की सेवा की माँग बढ़ती गई, यहाँ तक कि व्यावसायिकतावाद एवं वाणिज्यवाद में रूपान्तर हुई।

भारत पाश्चात्य संस्कृति के प्रभाव से एलोपैथी या आधुनिक चिकित्सा प्रणाली को अपने मुख्य निर्धारित रूप में अपनी स्वास्थ्य सेवा संस्कृति में अपना रहा है। चिकित्सालयों, चिकित्सा महाविद्यालयों की एवं विशेषत: सहायक स्वास्थ्य सेवाओं में कल की नवाबी स्वतंत्रता के पश्चात् व्यक्तिगत एवं सार्वजनिक क्षेत्रों में, स्वास्थ्य के देखरेख के क्षेत्र में क्रांति ला दी है। चौंरानवें करोड़ जनसंख्या वाले देश में 128 मेडिकल कॉलेज एवं प्राय: 34000 चिकित्सालयों में चिकित्सालीय बिस्तरों की संख्या प्राय: 6.5 लाखों में है। यद्यपि चिकित्सा महाविद्यालयों में वार्षिक प्रवेश देने की क्षमता 12000 बुनियादी एम. बी. बी. एस. डॉक्टरों का है, किन्तु सिर्फ 3.75 लाख डॉक्टर करोड़ों के दल की सेवा करने के लिए सुलभ हैं। (3700 की आबादी को मात्र एक डॉक्टर) जो चिकित्सा सुलभ है वह मोटे तौर पर अन्य विकसित देशों की तुलना में अपर्याप्त है। एक अन्य विषय जो इस प्रगति के साथ-साथ विनाशक है कि जो शिक्षित डॉक्टर हैं वे देश के देहाती क्षेत्रों मे जाने के बजाय शहरीय चिकित्सा को प्रमुखता देते हैं किन्तु क्या यह सुनकर हमें आश्चर्य नहीं होता कि देश में चिकित्सकों की अपेक्षा पुलिस कर्मी ज्यादा हैं। सन् 1984 के आंकड़ों के अनुसार पूरे देश में सभी राज्यों के कुल मिलाकर 7.8 लाख सशस्त्र पुलिस कर्मी हैं। इसी के साथ बी. एस. एफ, सी. आर. पी. एफ., आई. टी. बी. पी., सी. आई. एस. एफ., आर. पी. एफ., जैसे पांच बड़े पैरामिलिटरी बलों में कुल 4.24 लाख सिपाही हैं। बिना वर्दी वाले पुलिस बलों की नफरी शामिल ना भी करें तो भी छोटे पुलिस संगठनों, जैसे होमगार्ड, रॉ और अन्य जाँच करने वाली एजेंसियों में 600 व्यक्तियों पर एक पुलिस कर्मी उपलब्ध है। (सभी आंकड़े सैंकडों में शोध करने के पश्चात लिए गए हैं।) राज्य व केन्द्र दोनों के पुलिस बलों के आकार में पुलिस कर्मी की यह द्रुतगामी वृद्धि, देश में अपराध और कानून विहीन वातावरण का बैरोमीटर है जो स्वयं अपना नाप बता रहा है।

इस कहानी का दूसरा पहलू भी रोचक है। पुलिस कर्मी अपना मूल कर्तव्य निभाते समय स्थिति से हार जाते हैं। स्पष्ट रूप से ये लोग एक ''अघोषित युद्ध'' लगातार लड़ रहे हैं। ''नेशनल क्राइम रिकार्ड ब्यूरो'' (गृह मंत्रालय) के रिकार्ड बताते हैं कि पिछले 35 वर्षों में 110173 पुलिस कर्मी घायल हुए एवं 6598 ने कर्तव्य निभाते हुए

अपनी जान दे दी। दूसरे शब्दों में, 3148 जवान प्रतिवर्ष घायल हो रहे हैं। (8.5 व्यक्ति प्रतिदिन) और 188 जवान प्रतिवर्ष अपनी जान दे रहे हैं अर्थात् हर दो दिन में एक जवान। प्रशिक्षित जनशक्ति का यह भारी नुकसान, भारत की आर्थिक स्थिति की भी एक बड़ी हानि है जो कि पुलिस की नैतिकता को क्षति पहुँचा रहा है एवं विनाशकारी तथा विघटनकारी शक्तियों को उत्साहित कर उन्हें प्रश्रय दे रहा है। पुलिस बलों में, इतनी भयानक रूप से जवानों की क्षति, इस बात को सही सिद्ध करती है कि प्रत्येक पुलिस संगठन में एक आंतरिक मेडिकल शाखा की स्थापना की जाये।

स्वास्थ्य और शारीरिक एवं मानसिक चुस्ती पुलिस जीवन का एक भाग है। इसलिए चिकित्सक, अस्पताल और दवाईयाँ सदैव उनके साथ ही रहते आए हैं। राज्य पुलिस स्थापना में, प्रत्येक जिला हैडक्वार्टर, सशस्त्र पुलिस कैंप और ट्रेनिंग केंद्र पर एक मेडिकल शाखा होती है, जिसका खर्च सामान्यत: राज्य सरकार के स्वास्थ्य विभाग से लिया जाता है। तथा स्टॉफ भी वहीं से आता है। पिछले छठे और सातवें दशक तक भी कई सह-सैन्य पुलिस बलों में सभी यही व्यवस्था प्रचलित थी। किन्तु उसके बाद से इन बलों ने अपने को आवश्यकता के आधार पर पुनर्संगठित कर लिया है। बलों को स्वयं को उच्च स्तर के आधुनिक हथियारों तथा प्रगतिशील ट्रेनिंग व शस्त्र कलाओं से सुसज्जित करना पड़ता है। बदलती हुई कानून व्यवस्था की स्थिति एवं देश की सीमा की स्थिति के कारण, युगों पुरानी चिकित्सा सेवा व्यवस्था (जिसमें सिविल डॉक्टर और स्टॉफ होते थे) नई संरचना के योग्य नही रहा। भारत में इस शताब्दी के छठे और सातवें दशक में केन्द्रीय अर्धसैनिक पुलिस बलों की मेडिकल यूनिट में केडर बनाए गए। ये आर्मी मेडिकल कोरस् (ए. एम. सी.) की तर्ज पर बनाए गए जबकि राज्य के पुलिस बलों में अभी भी वही पुरानी प्रथा (राज्य के स्वास्थ्य विभाग से केडर लेना) प्रचलित रही क्योंकि राज्य सशस्त्र बलों को बहुत कम इधर-उधर जाना पड़ता है। राज्य के स्थानीय अस्पताल एवं मेडिकल कॉलेजों के अस्पतालों की सेवाएं भी सह-सैन्य पुलिस बलों द्वारा आवश्यकतानुसार ली जाती रहीं।

केन्द्रीय अर्धसैनिक पुलिस बल (केन्द्रीय पुलिस संगठन) अधिकतर स्वतंत्रता प्राप्ति के पश्चात् ही अस्तित्व में आए। केवल सी. आर. पी. एफ. का जन्म पिछले तीस के दशक (1939) में हुआ था तथा सरदार बल्लभ भाई पटेल, स्वंतत्र भारत के प्रथम गृहमंत्री, के आशीर्वाद से इसका पुन: नवीनीकरण किया गया। इन बलों में तब से कई सुधार , पुनर्गठन और आवश्यकतानुसार विकास किया गया है। इन बलों में चिकित्सा इकाइयों के केन्द्र बिन्दु रूप में "सेंट्रल हेल्थ सर्विस" (सी. एच.

एस.) से चिकित्सक डेपुटेसन पर केडर चिकित्सा सेवाएं प्रारंभ की गईं, किन्तु शीघ्र ही पूर्ण मेडिकल केडर की स्थापना की गई, जो भारत सरकार के गृह मंत्रालय के संरक्षण में स्थापित हुई। इन सेवाओं में विकास परिवर्तन हुआ जिनमें सभी बलों में कार्य करने की शैली में एकरूपता लाना एवं रेंक का निर्माण शामिल है। इन केडरों में सेवा शर्तें और वेतन श्रेणी सी. एच. एस. डॉक्टरों के समान ही हैं। केन्द्रीय औद्योगिक सुरक्षा बल (सी. आई. एस. एफ.) ने जिसका संपर्क और फैलाव औद्योगिक संस्थानों में है अभी तक एक विस्तृत स्वास्थ्य सेवा की स्थापना की आवश्यकता का अनुभव नहीं किया है और अपनी स्वास्थ्य सेवाओं को ट्रेनिंग केन्द्रों तथा प्रशासनिक कार्यालयों तक ही सीमित रखा है। शेष पुलिस बल की स्वास्थ्य संबंधी देखभाल के लिए ये बल संबंधित औद्योगिक इकाईयों पर ही निर्भर करते हैं, जहां कि वे उनका सुरक्षा कार्य कर रहे हैं। ''कर्मचारी राज्य बीमा योजना'' (ई. एस. आई. एस.) के स्वयं के शृंखलाबद्ध अस्पताल तथा चिकित्सा सहायता केन्द्र हैं जो औद्योगिक कर्मचारियों एवं सी.आई.एस.एफ. के जवानों की स्वास्थ्य आवश्यकताओं को पूरा करते हैं। ''असम राइफल्स'' ने अपने 160 वर्षों के इतिहास में देश का सबसे पुराना पैरामिलिटरी होने का विशिष्ट स्थान व गौरव प्राप्त कर रखा है। इस बल का कार्य अधिकतर उत्तर-पूर्व भारत में है। इसके क्षेत्र स्थायी केन्द्रों में हैं और ये इधर-उधर कर्तव्य पर अधिक नहीं भेजे जाते। इसका भारतीय सेना से घनिष्ठ, अटूट संबंध है एवं स्थापना शाखा नागरिक और ए. एम. सी. के चिकित्सकों के संयुक्त प्रयास से चलती है। बी. एस. एफ., सी. आर. पी. एफ., भारत-तिब्बत सीमा पुलिस (आई. टी. बी. पी.) की अपनी स्वयं की मेडिकल शाखा की स्थापना है। जिसमें पूर्व शिक्षित मेडिकल स्टॉफ है एवं संपूर्ण भारत में अस्पतालों की बहुत बड़ी शृंखला है।

देश की भौगोलिक विशालता, कानून व्यवस्था की बिगड़ती स्थिति और देश के विभिन्न भागों में बढ़ती हुई अराजकता एवं आतंकवादी स्थिति को देखते हुए, भारत की जल, थल और नभ सीमा पर आज सतर्कता से लगातार सैनिक गश्त की आवश्यकता है। इसी के साथ-साथ समानान्तर रूप से एक स्वास्थ्य सेवा की स्थापना की भी सख्त जरूरत है जो कि इन पुलिस बलों के साथ-साथ रह सके। परंपरागत व्यवस्था ने अपनी उपयोगिता खो दी है यद्यपि यह कहना अतिशयोक्ति नहीं होगा कि सभी नागरिक, असैनिक चिकित्सा केन्द्रों ने पुलिस बलों को, जो सक्रिय रूप से दंगे, रैली, चुनाव कार्य, प्राकृतिक आपदा में सहायता जैसे कठिन परिस्थितियों के कार्य में लगे हैं, अपनी सेवाएं सदैव प्रसन्नतापूर्वक प्रदान की हैं। एक पुलिस कर्मी अपने स्वयं के बल के अस्पतालों में, सर्वोत्तम चिकित्सा प्राप्त करने की पात्रता रखता है, ताकि

उसके कार्य-दिवसों की हानि न हो और वह अपने आपको सुरक्षित और आराम में महसूस करे। अतः पुलिस बलों के बीमार जवानों का इलाज करने में चिकित्सा ज्ञान की विशिष्टता और सम्बन्धित प्रक्रिया एवं नियमों के ज्ञान की आवश्यकता बढ़ गई है। इसी कारण से भारत में अस्पतालों की शृंखला स्थापित करने हेतु निर्णय किया गया। अस्पतालों के स्थान, उनका निर्धारण एवं आकार, नियंत्रण और बजट की व्यवस्था करना ये सभी विचार हेतु महत्वपूर्ण मुद्दे हैं। इस योजना के अपने पूर्ण विकसित रूप में, महान सफल सिद्ध होने की आशा है, और यह योजना पुलिस बलों की स्वास्थ्य सेवाओं में, देश में एक नये युग का सूत्रपात करेगी। चिकित्सकों और सिपाहियों के साथ-साथ रहकर लड़ने से अनुशासन फुर्ती, रेजिमेंटेशन और कर्तव्यनिष्ठा में एक नई लहर आई है।

पूर्व समय के परंपरागत पुलिस चिकित्सक की छवि ऐसी थी कि वे कानूनी मेडिकल जाँच अपराधियों के जख्मों, पोस्टमार्टम, बलात्कार व हत्या के शिकार लोगों, अपराधिक गर्भपात करने या करवाने वालों की जाँच में लगे होते थे, वे पुलिस और अदालत को कानूनी प्रक्रिया में सहायता करते थे। किन्तु पुलिस चिकित्सा सेवा की धारणाओं में परिवर्तन आया है। पुलिस चिकित्सा सेवा के सदस्य, अधिकतर प्रशासकीय या अस्पताल में क्लिनिक और रेजिमेंटेशन कार्यों के प्रति समर्पित रहते हैं।

पुलिस बलों में अस्पताल आज एक महान सामाजिक और रेजिमेंटल कार्य कर रहे हैं। अन्य अस्पताल शायद ऐसा करने में योग्य सिद्ध न हों। उनमें से कुछ कार्य नीचे दिये जाते हैं:

1. पुलिस बल के जवानों के कैरियर में काम में आने वाले सभी महत्वपूर्ण मेडिकल दस्तावेज तैयार करना। महत्वपूर्ण बीमारियों को रोकने का इलाज और व्यक्तिगत जीवन में किसी मेडिकल घटनाओं का रिकार्ड रखना। इसका एकमात्र उद्देश्य जवानों को शारीरिक रूप से योग्य व मानसिक रूप से सदैव सतर्क रखना है।

2. किसी भी गुप्त बीमारी का जो कि बीमार की जानकारी में नहीं हो, उसकी खोज करना एवं त्वरित इलाज करना।

3. चिकित्सा सुविधाएँ तत्काल जवानों को उपलब्ध करवाकर उन्हें स्वंय अपना इलाज करने से रोकना।

4. पुलिस जवान के स्वास्थ्य के बारे में उसके चिकित्सक (जो उनका अथराइज मेडिकल अटेंडेंट भी है) को संपूर्ण जानकारी होनी चाहिए साथ ही पूर्ण जानकारी उसके स्वास्थ्य के विषय में उसके कमांडिग ऑफिसर को भी होनी चाहिए। क्योंकि इन दोनों के सहयोग से ही पुलिस जवान को किसी भी बीमारी या घायल अवस्था में इलाज का लाभ मिलता है जो उसके कर्तव्य-पालन में सहायक होता है। किसी दुर्घटना के होने पर या किसी भी शरीर के अंग के कटने, नष्ट होने या किसी ज्ञानोंद्रिय-शक्ति के नष्ट हो जाने अथवा मृत्यु की दशा में उसके आश्रितों को पूरी तरह क्षति पूर्ति दी जाती है और पेंशन भी नियमानुसार दी जाती है।

5. लगातार कठोर ड्यूटी करते रहने या अत्यधिक व्यायाम करने से यदि कोई बीमारी या चोट लगती है तो ऐसे जवान को चिकित्सक की सिफारिश पर, ड्यूटी से हटाकर आराम दिया जाता है।

6. विशिष्ट स्टॉफ का समय-समय पर निरीक्षण होते रहना आवश्यक है जैसे भोजन बनाने वाले, भोजन परोसने वाले-लड़के, जलप्रदाय करने वाले, सफाई कर्मचारियों। इससे ग्रेस्टो इन्टेस्टाइस व पेरासाइटिक बीमारियों के बारे में जाँच होकर उन्हें देखा जा सकता है, ताकि पूरे पुलिस कैम्प में एपिडेमिक बीमारियाँ न फैले।

7. चिकित्सक की सलाह पर किसी संक्रामक रोग के अस्पताल से इलाज के पश्चात्, जवान को अलग रखा जाता है ताकि उसकी संक्रमण की अवधि निकल जाए और दूसरों को रोग न लगे। अन्यथा ऐसा व्यक्ति पुलिस बल के अन्य सदस्यों में रोग फैलाने का सशक्त स्त्रोत बन सकता है।

8. रसोईघरों व बैरकों में आदर्श सफाई रखी जाये ताकि, संक्रामक बीमारियाँ न फैलें एवं मच्छरों-मक्खियों तथा कुत्तों के खतरों से बचा जा सके। बीमारियों की रोक-सम्बन्धी उपाय, जैसे टीका लगाना, वेक्सीनेशन का कार्य किया जाए। उपयुक्त दंपत्ति को परिवार नियोजन के ऑपरेशन की प्रेरणा देना भी उचित होगा।

9. औपचारिक रूप से किसी भी सैमलिंगिक जवान के मामले की पहचान और कार्यवाई करना, जिससे कठोर प्रकृति का कार्य करने में आनाकानी या टालमटूल करने के लिए बीमारी का बहाना बनाता हो।

10. किसी भी पुलिस जवान को बार-बार साधारण जनता से संपर्क करने से रोकना। क्योंकि ऐसा करने से पुलिस कार्यवाई के भेद प्रकट हो सकते हैं। ऐसे उपायों से विनाशकारी समाज-विराधी तत्वों द्वारा गुप्त रूप से पुलिस बल की योजनाएँ नष्ट नहीं हो पाएंगी।

यह पुलिस बल के अस्पतालों द्वारा किए जाने वाले रेजिमेंटल कार्यों की एक संक्षिप्त रूपरेखा मात्र है। पुलिस अस्पतालों द्वारा किए जाने वाले कार्यों और उनके द्वारा निभाए जाने वाले उत्तरदायित्वों का वर्णन विस्तृत रूप से एक अलग अध्याय में किया गया है। यहाँ यह कहना असंगत नहीं होगा कि पुलिस बल अस्पतालों के कार्यों की प्रशंसा, समाज, प्रेस, राजनैतिक व मेडिकल के सम्माननीय व्यक्तियों एवं देश के बुद्धिजीवियों के द्वारा मुक्त कंठ से की गई है। इन अस्पतालों का उच्च स्तर और रख-रखाव अनुकरणीय उदाहरण बन रहा है।

चिकित्सक : "सशस्त्र पुलिस बल" के इतिहास में "सशस्त्र जवान" और चिकित्सक दल के मेल की एक सुखद कहानी रही है। ये दोनों शांति और युद्ध दोनों स्थितियों में हाथ मिलाकर चलते रहे हैं। सेना में तो इन दोनों ही समुदायों की भावनात्मक एकता और स्नेह लम्बे समय से चला आ रहा है। अब चिकित्सक टूपों के स्वास्थ्य और नैतिकता दोनों का विशेष ध्यान रखते हैं और उसमें हमें सदैव विजय मिली है। फोर्स में डॉक्टरों और बीमार जवानों के सम्बन्ध एक आदर्श जीवन के रूप में रहे हैं और डॉक्टरों का सम्मान फोर्स में एक मित्र, उपदेशक (दार्शनिक) और मार्गदर्शक के रूप में सदैव किया जाता है। पुलिस बलों में डॉक्टरों के कार्यों का वर्णन संक्षेप में निम्न रूप से किया जाता है। यद्यपि किसी भी क्षेत्र में डॉक्टरों के कार्य क्षेत्र की कोई सीमा नहीं है।

1. *स्वास्थ्य-प्रदाता :* चिकित्सकों के इलाज सम्बन्धी कर्तव्य सबसे पहले गिने जाते हैं और इसी से उनकी मूलभूत व्यावसायिक प्राथमिकता सिद्ध होती है। सुरक्षा बल के जवान और उनके परिवार सभी बीमारियों में अपने स्वयं के पुलिस बल से ही इलाज प्राप्त करते हैं। यदि उस बल में ऐसी सुविधा न हो तो अलग बात है। बल में चिकित्सा सुविधा उपलंब्ध न होने पर बल के जवान, सिविल अस्पतालों या अन्य पास के पुलिस बलों के अस्पतालों से इलाज करवाते हैं।

2. *मार्गदर्शक :* पुलिस बल के अस्पतालों का संगठन व स्थापना आवश्यकतानुसार की जाती है। अत: कई असामान्य निदान व विशिष्ट इलाज की सुविधाएँ यहाँ उपलब्ध

नहीं होती हैं। परिणामस्वरूप कई बीमारों को पास के मेडिकल कॉलेजों, जिला अस्पतालों, प्राईवेट दवाखानों या प्रयोगशालाओं में भेज दिया जाता है। एक अनजान व्यक्ति होने के कारण बीमार जवान इस बात के प्रति जानकारी नहीं रखता कि उसे अपना आगे का इलाज कहाँ करवाना चाहिए। ऐसे मामलों में सशस्त्र पुलिस बलों के चिकित्सक एक मार्गदर्शक का कार्य करते हैं और उन्हें ऐसे अस्पतालों में भेजते हैं जहाँ उनकी बीमारियों का सही निदान और इलाज हो।

3. *प्रशिक्षक :* ट्रूपों, जवानों के परिवारों और पूरे पुलिस समुदाय के लिए चिकित्सक एक स्वास्थ्य शिक्षक का कार्य करता है। केन्द्र के सामान्य लोग जैसे जवान और उनके आश्रित लोग, देश के विभिन्न भागों के होते हैं। वे सुदूर ग्रामों और विभिन्न सामाजिक एवं आर्थिक समूह के होते हैं। इन्हें स्वास्थ्य शिक्षा के ज्ञान जैसे बच्चों की देखभाल, अच्छा रहन-सहन, परिवार नियोजन, व्यक्तिगत स्वच्छता, पौष्टिकता आदि की नियमित शिक्षा, प्रदर्शनी प्रवचन एवं समय पर कैम्प आयोजित कर दी जाती है। ड्राईवरों और रंगरूटों को प्राथमिक चिकित्सा की ट्रेनिंग दी जाती है। इन सभी कार्यों से उनकी शैली श्रेष्ठ बनती है।

4. *सलाहकार :* हमारे समाज में सलाह देने के कार्य की उपयोगिता को सही रूप से मूल्यांकित नहीं किया गया है। सलाह कार्य विशेषज्ञों द्वारा, केस का अध्ययन करके निदान विषयक रिर्पोटों का विश्लेषण करके, एवं बीमार और उसके रिश्तेदारों से संपर्क करके किया जाता है। कई उलझी हुई समस्याओं को सुलझाया जाता है जिसमें वंश परम्परा और जननी विषयक बीमारियों, पारिवारिक बीमारियाँ, अनचाहे गर्भ, यौन बीमारियाँ जेनेटिक व फेमेलियल बीमारी वाले व्यक्तियों का विवाह और अन्य महत्वपूर्ण विषय शामिल हैं। यह व्यक्ति और समाज दोनों के लिए लाभदायक होता है।

5. *नैतिकतावर्धक :* सशस्त्र पुलिस बलों के निवास के पास चिकित्सकों की उपस्थिति मात्र, जवानों की नैतिकता को उच्च स्तर पर रखती है। अराजक क्षेत्रों में कार्यरत जवानों को चिकित्सकों द्वारा विश्वास दिलाकर एवं उन्हें शारीरिक और मानसिक रूप से योग्य रखकर सर्वोत्तम विधि से उन्हें पूर्व प्रेरणा देकर कार्य के प्रति उत्साहित किया जाता है। पुलिस बल के चिकित्सकों द्वारा इन जवानों के परिवारों की देखभाल आधार कैंप पर अच्छी तरह से की जाती है, जिससे सुदूर सीमा पर लड़ने वाले जवानों को मानसिक शांति बनाने में सहायता मिलती है। एक पुलिस जवान के लिए और अन्य अस्पताल के स्टॉफ सदस्य, मुख्य सांत्वना देने वाले व्यक्ति होते हैं।

6. *जन-स्वास्थ्य सलाहकार :* पुलिस बल अस्पताल का मुख्य चिकित्सक बल के प्रशासकों को स्वास्थ्य विषयक नीति के मामले में वैधानिक रूप से सलाहकार होता है। मुख्य चिकित्सक हाईजिन, सेनीटेशन, एपिडेमिक बीमारियों की रोकथाम, नियंत्रण, आदर्श जलप्रदाय योजना, कचरे, आदि का निपटान इन मामलों में वैज्ञानिक सलाह देना है। चिकित्सक समय-समय पर कैम्प एरियों, भोजन बनाने व परोसने वाले व्यक्तियों, राशन की वस्तुओं, पकाई और सूखी मांसाहारी वस्तुएँ, उन्हें पकाने के स्थान का समय-समय पर निरीक्षण करते हैं जिससे फैलने वाली बीमारियों की रोकथाम होती है। वातावरण को स्वच्छ रखने के उपाय, मक्खी और मच्छरों से बचने के उपाय, आवारा कुत्तों पर नियंत्रण का ध्यान भी चिकित्सक रखते हैं। ड्यूटी पर तैनात बटालियन चिकित्सक की सेवाएँ श्रेष्ठता कल्याण कार्यक्रम का मूर्त रूप होती हैं जो कि एक पुलिस इकाई के जवानों को दी जाती हैं। मेडिकल आधार पर चिकित्सक द्वारा जवानों को जो महत्वपूर्ण सलाह दी जाती है, वह जवान के लिए गड़बड़ी वाले इलाके की ड्यूटी के वातावरण को दूर रखने और बीमारी से अच्छा होने का समय देने का काम करती है।

7. *जनसंपर्क सहयोगी :* अपने व्यवसाय के कारण चिकित्सकों के पास जनता के सभी वर्ग के लोगों की पहुंच है। ये चिकित्सक पुलिस में प्रशासक और जवान व उनके परिवारों के बीच एक सदृढ़ पुल बनाकर रखते हैं अर्थात् दोनों के बीच संतुलन बनाये रखने का महत्वपूर्ण कार्य करते हैं। इसके अतिरिक्त कुछ प्रशासकीय समस्याएँ, जिसे मेडिको-लीगल केसेस, मैलिंगरर जवान, मनोवैज्ञानिक बीमारी से ग्रस्त व्यक्ति, ड्रग्ज के आदी शराबी, बीमार सट्टेबाज जैसे व्यक्ति पुलिस लाईन में मिलते हैं। इनकी सभी समस्याओं को मेडिकल व प्रशासकीय दोनों अधिकारियों द्वारा मिलकर सुलझाया जाता है।

8. *महान मानवतावादी :* पुलिस बल के चिकित्सक मानवतावादी के रूप में कार्य करते हैं। वे प्राकृतिक आपदाएँ और दुर्घटनाओं, आग लगने, दंगे आदि समय में बचाव कार्य करते हैं। इनके कार्य केवल सशस्त्र पुलिस बल के लाभ के लिए ही नहीं होते वरन् सामान्य नागरिकों के लिए भी लाभदायक होते हैं। बीमारों के लिए खून, डोनेशन कैम्प आयोजित करना, शिशुओं को रोगों से बचाने के लिए टीका प्रदान करना, नेत्रदान व नेत्र के ऑपरेशन के कैंप आयोजित करना, पौष्टिकता सर्वेक्षण कैंप, स्कूलों में पौष्टिक भोजन कार्यक्रम और जनरल मेडिकल चेकअप कैम्प आयोजित करना ये उनकी प्रशासनीक कार्यों में से कुछ हैं। कुछ बटालियन आकर पुलिस संगठन किसी

ग्राम को सर्वांगीण विकास के लिए गोद लेते हैं। जहाँ वे शिक्षा, रोजगार, स्वास्थ्य, सेनिटेशन, पीने का पानी, पौष्टिकता, बच्चों की देखभाल आदि का विकास कार्य करते हैं।

यद्यपि विभिन्न विषयों में कई योग्य विशेषज्ञ, सहसैन्य पुलिस बलों में कार्य करते हैं, तो भी पुलिस बलों में मेडिकल शाखा पूरी तरह संगठित नहीं दिखाई देती। विशेषकर अस्पतालों की योजना बनाते और जनशक्ति का उपयोग पूरा-पूरा करने के मामलों में उसमें कई कमियां हैं जिन्हें ठीक किया जाना है। अस्पतालों के निमार्ण का स्थान, टूपों के साधन होने की जगह रख. जाना है। यह एक सर्वज्ञात तथ्य है कि छोटे-छोटे अस्पताल सभी विशिष्ट सेवाएँ नहीं दे सकते। कुछ मूलभूत विषय तो सभी अस्पतालों के लिए सामान्य होते हैं किन्तु प्रत्येक अस्पताल में एक या दो विशिष्ट बीमारियों के इलाज हेतु, स्टॉफ और साधन होना चाहिए। इन अस्पतालों में विशेषज्ञों की नियुक्ति विवेकपूर्ण तरीके से नहीं की जाती है यद्यपि सभी मुख्य अस्पताल सर्वोत्तम विशेषज्ञ सेवाएँ दे रहे हैं। साथ ही संपूर्ण देश से उनमें बीमार इलाज हेतु आते हैं।

अत्यन्त सूक्ष्म जाँच व सावधानी से एक विस्तृत योजना, स्थाई रूप से बनाकर ही बड़े चिकित्सा या मेडिकल कॉलेज के अस्पतालों पर निर्भरता कम हो जाती है। क्योंकि ये सभी पुलिस बलों के अस्पतालों से दूर बाहर होते हैं। अपने निर्माण के पश्चात् कई विशिष्ट कार्य कर दिखाने के बाद भी इन अस्पतालों की उन्नति और विकास धीमा एवं आवश्यकता पर आधारित रहा है इसके लिए प्रशासकीय एवं लालफीताशाही मुख्य रूप से जिम्मेदार हैं। आधार स्थल पर बने इन अस्पतालों के पक्ष में एक ही दलील दी जाती है कि ये अस्पताल स्वस्थ जनसंख्या (पुलिस) के लिए बनाए जाते हैं। किन्तु यह तर्क मान्य नहीं हो सकता। यद्यपि जवान अपने स्वास्थ्य के प्रति अत्यन्त जागरूक होते हैं, किन्तु यह इस कहानी के एक बहुत बड़े पक्ष की ओर ध्यान नहीं देता। जवानों के परिवार के सदस्य भी जो इन अस्पतालों से लाभ लेते हैं उन्हें जवानों की अपेक्षा चिकित्सा सेवा की अधिक जरूरत होती है। ऐसे पुलिस जवान जो अपने परिवारों को लम्बे समय तक घर छोड़ने के बाद वापस आते हैं वे अपने आश्रितों का इलाज इन पुलिस बल के अस्पतालों में करवाते हैं क्योंकि या तो उनके मूल निवास पर जहाँ इनके परिवार रहते थे उपयुक्त इलाज उपलब्ध ही नहीं था या उनकी आर्थिक स्थिति की अपेक्षा मंहगा था। कई दशाब्दियों से अस्पतालों के इनडोर बीमार, आउटडोर बीमार, अस्पतालों से दवाईयाँ लेने वाले स्वास्थ्य चिकित्सा साधन का उपयोग करने वाले और अस्पताल की अन्य सहायक सेवाएं लेने वाले ये जवानों

के आश्रित ही रहे हैं। परिवार नियोजन के साधन अपनाने वाले लोग इन अस्पतालों मे बार-बार आते रहते हैं, सक्रिय पुलिस ड्यूटी में लगे जवान अपना परिवार नियोजन का ऑपरेशन इस डर से नहीं कराते हैं कि कहीं इससे उनकी कार्यशक्ति पर विपरीत प्रभाव न पड़े। अत: पुलिस बल के अस्पतालों में टयूबकटोमी अधिक होते हैं बजाय वेसेक्टोमी।

स्वास्थ्य मंत्रालय को छोड़कर अन्य सभी मंत्रालयों और विभागों में, चिकित्सकों और मेडिकल शाखा को हमेशा पृष्ठ में रखा जाता है। उन्हें एक "सेवा-समूह" मानकर कार्य-कलापों की मुख्य धारा से दूर रखा जाता है तथा उन्हें विभाग का टेक्नीकल एवं व्यवसायिक सहायक नहीं माना जाता है। इसके कारण तो संलग्न विभाग के बड़े अधिकारी ही जानें। कोई भी कठोर मूल्यांकन से वर्षों पुराने ब्यूरोक्रासि और टेक्नोक्रेटस की दुश्मनी को दोष दे सकता है। यह समस्या काल्पनिक और सरल नहीं है। बीमारी की जड़ गहरी है। शताब्दी पुरानी सेना के मेडिकल सेवा को आदर्श मानकर भी पुलिस बलों की मेडिकल सेवा में चिकित्सा क्षेत्र की महान प्रतिभाओं को आकर्षित नहीं किया जा सका है। सातवें दशक के पहले चरण से ही स्वास्थ्य सेवाओं के स्वास्थ्य मंत्रालय से अलग होने के बाद, केन्द्रीय पुलिस संगठन अपने ही स्वयं के केडर पर चल रहे हैं। अधिक से अधिक रिक्त पद होने के कारण पुलिस बल मेडिकल शाखा के खाली आसनों को नहीं भर पाए। इस मामले का परीक्षण कई शासकीय और अशासकीय स्तरों पर हो चुका है। इसके कुछ सामान्य तथा बार-बार सामने आने वाले पहलुओं का अध्ययन नीचे किया गया है:

1. ये केडर पुलिस बल के नियंत्रण में अधिक दक्षता से कार्य कर सकते थे। किन्तु विवेकपूर्ण योजना और संगठन के अभाव के कारण मेडिकल सेट-अप जैसे-तैसे चल रहा है। अत: मेडिकल कॉलेजों से पढ़कर नये-नये निकले डॉक्टरों का भविष्य अंधेरे में लटका हुआ है।

2. पिछली दो दशाब्दियों में पुलिस बलों की वृद्धि अत्यन्त तीव्र गति से हुई है जिससे अस्पतालों का कार्य बहुत बढ़ गया है जबकि स्टॉफ व अन्य सुविधाओं में कोई विशेष प्रगति नहीं हुई है। वर्तमान सुविधाएं आकार में छोटी और अप्रभावशाली हो गई हैं। जिसके परिणामस्वरूप चारों ओर कामचलाऊ व्यवस्था दृष्टिगत होती है।

3. नये-नये डॉक्टर जो महत्वाकांक्षी हैं पुलिस बटालियन के एकाकी जीवन

और उस जीवन की नीरसता के कारण, पुलिस बलों के अस्पतालों में अपनी सेवायें अर्पित करना नहीं चाहते। इसके साथ ही पुलिस बलों का बार-बार स्थानान्तरण, उनके रहने की अनिश्चितता, रहने की सही व्यवस्था की कमी और साधारण सुविधाएं, ये सभी तथ्य नये डॉक्टरों को पुलिस बलों में आने हेतु आकर्षित नहीं कर पाते।

4. जब तक डॉक्टर अविवाहित है वह फिर भी उपयुक्त असुविधाओं को देरी से टालता है किन्तु विवाह होने के बाद उसकी समस्याएं कई गुना बढ़ जाती हैं। ड्यूटी पर तैनात बटालियनों में काई भी डॉक्टर परिवार को तो साथ नहीं रख सकता क्योंकि कर्तव्य का प्रकार, बार-बार स्थान बदलना और रहने की व्यवस्थित जगह का प्राप्त न होना ये बातें बटालियन में होती रहती हैं। इससे इसके पारिवारिक जीवन पर प्रतिकूल प्रभाव पड़ता है। ऐसे में बच्चों की शिक्षा सबसे अधिक प्रभावित होती है। ऐसे डॉक्टर जिनके माता-पिता व अन्य आश्रित उनके पास ही रहते हैं वे पुलिस की इस नौकरी को नहीं कर सकते। वे अर्द्धसैनिक पुलिस बल से हटकर किसी प्राईवेट या सिविल नौकरी को करना अधिक श्रेयस्कर समझते हैं। भले ही वहाँ कम वेतन व कम सुविधाएं मिलती हों। इस क्षति को वहाँ वे प्राईवेट प्रेक्टिस से पूरा कर लेते हैं।

5. केन्द्रीय पुलिस संगठन में डॉक्टरों की वेतन श्रेणी पूर्णतः सी. एच. एस. के अनुसार ही रहती है। अनेक राज्य सरकारों ने भी अपने डॉक्टरों के वेतन,एवं भत्ते केन्द्र के डॉक्टरों के समान ही कर दिये हैं। इसके अतिरिक्त राज्यों में प्राईवेट प्रेक्टिस की अनुमति है। अतः केन्द्रीय स्वास्थ्य सेवाएं एवं सी. पी. ओ. की नौकरियाँ अधिक आकर्षक नहीं रहीं बल्कि राज्य की नौकरी को प्राथमिकता दी जाती है।

6. केन्द्रीय पुलिस संगठन (सी. पी. ओ.) के डॉक्टर कम्बाटाइज्ड हैं जो अनुशासन और आचरण के उद्देश्य से सीमित है। जो रैंक और बैज डॉक्टरों को मिलते हैं उससे उन्हें वह वेतन श्रेणी व सुविधाएं नहीं मिलती जो पुलिस बल में उस श्रेणी के अफसरों को मिलती हैं। पुलिस बल के कठिन कार्य तो डॉक्टरों से लिए जाते हैं किन्तु उसके लाभ व विशेष अधिकार उन्हें नहीं दिए जाते हैं। यही बात डॉक्टरों को चुभती रहती है जो अपने सफेद एप्रन छोड़कर खाकी ड्रेस पहनने वाले डॉक्टर बन गए हैं।

7. पुलिस के अन्य ऑफिसरों तथा सी. एच. एस के डॉक्टरों की अपेक्षा इन डॉक्टरों के पदोन्नति के अवसर कम हैं। पुलिस बल में वृद्धि से निम्नतम ग्रेड के डॉक्टर के पद तो बढ़ जाते हैं, पर उसी अनुपात में उच्च श्रेणी के पद नहीं बढ़ाए जाते हैं। अतः जो चिकित्सक अनजाने में या किसी बाध्यता से सेवा में आ जाते हैं वे निराश होने लगते हैं। ऐसे लोग शीघ्र ही अन्य जगह श्रेष्ठ पदों की खोज कर अन्यत्र जाने की तैयारी करते हैं।

8. किसी भी केन्द्रीय पुलिस संगठन में नौकरी करने के बाद चिकित्सकों को उच्चतर अध्ययन का क्षेत्र कम मिलता है। इसका कारण पी. जी. कोर्स की प्रवेश परीक्षाओं के लिए चिकित्सकों को तैयारी करने के लिए सुविधाएं नहीं मिलती हैं। बार-बार पोस्टल पते में परिवर्तन, दूरस्थ जगहों पर देरी से डाक मिलना, दूरन्त स्थानों पर राष्ट्रीय अखबारों का देरी से मिलना या कभी-कभार नहीं भी मिलना, इससे उन्हें विज्ञापन देखने को नहीं मिलते या प्रवेश की सूचनाएं नहीं मिल पातीं। चिकित्सकों को पाँच वर्ष की सेवा के पूर्व "अध्ययन-अवकाश" भी नहीं मिलता। इसके अतिरिक्त यदि कभी स्वःप्रयत्न से या बल की ओर से प्रवेश भी हो जाय तो तीन वर्ष का सेवा-बोन्ड भरवाया जाता है जिससे उज्जवल भविष्य बनने में बाधा पड़ती है। ये तत्व महत्वाकांक्षी डॉक्टरों को सेवा जारी रखने में सहायता नहीं करते। आज के प्रतियोगी युग में पोस्टग्रेजुएट कोर्स में किसी भी विषय में अध्ययन कर पाना अनोखा अवसर होता है और कोई भी डॉक्टर ऐसे अवसर को छोड़ना नहीं चाहता। अतः ऐसा अवसर मिलने पर डॉक्टर इस नौकरी को छोड़कर उच्च अध्ययन करना पसंद करते हैं।

9. पुनः बोन्ड का निष्पादन भी एक नकारात्मक तत्व है। कुछ केन्द्रीय पुलिस बल डॉक्टरों से ऐसा बोन्ड भरवाते हैं कि कम से कम इतने वर्ष तो उन्हें सेवा करनी ही पड़ेगी। उस शर्त को पूरा न करने पर बहुत बड़ी रकम जुर्माने के रूप में अदा करनी पड़ती है। यद्यपि डॉक्टरों को कोई अतिरिक्त लाभ सेवा-काल में नहीं दिया जाता। ऐसी व्यवस्थायें व शर्तें उन्हें पुनः विचार करने को बाध्य करती हैं कि वह अपने भविष्य की स्थितियों को भली प्रकार देखकर ही नौकरी करें।

10. सी. पी. ओ. मेडिकल केन्द्रों में कुछ सुदूर स्थानों, हिल स्टेशन, बर्फ से घिरे स्थानों और दूसरे दूरस्थ सीमाओं पर होते हैं जहाँ की जलवायु

स्वास्थ्य के प्रतिकूल एवं संचार साधनों का भी अभाव रहता है। ऐसी जगह का पदांकन डॉक्टरों को स्वास्थ्य और सामाजिक दृष्टिकोण से स्वीकार नहीं होता।

11. सी. पी. ओ. की सेवा में देश के एक कोने से दूसरे कोने तक स्थानान्तर होते रहते हैं। मेडिकल ऑफिसर को अपने परिवार एवं आवश्यक सामान को साथ लेकर सभी विपरीत परिस्थितियों में जैसे (लम्बी यात्रा, जलवायु का बदलना, भाषा और वातावरण की कठिनाई) उसे जाना पड़ता है। व्यक्तिगत सामान की ढलाई में उसे बहुत खर्च करना पड़ता है। ऐसे परिवर्तनों से व्यक्तिगत शौक जैसे बागवानी, क्लब-जीवन, सामाजिक और कार्यालयीन सम्पर्क, रिश्तेदारों व मित्रों से दूरी आदि पर प्रभाव पड़ता है। विवाह योग्य बच्चों के लिए योग्य वर-वधू ढूंढ़ने में भी कष्ट होता है। प्राय: अपने सामाजिक परिवेश से दूर रहने के कारण इस उत्तरदायित्व को पूरा करने के लिए उन्हें अपेक्षाकृत अधिक समय लग जाता है। अनेक क्षेत्रीय भाषाओं के सम्पर्क से स्वंय की मातृभाषा की शुद्धता व उसकी लय बिगड़ जाती है। ऐसे चिकित्सक पारिवारिक तथा सामाजिक दायित्व के समय उपस्थित नहीं हो पाते, विशेषकर बीमारी, माता-पिता की मृत्यु, बच्चों के जन्म, आदि अवसरों पर। जो डॉक्टर इन सामाजिक दायित्वों को अधिक महत्व देते हैं वे केन्द्रीय अर्द्धसैनिक बल के पदों को अस्वीकार करते हैं।

12. केन्द्रीय अर्द्धसैनिक बलों में सेवा करते हुए चिकित्सक, व्यावसायिक और शैक्षणिक संस्थाओं, जैसे इंडियन मेडिकल एसोसिएशन, चिकित्सकों का एसोसिएशन और अन्य विशेषज्ञों के एसोसिएशन में भाग नहीं ले सकते, जिससे कि उनका व्यावसायिक भाई-चारा बढ़ता और उनकी शैक्षणिक क्रियाओं से वो भी कुछ सीख पाते। ऐसी सुविधाएं सुदूर क्षेत्रों में नहीं मिलती और बार-बार वहां से आए-जाएं तो भारी खर्च करना पड़ता है।

सी. पी. ओ. मेडिकल सर्विस में अनेक कमियाँ होते हुए भी उनमें सामाजिक सुरक्षा, क्लब-जीवन, अविवाहित के लिए मेस सुविधाएं तथा सभी के लिए इलाज की सुविधाएं देश में प्राप्त सुविधाओं में सर्वोत्तम हैं। उनके वेतन और भत्ते सी. एच. एस. के चिकित्सकों के समान ही होने से सी. पी. ओ. के चिकित्सकों को अप्रसन्न होने का कोई वैध कारण नहीं है। अन्य सेवा शर्तें पुलिस जीवन का अभाज्य हिस्से

के रूप में है। अत: इन्हें सेवाओं में आने का बढ़ावा देना उचित है। अर्द्धसैनिक बलों के चिकित्सकों की कठिनाईयों के प्रति केन्द्र सरकार सहानुभूति पूर्ण रवैया रखती है और भविष्य में अधिक से अधिक सुविधाएं दिए जाने की आशा है।

पैरा-मेडिकल स्टॉफ : सशस्त्र पुलिस बलों के मेडिकल केन्द्र में केवल योग्य डॉक्टर ही शामिल नहीं हैं वरन् एक बड़ी संख्या में अर्द्ध कुशल कार्यकर्ता और अन्य पैरा-मेडिकल सहायकों की पूरी सेना जुटी है। इनमें फार्मासिस्ट, प्रयोगशाला सहायक, रेडियोग्राफर्स, स्टाफ-नर्से, भोजन सलाहकार, मेट्रन्स, ई. सी. जी. ऑपरेटर्स, अल्ट्रा सोनो ग्राफर्स, मनोवैज्ञानिक इलाज करने वाले (साइको पिस्टस) शामिल हैं जो मुख्य कर्मचारियों के साथ मिलकर अस्पतालों में कार्य करते हैं। इसके अतिरिक्त ये पैरा-मेडिकल स्टॉफ के लोग बटालियन का मेडिकल इन्सपेक्शन स्थापित करके जवानों के साथ मिलकर विभिन्न कार्य करते हैं, जैसे कैम्प को हटाना, कैम्प लगाना, जंगल कैम्प, फायरिंग रैंज, स्पोर्टस-मीट, मेले और त्योहार, दुर्घटनाएं और प्राकृतिक आपदाएं आने पर सहायता दल बनाना, भरती दल आदि के साथ कार्य करना, आदि। इनकी सेवाएं 24 घण्टे रात-दिन उन पुलिस बलों को उपलब्ध रहती हैं जो अत्यन्त साहसिक कार्य, आतंकवादी व असामाजिक तत्वों से लड़ते रहते हैं। अस्पताल के अन्य कर्मचारियों में वार्ड-बॉय, वार्ड-गर्ल, नर्सिंग-सहायक, ऑपरेशन थिएटर असिस्टेंट, आया, रिस्पनिष्ट रजिस्ट्रेशन-क्लर्क और स्टोरकीपर, आदि सम्मिलित हैं। अस्पतालों में 24 घण्टे कार्य होता है।

अत: वहां एक सतत चलने वाला ड्यूटी रोस्टर बनाकर रखा जाता है जिससे पुलिस वर्ग और उनके आश्रितों की मेडिकल देखभाल होती रहती है। इस प्रकार से ये लोग पुलिस अस्पतालों में "पेशेंट-केयर सर्विस" को चलाये रखते हैं, उनके द्वारा प्रशंसनीय सेवा की जाती है। यद्यपि उनमें से अनेक प्रशिक्षित नहीं होते तो भी ये नियमित पुलिस बलों के साथ सदैव सभी स्थानों पर कंधे से कंधा मिलाकर कार्य करते हैं। कई पुलिस बलों में अस्पताल स्टॉफ का कॉम्बेटाइजेशन (पुलिस-ट्रेनिंग) चिकित्सकों के भी बाद में दिया गया है। फिर भी उनमें कुछ खाकी वर्दी का चुनाव करके उसे नही पहनते हैं एवं एक सिविल स्टॉफ के रूप में ही कार्य कर रहे हैं। इसका वास्तविक कारण वे स्वयं ही जानते हैं। यद्यपि आजकल सभी नये भरती किए व्यक्ति पुलिस ट्रेनिंग के बाद ही सेवा में लिए जाते हैं। अस्पताल स्टॉफ के लिए पुलिसीकरण के रूप में सबसे अधिक स्वीकार न करने योग्य शर्त यह है कि उनकी सेवा-निवृत्ति की आयु 58 वर्ष से घटाकर 55 वर्ष कर दी है कि जो पुलिस बल के समान है। आज

इस महंगाई के युग में कोई कर्मचारी अपने सेवा कैरियर की सर्वोच्चता व वेतन प्राप्त करते हुए 3 वर्ष का मूल्यवान समय खोने को तैयार नहीं होगा।

कोई भी अस्पताल अपनी सेवाएं कई प्रकार के कर्मचारियों से मिलाकर चलाता है। चिकित्सा विज्ञान के समान ही इसकी हर शाखा और उप-शाखा में कार्य करने के लिए विशेषज्ञों की आवश्यकता होती है। अस्पताल स्टॉफ के अतिरिक्त बड़ी संख्या में परदे के पीछे कार्य करने वाले कर्मचारी होते हैं जो चिकित्सा सेवा को भली प्रकार चलाने में बहुत मदद करते हैं। वे हैं—रसोइया, सफाई कर्मचारी, टेलीफोन ऑपरेर्टस, इलेक्ट्रीशियनस, ए. सी. प्लान्ट ऑपरेर्टस, प्लम्बर, जनरेटर ऑपरेटर्स, एम्बुलैंस व स्टॉफ-कार ड्राईवर्स, आदि। स्टॉफ के दस कर्मचारियों में कार्य को कभी छोटा करके नहीं माना जाता। यद्यपि उनमें से कई दूसरे विभाग में होते हैं, जैसे सी. पी. डब्ल्यू. डी., मोटर-ट्रांसपोर्ट विभाग, संचार बटालियन, आदि। ये सभी अपने-अपने उत्तर-दायित्वों को ईमानदारी से पूरा करते हुये एक मशीनरी की तरह कार्य करते हैं जिसमें सभी पुर्जों का अपने-अपने स्थान पर महत्व होता है। वास्तव में वे उन ग्रीन रूप लड़कों की तरह होते हैं जो जनता की आँख से दूर रहकर शो दिखाने में मदद करते हैं।

जब चिकित्सक किसी, क्लीनिकल, प्रशासनिक, जनस्वास्थ्य या अन्य कार्य में व्यस्त होते हैं तो अस्पताल का सामान्य कामकाज मेट्रन अथवा सिस्टर-इन-चार्ज द्वारा सहायक स्टॉफ के साथ मिलकर सम्पन्न किया जाता है जो बाद में सीनियर मेडिकल ऑफिसर या प्रशासनिक ऑफिसर के आने पर उसे बताती है। अस्पताल का प्रशासनिक अधिकारी, अस्पताल की प्रत्येक शाखा व उप-शाखा के कार्य के संचालन का नियंत्रण करता है एवं मिशनरी जोश से "पेशन्ट कैयर सिस्टम" को भली प्रकार चलाने के कार्य को सुनिश्चित करता है।

7

सशस्त्र पुलिस बलों में अस्पतालों की भूमिका

शताब्दियों से अस्पताल स्वास्थ्य की देखभाल का कार्य संस्थागत रूप में निभाते चले आ रहे हैं। उनका एक ही उद्देश्य है "मानव सेवा ही ईश्वर सेवा"। सारे संसार में ये स्वास्थ्य की देखरेख करने वाली संस्थाएँ (अस्पताल) कई क्रांतिकारी परिवर्तनों से गुजरी हैं। ये परिवर्तन उनके डिजाइन, भवन, जाँच और इलाज संबंधी सुविधाएँ, स्टेरलाईजेशन, एमरजेन्सी मेडिसन तथा ड़िसस्टर मेनेजमेन्ट विज्ञान, सर्जिकल एवं विशिष्ट सर्जिकल साधन आदि में हुए हैं। पूर्ण सुधार सम्बन्धी परिवर्तन एवं प्रगति एन्टिबायोटिक्स, ब्लड़ ट्रांसफ्यूजन, दुर्घटना, व्यवस्था, आदि में परिवर्तन और सुधार, बीसवीं शताब्दी के पूर्वाद्ध में हुए दो विश्व युद्धों के कारण हुए, ऐसा लोग विश्वास करते हैं।

किन्तु आधुनिक काल के अस्पताल मात्र भवन निर्माण कला के उच्च नमूने या स्मारक, अथवा "गोली और बीमारी" तक ही सीमित नहीं हैं। बल्कि वे अनेक क्षेत्रों में सामाजिक कल्याण कार्यक्रम देने वाले रूप में भी विकसित हुए हैं। आजकल अस्पताल अपने सामान्य कर्तव्य निभाने के साथ-साथ, हेल्थ क्लब, फिजियोथेरेपी, व्यावसायिक थेरेपी केन्द्र, डाइटिंग व फिटनेस मार्गदर्शन केन्द्र, सार्वजनिक बीमारी के विरुद्ध लड़ने की शक्ति देने वाले केन्द्र तथा व्यावसायिक और पुनः जीवन दान देने वाले केन्द्रों के रूप में भी कार्य कर रहे हैं। मैदान में, बीमारी की रोकथाम एवं

जनस्वास्थ्य की देखरेख करने से चिकित्सा विशेषज्ञ अपने घुटन भरे चेम्बरों से बाहर निकले और इससे आम जनता जो अस्पतालों से दूर निवास करती है, उसे भी स्वास्थ्य लाभ प्राप्त करने के सुअवसर प्राप्त हुये हैं। परिवार कल्याण कार्यक्रमों ने जनता को पर्याप्त लाभ पहुंचाया है। पौष्टिकता कार्यक्रम, हाईजन एवं प्राथमिक चिकित्सा सम्बन्धी पहलुओं ने आम जनता तक समसामयिक चिकित्सा ज्ञान पहुंचाया है। रक्तदान केन्द्र, तुफान, बाढ़ एवं दुर्घटना के समय बचाव कार्यों को प्रेस, जनता और प्रशासक वर्ग सभी ने पसंद किया है। पुलिसबल के अस्पताल में ऐसे कार्य दैनिक दिनचर्या के रूप में सामने आए हैं। सशस्त्र बलों की मैदानी चिकित्सा इकाईयों द्वारा दूर-दराज के क्षेत्रों में जनता की सेवा की जा रही है, इसकी स्थानीय प्रशासन ने भी खूब सराहना की है। यहाँ मैं यह कहना चाहता हूँ कि मैं स्वंय (इस पुस्तक का लेखक) भी कई ग्रामों में सेवा हेतु गया हूँ, जिसमें उत्तरी त्रिपुरा की पहाड़ियाँ शामिल हैं, जहाँ घने जंगलों और आतंकवादी बहुत क्षेत्रों से होकर जाया करते हैं। ये देश के वे भाग हैं जहाँ की जनता निरक्षर होने के साथ-साथ आधुनिक सभ्यता से कोसों दूर है और डॉक्टर को आज तक देखा तक नहीं है। लेखक ने त्रिपुरा की सखान एवं जम्पुई पहाड़ियों पर सत्तर की दशाब्दी के पहले चरण में यात्रा करने का गौरव प्राप्त किया है।

बीसवीं शताब्दी के अंतिम चरण में अस्पतालों की भूमिका पर अधिक कुछ कहना व लिखना व्यर्थ है। सभी इसे भली प्रकार जानते हैं। सरकार द्वारा जनता को चिकित्सा एवं स्वास्थ्य संबंधी सुविधाएँ देना आज की मूल आवश्यकता है। बीसवीं सदी के इस अंतिम दशक में, दीर्घकालीन-योजना बनाकर अच्छे प्रयत्न करके सरकार स्वास्थ्य सुविधाएँ सभी वर्गों को दे रही है। सन् 2000 तक सभी के लिए "स्वास्थ्य एवं चिकित्सा" के नारे को शासकीय और अशासकीय सभी प्रयत्नों द्वारा पूरा करके दिखाना है। विभागीय अस्पताल जैसे सेना के अस्पताल, सी. पी. ओ. अस्पताल, ई. एस. आई. एवं रेलवे अस्पताल, एवं अन्य अस्पताल जिसका उद्देश्य अपने कर्मियों को सुविधा देना है। वे अपने कार्य के अतिरिक्त पूरे देश को एक मानकर सबके लिए कार्य कर रहे हैं। विशेषकर पुलिस बलों के अस्पताल स्वास्थ्य फिटनेस एवं सामान्य शारीरिक और मानसिक स्वास्थ्य बनाए रखने में प्रशिक्षित, पुलिस जनशक्ति के लिए जो देश की सुरक्षा व आंतरिक सुरक्षा में लगे हैं, बहुत कार्य कर रहे हैं। इतिहास हमें बताता है कि युद्ध सदैव ट्रूपों के स्वास्थ्य के बल पर हारे या जीते गए हैं। सदा सतर्क रहने वाले पुलिस बलों के लिए, जो सदा विषम परिस्थितियों में लड़ते हैं, एक अच्छा "स्वास्थ्य अनुष्ठान" आवश्यक है, जो इन बलों में बीमारी और मृत्युदर को कम कर सके।

सुदीर्घ रूप में न सही, किन्तु संक्षेप में, सशस्त्र बल अस्पतालों के कार्य निम्न अनुच्छेदों में वर्णित किये जा रहे हैं। फील्ड यूनिट में एम. आइ. एम. अथवा मेडिकल-इंस्पेक्शन रूम चिकित्सा की एक सक्रिय इकाई है। यह रूम एक चिकित्सक के चार्ज में रहता है। और जब किसी चिकित्सक की नियुक्ति वहाँ नहीं होती, तो यह रूम किसी वरिष्ठ फार्मासिस्ट के अधिकार में रहता है। इसी मेडिकल यूनिट के द्वारा संपूर्ण स्वास्थ्य विषयक पत्राचार किया जाता है। नीचे कुछ शीर्षकों के अन्तर्गत अस्पताल या क्षेत्रिय चिकित्सा यूनिट की भूमिका का वर्णन किया जाता है।

(क) इलाज-कार्य

इसमें जवानों और उनके परिवार के सदस्यों को पूर्ण इलाज की सुविधाएं देना शामिल है। बल के सदस्यों की पहचान, उनके नम्बर, ड्रेस, मेडिकल हिस्ट्रीशीट या रिस्क रिपोर्ट रक्त स्टोर के विवरण के आधार पर की जाती है। जब कि आश्रितों को "चिकित्सा-लाभ कार्ड" दिये जाते हैं। ताकि उन्हें दिखाकर वे अपना इलाज करवा सकें। यदि ऐसा कार्ड किसी जवान के पास नहीं होता तो कोई भी अस्पताल के स्टॉफ का सदस्य अथवा अन्य बल का सदस्य उनका परिचय करवा देता है। यह प्रतिबंध इसलिए है ताकि सामान्य नागरिक सैनिक अस्पतालों में आकर भीड़ न करें और सुरक्षा सैनिकों के अधिकार को न छीनें। प्रत्येक चिकित्सा के ऊपर सामान्यतः ओ. पी. डी. इलाज उपलब्ध रहता है चाहे वह केन्द्र कितना ही छोटा हो एवं साथ ही स्टोर से दवाई देने की सुविधा भी बराबर रहती है। अस्पताल में उपलब्ध न होने वाली दवाई मरीज बाजार से खरीद सकता है और उसकी कीमत उसे अनिवार्यता प्रमाण-पत्र देने पर मेड़िकल नियमानुसार वापस की जाती है। प्रयोगशाला जाँच अस्पतालों में होती है, बटालियनों में एम. आइ. रूम का संचालन चिकित्सक स्वंय करता है और उसमें निदान-जांच की सुविधा उपलब्ध रहती है। अन्यथा पास के शासकीय या अशासकीय अस्पताल से सुविधाएँ ली जा सकती हैं। जब भी, जहाँ भी ऐसे संस्थान स्थापित किए गए हैं अस्पताल होते हैं इसलिए ऐसी सुविधाएँ उसमें होना अनिवार्य है। जो जांच या टेस्ट वहां करना संभव नहीं है वह बाहरी अस्पताल से करवाई जाती है जैसे-एक्सरे, स्क्रीनिंग आदि सुविधाएँ सीमित अस्पतालों में ही उपलब्ध होती हैं। किसी भी अस्पताल में इनडोर वार्ड में, बीमारों को आयसोलेशन वार्ड में रखने, उनका निरीक्षण, पूर्ण विश्राम तथा लगातार देखभाल की सुविधाएँ होती हैं। आवश्यक विशेषज्ञों की नियुक्ति के बाद वहां ऑपरेशन थिएटर एवं लेबर रूम (प्रसूति-कक्ष) की भी व्यवस्था हो जाती है। इन आउटडोर पेशेंटस को पूर्ण नर्सिंग देख-रेख, साफ बिस्तर एवं

अस्पताल की ओर से खुराक (उचित एवं निश्चित मात्रा में) शासकीय खर्च पर दी जाती है। उच्चतर वेतनमान वाले अधिकारियों को मुफ्त भोजन नहीं दिया जाता, किन्तु टी.बी. और कैंसर जैसी बीमारियों में मुफ्त भोजन सभी को दिया जाता है। जिन बीमारों को उच्च स्तर के इलाज या निदान की आवश्यकता होती है, और जिनके इलाज की व्यवस्था उस अस्पताल में नहीं होती, उन्हें अधिक अच्छे स्तर के बल के स्वयं के अस्पतालों में भेजा जाता है। इस कार्य के लिए मुख्य प्रशासनिक चिकित्सा अधिकारी या चिकित्सा संचालक की अनुमति प्राप्त की जाती है। ऐसे सभी मामलों में बीमार, उसके साथी एवं अस्पताल का यात्रा व्यय सरकार द्वारा उठाया जाता है। यदि बीमार की दशा गम्भीर हो तो सम्बन्धित अस्पताल, किसी चिकित्सक या पैरामेडिकल स्वयं सदस्य को अगले अस्पताल तक साथ में भेज सकता है। ताकि रास्ते में बीमार को इलाज उपलब्ध हो सके। जिस बीमार का जीवन खतरे में होता है, उसे एस. आई. सूची (गंभीरतम बीमार सूची) में रखकर, जल्दी से जल्दी उसके निकट के रिश्तेदार को सूचना भेज दी जाती है। जिन बीमारों की स्थिति पूरे समुदाय या समाज के लिए खतरनाक मानी जाती है, उन्हें ऐसे समय में डी. आई. सूची (खतरनाक बीमार सूची) में रखकर घोषणा कर दी जाती है।

संपूर्ण रूप से बीमारों की देखभाल की व्यवस्था के साथ अस्पताल विशिष्ट अतिथि पदाधिकारियों, ट्रेनिंग कैम्प, खेलकूद आयोजन आदि को भी चिकित्सा सुविधाएँ प्रदान करती है। क्योंकि "खेलकूद आयोजन" प्रत्येक पुलिस बल का अटूट हिस्सा है।

(ख) प्रशासकीय कार्य

"अस्पताल-प्रशासन" स्वयं एक बहुत ही विस्तृत विषय है, जिसमें अस्पताल का सुचारु रूप से संचालन एवं स्वास्थ्य सेवा सम्मिलित है। यह प्रसंग इस पुस्तक की विषय वस्तु से बाहर है। पुलिस अस्पतालों में प्रशासन कार्य वहाँ नियुक्त चिकित्सकों द्वारा किए जाते हैं। बड़े अस्पतालों में जैसे आधार (बेस) अस्पताल जिसमें 100 या अधिक बिस्तर होते हैं, एक प्रशासकीय अधिकारी, नियुक्त किया जाता है, जिसका कार्य अस्पताल की सेवा, इकाई प्रदाय, कार्य को नियमित रखना, हिसाब-किताब रखना, नई जगह जाने के बारे में निर्णय व नियंत्रण, स्वास्थ्य संबंधी वाहन, कार्यालयीन पत्र व्यवहार आदि देखना होता है। जबकि वहाँ के अन्य डॉक्टर बीमारों के इलाज में लगे रहते हैं।

इन अस्पतालों में सामान्य प्रशासकीय कार्य मेडिकल बोर्ड के बनाने और संचालित करने का है। मेडिकल बोर्ड बल के सदस्यों को चोट आदि लगने और लंबी बीमारी के इलाज के बाद तय करते हैं कि सम्बन्धित व्यक्ति सक्रिया ड्यूटी के योग्य है या नहीं ? इस कार्य में यह बोर्ड, बीमार व्यक्ति को एक निश्चित अवधि के लिए सक्रिय ड्यूटी से अलग भी कर सकता है। बशर्ते उसे पूर्ण इलाज दे दिया हो और फिर भी उसकी चोट या बीमारी अच्छी नहीं हुई हो। संपूर्ण संभव इलाज देने के बाद भी हो सकता है कि कोई सदस्य (जवान पुलिस बल का पूर्ण दक्ष सदस्य सिद्ध न हो) सर्वप्रथम ऐसे केस के कागजात तैयार करके बोर्ड बनाया जाता है। इस बोर्ड में एक विशेषज्ञ उस बीमारी का होना आवश्यक है जिससे कि व्यक्ति ग्रसित हो। कुछ अस्पतालों में स्थाई बोर्ड होता है जिसमें एक चिकित्सक एवं औथोपैडिक सर्जन एवं एक आफथेलोमोजिस्ट होते हैं और उनमें से जो वरिष्ठतम होता है वही बोर्ड का अध्यक्ष होता है। कमांडिग ऑफिसर मेडिकल बोर्ड की अनुशंसा पर कार्य करता है तथा सेवा नियमों को भी मार्गदर्शन के रूप में सामने रखता है।

आंशिक रूप से अक्षम व्यक्ति के लिए व्यावसायिक मार्गदर्शन एवं पुनर्स्थापना उपाय भी किए जाते हैं। ऐसे उन जवानों के लिए होता है जो पुलिस कर्मी का कठोर कार्य नहीं कर सकते, किन्तु अन्य परिश्रम का कार्य कर सकते हैं। यदि उच्च अधिकारी सहमत हों तो ऐसे जवानों को पेंशन स्वीकृत कर कल्याणकारी कार्यों में लगा दिया जाता है ताकि वह पेंशन के अतिरिक्त कुछ अन्य आर्थिक लाभ भी प्राप्त कर सकें। सशस्त्र पुलिस बलों के अस्पतालों में ऐसे कई मामले आते हैं जो वास्तव में समस्यामूलक होते हैं। पुलिसबल के बीमारों में काफी बड़ी संख्या में बहानेबाज मरीज भी होते हैं। ये मरीज प्रायः स्वस्थ होते हैं, या इतने बीमार नहीं होते, ये प्रायः पुलिस की कठोर ड्यूटी से छुटकारा पाने के लिए बीमारी का बहाना बनाते हैं। पुलिस के मरीजों को पी. टी., परेड़, रात्रिकालीन ड्यूटी, बिना जूते या बैल्ट के रहना या चिकित्सक की सलाह पर पूर्ण विश्राम, ये छूट बिना उनके वेतन भत्तों को काटे हुए रहती है। किन्तु कोई भी बहानेबाजी, दुराचरण में गिनी जाती है। जब ऐसे मामले पकड़ में आते हैं तो उस जवान को दंडित किया जाता है। किसी शक्तिशाली पुलिस ऑपरेशन पारिवारिक स्थल से दूरस्थ क्षेत्रों में स्थानांतरित एवं दुखःद व संकटपूर्ण कर्तव्य करने के समय बहानेबाज मरीजों के मामले बढ़ जाते हैं। कई बीमारियां जिनके बारे में जवान बताते हैं वे अस्पष्ट होती हैं किन्तु उनका विवरण इस प्रकार दिया जाता है कि चिकित्सा स्टॉफ भी भ्रमित हो जाता है। संदेह के होते हुए भी, बीमारी की वास्तविकता पर मेडिकल दल को सारी जांच करके सभी संभव इलाज बीमार को देना होता है। इस

भय से कि कहीं सच्ची बीमारी को नहीं टाला जा रहा हो जिसका प्रकट लक्षण दिखाई नहीं दे रहा हो। ऐसे सभी मामलों में सारी जांच सामान्य (नॉर्मल) आती है। या उसका कोई निष्कर्ष सामने नहीं आता एवं सारे इलाज असफल सिद्ध होते हैं। मरीज अपनी बीमारी के लक्षणों को तो बढ़ा-चढ़ाकर बताता है किन्तु इलाज नहीं लेना चाहता, उसे टालता है। ऐसी शिकायतों में पेट दर्द, छाती में दर्द, पीठ में दर्द, टांगों में दर्द आदि विशेष हैं, जिन्हें मरीज बताते हैं। उनकी शिकायतों को चिकित्सकों द्वारा एकदम निरस्त कर देना संभव नहीं होता है। क्योंकि चिकित्सकों को अपनी राय सत्य बताने एवं सक्षम बनाने में कठिनाई होती है तथा मानवीय सहानुभूति भी दिखानी आवश्यक होती है। पहली बार आकर रिपोर्ट करते समय ऐसे बीमार अपनी बीमारी को अत्यंत गंभीर बताते हैं किन्तु निरीक्षण व जांच नहीं करने देते। वे दवाई लेने में भी आनाकानी करते हैं। जब उन्हें ध्यान से नहीं देख रहे होते हैं तो वे सामान्य रूप में व्यवहार करते हैं। इंजेक्शन लेने में डरते हैं और किसी भी सर्जीकल प्रक्रिया का विरोध करते हैं। यह जानना और रुचिकर होगा कि कुछ पुलिस परिवार भी झूठी बीमारी बनाकर कमांडरों की सहानुभूति प्राप्त करना चाहते हैं। ऐसा वे तब करते हैं जब कहीं दूर स्थानांतरण निरस्त करवाना चाहते हों, या कठोर श्रम से बचना चाहते हों या कहीं छूट्टी में वापसी देरी हो गई हो तो उसके दंड से बचना चाहते हों। किसी सेवा सम्बन्धी मामले में कठिनाई आने पर, पुलिस परिवार के लोग क़िसी पुरानी बीमारी का खूब बहाना बनाते हैं। ऐसे मामलों में अस्पताल के स्टॉफ को अनावश्यक परेशानी झेलनी पड़ती है। अस्पताल का साधन तो खर्च होता है और प्रशिक्षित लोगों का समय भी नष्ट होता है।

पुलिस बल के चिकित्सा अधिकारियों को जो अन्य परेशानियाँ प्रशासन में आती हैं वे हैं—मनोवैज्ञानिक, मानसिक बीमारियां, शराब तथा ड्रग्स के आदी लोग जो उनके पास इलाज हेतु आते हैं। ये मामले पुलिस बल के गिरते हुए अनुशासन की भूमिका मात्र हैं। ऐसे मामलों में अत्यधिक सावधानी और कठोर सतर्कता की आवश्यकता होती है।

(ग) बीमारी की रोक

छः वर्ष तक के बच्चों के इलाज एवं रोग प्रतिरोधक शक्ति बढ़ाने के लिए पुलिस बलों में स्वस्थ "बच्चों के क्लीनिक" स्थापित किए जाते हैं। ये अस्पताल अन्तर्राष्ट्रीय स्तर के होते हैं। गर्भवती माताओं को भी रोग प्रतिरोधक शक्ति दी जाने हेतु कार्य किया जाता है। ऐसा ऐंटी-नेटल चेकअप में किया जाता है। हैजा व टी. ए. बी. (टी. बी.) के लिए प्रतिवर्ष पुलिस केडर जवान को टीका लगाया जाता है। नये रंग रूट व ड्राईवर

की प्रारंभिक ट्रेनिंग के दौरान उन्हें शस्त्रों या वाहन से चोट लगने की संभावना रहती है। अत: उन्हें टिटनेस टाक्साइड का पूरा डोज दिया जाता है। जबकि चोट लगने के बाद पुन: इलाज तो किया ही जाता है। संपूर्ण विश्व में चेचक-उन्मूलन के बाद चेचक के टीके लगाना बंद कर दिए गये हैं। कैंप के सभी लोगों को नियमित रूप से सभी प्रतिरोधक टीके लगाए जाते हैं।

रसोई का कार्य करने वाले, जल पिलाने वाले, मैस के सिपाही, दूध देने वाले, जलप्रदाय ट्रक का व्यक्ति, सोड़ा फाउन्डेशन ऑपरेटर्स और केंटीन में काम करने वालों का निरीक्षण समय-समय पर किया जाता है। और पेट के कीड़े मारने की दवा मिलाकर उन्हें रोग प्रतिरोधक शक्ति दी जाती है। इससे एंपिडेमिक रोगों की रुकावट और फैलने से बचाव होता है।

अस्पताल स्टॉफ, विशेषकर ऑपरेशन थियेटर के कर्मचारी, आकस्मिकता विभाग, प्रसूति कक्ष एवं क्लीनिक प्रयोगशाला के कर्मचारी जो रक्त, वीर्य, सलाइया एवं मानव मल का विसर्जन करने वाले, इन लोगों को, हैपिटाइटिस- बी. का टीका लगाकर इम्पुलाइज किया जाता है। गली के आवारा कुत्तों को समय-समय पर नगर पालिका के सहयोग से पकड़ा जाता है।

(घ) जनस्वास्थ्य कार्य

भारतीय अर्द्धसैनिक बलों में सेनेटरी निरीक्षण व्यवस्था, सेना के आदर्श पर अपनाई गई है। यूनिट मेडिकल ऑफिसर समय-समय पर कैम्प, रसोईघर, बैरक, कचरा फेंकने की पद्धति, जलप्रदाय मंत्रालय आदि का निरीक्षण करता है, और कमांडिंग ऑफिसर को विकास एवं प्रगति के लिए सुझाव देता है। बड़े केन्द्रों पर वरिष्ठतम मेडिकल ऑफिसर स्टेशन हेल्थ ऑफिसर की हैसियत से कार्य करते हैं और समय-समय पर स्वास्थ्य संबंधी गड़बड़ियों का निरीक्षण करते हैं। फेमिली लाईन, यूनिट केंटीन, राशन भंडार आदि पर विशेष ध्यान दिया जाता है। यह अधिकारी सभी ऐपिडेमिक बीमारियों के प्रसार की सूचना, घोषणा, नोटिस और चेतावनी, यूनिटों के प्रमुखों को पहुंचाते हैं, साथ ही स्थानीय नगर पालिका के हेल्थ ऑफिसर, जिला स्वास्थ्य अधिकारी और अपने बल के निदेशालय को भी सूचित करते हैं।

मक्खी-मच्छर विरोधी अभियान, उनसे बचने के उपाय, मलेरिया पीड़ित व्यक्तियों की खोज, और पीने योग्य पानी का समय-समय पर विश्लेषण और उसे कीटाणुरहित बनाना, ये कार्य पुलिस बल में नित्यक्रम रूप में होते रहते हैं। चिकित्सकों

और कमांडर का यह उद्देश्य और प्रयत्न रहता है कि जहां तक संभव हो कैंम्प की सेनिटेशन व्यवस्था श्रेष्ठ रखी जाय। किसी भी फैलने वाली बीमारी का पता लगने पर आवश्यक सावधानियाँ ली जाती हैं और कैम्प निवासियों को सावधान किया जाता है। पिछले सालों में कई पुलिस कैम्प एपिडोमिक्स की जकड़ में आये जैसे गेस्ट्रो एंट्राइटिस, मैनिनजिरट्स, हेपाटिटिस एवं चिकन पॉक्स आदि। मलेरिया इनके अतिरिक्त माना गया है। बैरकों के सामूहिक जीवन तथा सांझा रसोईघर के कारण एपिडेमिक तेजी से फैलता है। अत: त्वरित कार्यवाही से ही व्यक्तियों के प्राण और कार्य-दिवसों की हानि को रोका जा सकता है। मलेरिया फैलने वाले क्षेत्रों में मस्तिष्क बुखार या सेरेब्रल मलेरिया के कारण अधिक जीवन नष्ट होते हैं। जब कोई पुलिस जवान ड्यूटी के दौरान किसी बीमारी से ग्रस्त हो जाता है तो उसे सभी शासकीय सुविधाएं, लाभ, बीमारी में व बाद में भी स्वास्थ्य लाभ की दृष्टि से दिये जाते हैं। यदि ट्रेन्ड जवान की प्राण हानि होती है तो राष्ट्रीय अर्थव्यवस्था का भारी नुकसान होता है।

(च) स्वास्थ्य शिक्षा

ट्रूपों की स्वास्थ्य शिक्षा के बारे में अन्य अध्याय में इसी पुस्तक में लिखा गया है। सेना और अन्य अर्द्धसैनिक बलों के अलावा एन. सी. सी., होमगार्ड ग्रामीण सुरक्षा स्वयंसेवक दल, स्काउट गाइड आदि में, स्वास्थ्य शिक्षा, ट्रेनिंग कोर्स के एक भाग के रूप में दी जाती है। अशासकीय समुदाय, जैसे राष्ट्रीय स्वयं सेवक संघ भी, प्राथमिक चिकित्सा, सेनिटेशन, व्यक्तिगत हाइजिन, यौन शिक्षा, धूम्रपान के प्रभाव, शराब की बुराईयां, छोटे परिवार के लाभ एवं बच्चों की देखभाल के आदर्श तरीके आदि की ट्रेनिंग अपने सदस्यों को देते हैं। अधिकारियों की एकेडमी में भी विभिन्न क्षेत्रों के विषय विशेषज्ञ अतिथियों के प्रवचन कराने की व्यवस्था की जाती है।

स्वास्थ्य शिक्षा या मार्गदर्शन एक सतत प्रक्रिया है। चिकित्सक भी अपने हितग्राहियों को, अपने दैनिक जीवन के इलाज के दौरान स्वास्थ्य सलाह देते रहते हैं जैसे कि क्या कार्य करना है और क्या कार्य नहीं करना है। सभी औपचारिक और अनौपचारिक अवसरों पर चिकित्सा सेवा के वरिष्ठ अधिकारी उपस्थित रहकर सतत सलाह सभी को देते रहते हैं। ऐसा स्वास्थ्य शिक्षा का अभ्यास कार्य उस समय संभव नहीं जब चिकित्सक किसी पार्टटाइम नियुक्ति अवकाश के समय कार्य करने या राज्य सरकार से डेपुटेशन पर बुलाए गए हों। पुलिस यूनिटों में विशेष ट्रेनिंग कार्यक्रम, ड्राईवरों, मेकेनिक्स एवं शस्त्र मरम्मत करने वाले, लोगों के लिए आयोजित कर सकती है।

स्वास्थ्य शिक्षा की अपील को अधिक प्रभावशाली एवं प्रदर्शनकारी बनाने के लिए टीचिंग एड्स, जैसे चार्ट, स्लाइड, प्रोजेक्टर्स, सिनेमा, विडियो आडियो केसेटस (जो स्वास्थ्य शिक्षा संबंधित हो) का प्रयोग शिक्षा देने हेतु किया जाता है। पुलिस के जवानों के मस्तिष्क में शैक्षिक बिदुंओं को स्थाई रूप से स्थापित करने हेतु, बैरक, अस्पताल, मनोरंजन कक्ष, केंटीन और अन्य सार्वजनिक स्थानों पर पोस्टर्स चिपकाए जा सकते हैं।

चिकित्सक और अन्य अर्द्धसैनिक बलों के स्टॉफ के व्यक्ति जो स्वास्थ्य शिक्षा देने का कार्य करते हैं, उन्हें अपना ज्ञान और पढ़ाने की क्षमता का विकास करते रहना चाहिए। चिकित्सा विज्ञान सदैव विकसित होने वाला ज्ञान है और इसमें सतत विकास होता रहता है—विशेषकर निदान, इलाज, शिक्षण खोज एवं बायो-मेडिकल साधनों के क्षेत्रों में। चिकित्सक मेडिकल कॉनफरेन्स, सेमिनार, सिंपोजियम, ग्रुप बहस, आपस में और अस्पतालों के बीच में आयोजित कर उनमें शामिल होते हैं। समय-समय पर फिल्म शो, विडियो शो, मेडिकल विषयों पर आयोजित किए जाते हैं। कुछ दवा निर्माता कम्पनियाँ अपने उत्पादनों की फिल्में चिकित्सकों व अस्पताल के स्टॉफ को प्रदर्शित करती हैं। ऐसे कार्यक्रम एक निश्चित अवधि में आयोजित किए जाते हैं। विशिष्ट अतिथियों के भाषण भी शैक्षिक प्रभाव डालते हैं।

(छ) परिवार कल्याण

पुलिस बलों में भी राष्ट्रीय परिवार कल्याण योजना लागू करने की आवश्यकता होती है, ताकि जनसंख्या विस्फोट से बचा जा सके। पूरे देश में सभी संचार माध्यमों से इस विषय का प्रचार व प्रसार पर्याप्त रूप से हो चुका है। इसे लागू करने के विचार को उच्च प्राथमिकता देकर, अन्य राष्ट्रीय नीतियों को भी पुलिस बलों में दो कारणों से लागू किया जाना चाहिए। प्रथम, ये जनसंख्या के नियंत्रित ग्रुप हैं जिन पर सरकार का पूर्ण नियंत्रण है। अतः राष्ट्र हित में इनके अनुशासित व्यवहार का पूर्ण लाभ उठाना उचित है। दूसरे, पुलिस बलों के अस्पतालों में कई मुफ्त की चिकित्सा सुविधाएं उपलब्ध रहती हैं और वे योग्य दंपतियों को प्रेरणा देकर परिवार नियोजन ऑपरेशन कर सकते हैं। हेल्थ-विजिटर और अन्य क्षेत्रीय स्टॉफ, जैसे सोशल वर्कर योग्य दंपतियों की खोज कर उन्हें परिवार नियोजन के स्थाई साधन अपनाने हेतु, शिक्षा दे सकते हैं। यहाँ तक कि होमगार्ड की महिला पुलिस बल की इकाई को भी खोजकर, सलाह देने के लिए महिलाओं को अस्पताल में लाया जा सकता है। परिवार नियोजन के इच्छुक उम्मीदवार परिवार कल्याण तरीकों के लिए स्वयं कई कारणों से अस्पतालों

में नहीं आते हैं, जैसे अज्ञानता, प्रेरणा की कमी, ऑपरेशन के बाद के प्रभावों की गलत धारणा, एकमात्र पुत्र होना, लगातार पुत्रियों का जन्म, आदि आदि। उन्हें उचित शिक्षा देकर समझाया जा सकता है। साथ ही उनके प्रश्नों के संतुष्ट करने वाले उत्तर भी उन्हें दिये जाने चाहिए।

व्यक्तिगत केस की सलाह देने के अतिरिक्त सामूहिक परिवार कल्याण की शिक्षा के कार्य जैसे परिबारों एवं टूपों की प्रदर्शनियों, फिल्म शो अन्य प्रदर्शन दिखाना चाहिए। जिला परिवार कल्याण यूनिट या राज्य का परिवार कल्याण संचालनालय, ऐसे आंदोलनों को अपना पूर्ण समर्थन दे सकता है। वर्ष में दो बार परिवार नियोजन पखवाड़ा मनाया जाता है। इस पखवाड़े में, परिवार नियोजन ऑपरेशन, जिसमें ऑपरेशन कराने वालों को पर्याप्त प्रेरणा राशि दी जाने का आयोजन करना चाहिए। ताकि अधिक से अधिक योग्य इच्छुक दंपतियों को छोटे परिवार के अन्तर्गत लाया जा सके।

जैसा कि पहले ही कहा जा चुका है, पुलिस बल का स्वास्थ्य और नैतिकता सीधे उनके पुलिस कार्य को प्रभावित करते हैं। इसी प्रकार पुलिस कर्मी के परिवार का आकार, सीधे उसके स्वास्थ्य, जीवन शैली और उनकी कार्य पद्धति को प्रभावित करते हैं। एक पुलिस कर्मी को अल्पवेतन में अपना परिवार चलाना पड़ता है, सामाजिक उत्तरदायित्व निभाना होता है, और भविष्य के लिए बचत भी करनी होती है। ऐसी स्थिति में बड़े परिवार के कारण रहन-सहन का स्तर गिरता है, पौष्टिक एवं उचित भोजन की कमी रहती है, पुरानी बीमारी और आलस्य रहता है, मानसिक तनाव, आर्थिक दिवालियापन, और अप्रसन्नता रहती है। इन सब बड़े परिवार के कुप्रभावों का सीधा असर जवानों के कार्य पर पड़ता है और वे बल के सतर्क व प्रभावपूर्ण सदस्य नहीं रह पाते। ऐसे पुलिस जवान से एक स्वस्थ शरीर व तनावपूर्ण मस्तिष्क रखने की आशा नहीं की जा सकती, जो कि सक्रिय पुलिस की ड्यूटी करने हेतु बहुत ही महत्वपूर्ण है।

(ज) मानवतावादी कार्य

एक बार स्वामी विवेकानंद ने देश के नवयुवकों को देश के नव निर्माण हेतु निम्न शब्दों में आह्वान किया था-''मेरे बहादुर बच्चो अपने अंदर रखो शेर जैसा साहस और मानवतावादी जैसा जोश''। स्पष्ट शब्दों में भारतीय पुलिस बल जो कार्य कर रहा है वह राष्ट्र निर्माण से अलग नहीं है। पुलिस जवानों की उपस्थिति के बिना देश में एकता और संगठन शक्ति, भौगोलिक और भावात्मक तथा धार्मिक अर्थों में, असंभव है। अत: स्वामी विवेकानंद के कथन को सत्य सिद्ध करने के लिए तथा राष्ट्र निमार्ण के कार्य

को पूर्ण करने के लिए उच्च स्तर का समर्पण, एवं पूर्ण मानवतावादी दृष्टिकोण की आवश्यकता है। कुछ बड़े पुलिस बलों में जो बोधवाक्य (मोटो) बनाए गए हैं, वे सत्यप्य में इसी दर्शन को सिद्ध करते हैं, जैसे "सेवा और समर्पण" (सर्विस एवं लायलटी) तथा "जीवन के अन्तिम क्षण तक सेवा" (सर्विस अन्टू डेथ) बी. एस. एफ., आदि बल के सदस्यों को इन बोध वाक्यों को सत्य कर दिखाना है।

जैसा कि पूर्व में भी कहा गया है पुलिस बलों की पुरानी छवि, उनके मध्ययुगीन, सामंती प्रथा से बनी हुई है। अपराधी और कानून तोड़ने वालों के लिए पुलिस सरकार की एक भुजा का कार्य करती आ रही है। किन्तु ऐसे कार्य करने में पुलिस बलों ने मानवीय दृष्टिकोण को भी सदैव ध्यान में रखा है। बाढ़, अकाल, तूफान, रेल दुर्घटना, भूकंप, भयंकर अग्नि कांडों में, सशस्त्र बलों ने अच्छा काम किया है। उन्होंने मकानों के पुनर्निर्माण, भोजन प्रदाय, अस्थाई मकान बनाने, एवं कबंल-कपड़े आदि वितरित करने का कार्य अच्छी तरह किया है। जो मेडिकल दल, ऐसे विपत्तिग्रस्त क्षेत्रों में इलाज हेतु भेजा जाता है, उसने वहां की जनता का इलाज संतोषजनक ढंग से किया है और उन्हें एपिडेमिक बीमारियों से कई प्रकार से बचाया है। पुलिस बल की मेडिकल इकाई का समर्पण और सेवा भाव प्रशसंनीय है।

शांतिकाल में भी अस्पताल कई कल्याणकारी कार्यों में व्यस्त रहते हैं जैसे नेत्र परीक्षण कैम्प आयोजित करना, रक्तदान शिविर लगवाना, नागरिकों को प्राथमिक चिकित्सा की शिक्षा देना, मेलों व त्योहारों पर चिकित्सा व्यवस्था करना। कुछ यूनिटें ग्रामों को गोद लेती हैं और वहां के निवासियों की शिक्षा, सेनिटेशन, परिवार कल्याण, ग्रामवासियों के विद्यालय जाने वाले बच्चों व गर्भवती स्त्रियों को पौष्टिक आहार देना आदि कार्य करती हैं। पुरानी सड़कों एवं विद्यालयों के भवनों की मरम्मत, गड्ढों व तालाबों को कीटाणु से रहित बनाना, ऐसे कार्य पुलिस बल द्वारा स्वैछिक रूप से किए जाते हैं। पुलिस बल के अस्पताल अपने परिसर व इमारतों से परे भी दूर-दूर तक अपनी सेवाएं देते हैं।

(स) सर्विलेंस एवं क्वारंटाइन सर्विस

पुलिस बलों के अस्पताल, अपने दैनिक कार्यों के रूप में निगरानी एवं बीमारी के बाद की अवधि का सेवा कार्य भी करते हैं जो महत्वपूर्ण है। बल के सभी सदस्यों का मेडिकल चेकअप जैसे नेत्र, कान और मस्तिष्क की सतर्कता इत्यादि। वाहनों के ड्राईवरों का चेकअप, त्रैमासिक कीटाणुनाशक दवा देना और रसोईयों तथा भोजन बनाने वालों की जांच, मांटेसरी स्कूलों और अन्य स्कूलों में बच्चों का स्वास्थ्य परीक्षण

आदि कुछ निगरानी के कार्य हैं जो चिकित्सा यूनिट करती है। उसके इस कार्य का मख्य प्रयोजन किसी भी सक्रिय शारीरिक या मनोवैज्ञानिक बुरे प्रभाव का पता लगाना है एवं समय पर चेकअप करने से आगे और स्थिति बिगड़ने से रुकती है।

जो जवान लंबे समय तक बाहर रहने के बाद लौटते हैं-जैसे कैम्पिंग, ट्रेनिंग, कोर्स, अवकाश,कैदियों व बीमारों को लाने ले जाने या किसी ज्ञात औद्योगिक प्रदूषण के पश्चात् तो उनकी जांच की जाती है कि कहीं कोई रोग फैलाने वाले कीटाणु तो उनमें नही आ गए हैं क्योंकि यह सब पुलिस बल के अस्पताल की ड्यूटी में शामिल है। क्वारंटाइन सेवाएं (बीमारी) के बाद आवागमन नियंत्रण सेवा अधिक व्यावहारिक एवं वैज्ञानिक प्रकृति की होती है। शंकास्पद व्यक्तियों को रोककर एक विवेकपूर्ण अवधि तक उन्हें अलग ही रखा जाता है। यदि कोई व्यक्ति संक्रामक रोग से पीड़ित हो तो उसे यूनिट की निवास लाइन में नही रहने दिया जाय। अलग संक्रामक अवधि में अलग से रखा जाता है। उसका मेडिकल आधार पर अवकाश भी स्वीकृत किया जाता है। जिससे उसे पूर्ण वेतन भत्ते, राशन भत्ते, आदि मिलते हैं। साथ ही उसे एक फ्री रेलवे पास भी दिया जाता है जिसके द्वारा वह अपने गृह नगर तक चले जाय। मलेरिया पीड़ित क्षेत्र से लौटने पर सम्बन्धित व्यक्तियों की जांच करके उनके पुलिस कैरियर को अधिक अच्छा बनाया जाता है।

पाठक, यहां यह अनुभव कर सकते हैं कि पुलिस बल के अस्पतालों का कार्य जो इस अध्याय में वर्णित किया गया है, वह कोई अनोखा नहीं है और सामान्य अस्पताल भी इसी नीति पर यही कार्य संपन्न करते हैं। किन्तु यह कहना अस्वाभाविक नहीं होगा कि विश्व में नैतिक मूल्य और मानवीय सहानुभूति सभी व्यवसायों में गिर चुकी है। नीतिशास्त्र और झूठी शपथ जिसने युगों से चिकित्सा व्यवसायियों एवं संस्थाओं की मानसिकता को बनाए रखा था वह बिगड़ चुकी है और उसका पतन हो चुका है। केवल पुलिस बल के अस्पताल ही ऐसी कुछ संस्थाएं बची हैं जो गौरव से इस व्यवसाय की महानता को बनाए हुए हैं। अपना सभी कार्य समर्पण भाव से कर रहे हैं। अंतिम सीमा तक ईमानदारी रखे हुए हैं, ताकि पीड़ित आम जनता का कल्याण हो सके। यह कहना भी अतिशयोक्ति पूर्ण नहीं होगा कि यही अस्पतालों का एक ऐसा समूह है जो देश में मानव मूल्यों का उच्च स्तर बनाए रखने में सतर्क है। चिकित्सा क्षेत्र के महान संत चरक की कतिपय पंक्तियां उद्धृत करना उन्हें सच्ची श्रद्धांजलि होगी।

"जीवन दान से बढ़कर कोई दान नहीं। बीमार व्यक्ति अपने रिश्तेदारों, अपने पुत्रों, यहां तक कि अपने माता-पिता पर भी शंका कर सकता है, किन्तु चिकित्सक

पर उसका पूर्ण विश्वास होता है। वह पूर्णत: अपने आपको चिकित्सक के हाथों में सौंप देता है और उसके बारे में उसे कोई भ्रम नहीं होता। अतएव यह चिकित्सक का कर्तव्य है कि वह उस बीमार को अपना मानकर उसकी देखभाल करे, उसका इलाज करे"।

8

पुलिस संगठन में स्वास्थ्य व्यवस्थायें

पारम्परिक पुलिस सेनाओं के निर्माण में स्वास्थ्य तत्वों का संस्थापन दल कमाण्डरों के स्वास्थ्य संबंधी चेतना को दर्शाता है एवं स्वस्थ जीवन उस दल की स्वस्थता को बहुत ज्यादा महत्व से जोड़ता है। सशस्त्र पुलिस सेनाएँ बुनियादी तौर पर अलग-अलग भूमिका अदा करती हैं, पर समय-समय पर वे सेना के केन्द्रीभूत नियंत्रण में रहकर व उसके साथ कंधे से कंधा मिलाकर कार्य करती हैं। अन्तर्राष्ट्रीय सीमा रेखाओं पर बी. एस. एफ., आई. टी. बी. पी. उस क्षेत्रीय सेना की इकाईयों के साथ निकटतम आवागमन से जुड़ी रहती हैं। भले ही वे उनके कमान के अधीनस्थ सांग्रामिक परिचालन में नहीं रहती हैं। सी. आर. पी. एफ. अन्योन्याश्रय संबंध रखकर सांग्रामिक क्षोभकारी खोजों में सेना के साथ-साथ परिचालन करती है। असम राईफल्स सांग्रामिक उद्देश्यों से सेना के साथ-साथ सुव्यवस्थित ढंग से जुड़ी रहती है एवं यही कारण है कि वह सेना चिकित्सा का अनुसरण करती हैं जिसका ढाँचा उनके स्वास्थ्य देखरेख प्रणाली की बुनियादी ढाँचे की तरह ही होती है। सशस्त्र सैन्य दल, सैनिक पुलिस विशेष सशस्त्र पुलिस सेनाएँ, विभिन्न प्रान्तों के इण्डिया रिजर्व बटालियनें एवं सिविल पुलिस संगठन को अपनी स्वास्थ्य देखरेख सुविधाएँ स्थानीय पुलिस अस्पतालों से परे नागरिक चिकित्सालयों के ढाँचे का ही अनुसरण करती हैं। न कि मिलिटरी या पैरामिलीटरी स्वास्थ्य सेवा ढाँचे को अपनाती हैं।

स्वास्थ्य सुविधायें जो सुलभ कराई गई हैं एवं पुलिस सेना के विभिन्न संघटनों में जो व्यवस्था के लिए प्रारूप तैयार किए गए हैं वे पूर्वाग्रह पूर्ण हैं, कि वे बुनियादी तौर से स्वस्थ लोगों के दल को ही साथ लेकर चलते हैं एवं चिकित्सा व्यवस्था सिर्फ संकट परिस्थितियों की सामयिक आवश्यकताओं का पूरा करने, दुर्घटनाओं, प्राकृतिक दुविधों एवं अनुशासनात्मक उद्देश्यों को पूरा करने के लिए ही है। इसके अलावा स्वास्थ्य शाखा की उपस्थिति बुनियादी स्वास्थ्य देखभाल की सुविधाएँ सुलभ कराई जाती हैं। वे सेना के आत्मबल को बनाये रखती हैं। एक अच्छी स्वास्थ्य सेवा मुख्य कल्याणकारी कार्यों में से एक है जो शाखा अपने लोगों एवं परिवारों को सुलभ कराती है। दुर्गम क्षेत्रों में एक अस्पताल या मेडिकल सेन्टर, छोटी या बड़ी सांत्वना के श्रोत एवं मेहनतकस्त पुलिसकर्मियों के लिए एक उत्प्रेरक है, जब वे बीमार पड़ जाते हैं या जख्मी हो जाते हैं, वे लोग जो अपने यौवनावस्था, सुविधाओं, जीवन के सर्वोत्तम समय को पुलिस सेना की सेवा में साहस एवं वीरता के साथ उत्सर्ग कर देते हैं। किन्तु दुर्भाग्यवश कार्यकलाप के दौरान पंगु हो जाते हैं, चिकित्सालय के माध्यम से सुविधाएँ प्राप्त करते हैं।

पुलिस सेनाओं में सुलभ कराई जाने वाली स्वास्थ्य सुविधाओं को मुख्य रूप से दो शीर्षकों–मैदानी संगठन एवं शांति एवं चिकित्सा सेवाओं– के अर्न्तगत विस्तृत रूप से विवेचित किया जा रहा है।

(क) *मैदानी स्वास्थ्य सेवा :* एक कार्यरत बटालियन के साथ सबसे छोटी चिकित्सा सुविधाओं से जुड़ा रहता है वह मेडिकल इन्सपेक्शन रूम (एम. आई. रूम) या यूनिट अस्पताल या फील्ड चिकित्सालय होता है। यह कुछ सेनाओं में प्राथमिक चिकित्सा चौकी या क्षेत्रीय एम्बुलेंस सेवा जैसी काम करती है। एक बटालियन सबसे छोटी एक पुलिस सेना की कार्यकारी इकाई है जो एक कमान के अधीनस्थ काम करती है। जिसमें 5 से 6 सेवारत कंपनियाँ एक हेडक्वार्टर कमान से गठित एक मापदण्ड को होता है जो पूरे कंपनी के सभी क्षेत्रों की प्रशासनिक एवं सांग्रामिक परिचलना करता है। पैरामेडिकल स्टॉफ के अलावा एक बटालियन में एक या दो चिकित्सक सदस्य होते हैं जो सी. पी. ओ. के प्रत्येक बटालियनों के मुख्यालय पर एक एम. आई. रूम और 10 बिस्तरों की व्यवस्था होती है। आई. टी. बी. पी. एवं असम राईफल्स का जहाँ जोरों का फैलाव होता है प्रत्येक सर्विस कंपनी को चिकित्सकों एवं पैरामेडिकल स्टॉफ सुलभ कराया गया है। सी. आर. पी. के अतिरिक्त अन्य सेनाओं में प्रत्येक बटालियन स्तर पर अस्थायी मुख्यालयों के कारण छोटे चिकित्सालय कार्यवाही दक्षता

के साथ सभी प्रकार की सुविधाओं से सुसज्जित रहता है जो जरूरतों को पूरी करने में समर्थ होती है। किन्तु सी. आर. पी. में यह सिर्फ उस समय संभव है जबकि एक एक स्थायी या अस्थायी बटालियन हेडक्वार्टर पर्याप्त आवासीय सुविधा के साथ होती है। नहीं तो सिर्फ एम. आई. रूम, प्राथमिक चिकित्सा एवं ओ. पी. डी. सेवायें ही उपलब्ध रहती हैं। ऐसे मामले जो चिकित्सालयों के दायरे के बाहर हो लम्बी चिकित्सा जाँच शल्यचिकित्सा आदि के हों, उन्हें निकटतम पुलिस सैनिक चिकित्सालयों, नागरिक चिकित्सालयों या मेडिकल कॉलेज अस्पतालों के पास भेज दी जाती है। चिकित्सालयों का निर्वाचन सदा अपने ही संगठन के चिकित्सालय में से होना चाहिए। किन्तु जरूरी मामलों में नजदीकी के चिकित्सालयों को ही जीवन रक्षा एवं पुलिस को मानव जीवन की क्षति से पीड़ित होने से बचाने के लिए वरियता दी जाती है। जब सेवारत कंपनियां बहुत दूर-दूराज तक फैल जाती हैं जहाँ आसानी से स्वास्थ्य सुविधाएँ सुलभ नहीं होतीं वहाँ साधारण दवाओं के साथ एक फार्मासिस्ट एवं प्राथमिक चिकित्सा ट्रेसिंग सामग्रियों के साथ स्वास्थ्य सुविधाएँ देने के लिए दायित्व दिया जाता है। किसी मरीज का बेहतर स्वास्थ्य सतर्कता की आवश्यकता होती है तो उसे बटालियन मुख्यालय भेजा जाता है। अथवा चिकित्साधिकारी को देखने के लिए आमंत्रित किया जाता है। एक कार्यरत बटालियन के बार-बार इधर-उधर आने-जाने में स्वास्थ्य चिकित्सा प्रणाली को कायम रखने में वास्तव में सबसे ज्यादा आसाधारण कठिनाई का सामना करना पड़ता है। जब "कानून एवं आदेश" की स्थिति सुधरती है सेंट्रल पैरामिलिटरी सेनाओं की आवश्यकता नहीं पड़ती. सेनाएँ उस स्थान से वापस बुलवाली जाती हैं एवं दूसरे अशांत क्षेत्र की ओर द्रूतगति से दौड़ती हैं। सी. आर. एफ. एवं बी. एस. एफ. में ऐसी परिस्थितियाँ सदैव जीवन की एक अंग होती हैं यहाँ तक कि फौज देश के एक हिस्से से दूसरे हिस्से के लिये रेलों, वायुयान द्वारा स्थानान्तरित की जाती हैं। सेवाएँ नियमित रूप से जारी रहती हैं।

प्रभारी स्वास्थ्य चिकित्सा अधिकारी पलटन का जनस्वास्थ्य एवं सफाई के बारे में कमान अधिकारी संबंधी सलाहकार के रूप में काम करता है। पुलिस जवान तथा उनके परिवारों के लोगों के कल्याण के लिए दल के इकाई की एक योजना तैयार करता है। बाकि सभी कर्तव्यों की विवेचना अन्य पिछले अध्यायों में की जा चुकी है। बटालियन स्तर पर स्वास्थ सेवाएँ एक वास्तविक स्वास्थ्य सेवा की हृदय एवं आत्मा का कार्य करती है जहाँ वह रणक्षेत्र के निष्ठ पुलिस कर्मी मौसम, दुर्घटना तथा आतंकवाद के सभी खतरों का सामना करके सेवा करती है "इस वर्ग में अधिकांश

पुलिस कर्मी आते हैं"। अत: स्वास्थ्य सेवा नियमित रूप से होनी चाहिए तथा प्रबन्ध पर्याप्त होना चाहिए।

(ख) *चिकित्सालय सेवायें :* स्वतंत्रतापूर्व भारत में सिर्फ पुलिस कर्मचारियों के लिए चिकित्सालय निमार्णकारी योजनाएं आवश्यकताओं के आधार पर सफलतम प्रयोग है। इसके अन्तर्गत ही जेल में अपराधियों की चिकित्सा के लिए यदाकदा स्वास्थ्य सेवा पुलिस पूछताछ के दौरान कष्ट देने वाली संकस्य या आर्थिक दण्ड स्थायी एवं नियमित बना दी गई है। फिर भी रिजर्व पुलिस शाखाओं के लिए यह सेवा बढ़ा दी गई है एवं क्रमश: यह पूर्णकालिक चिकित्सालय के रूप में ले ली गई। राज्य की सशस्त्र पुलिस इकाईयों में जिला पुलिस अधीक्षक या डी. आई. जी. के आयोजन पर सिविलसर्जन द्वारा संप्रेषित चिकित्सक उनकी स्वास्थ्य देखभाल किया करते हैं।

केन्द्रीय रिजर्व पुलिस सेनाएँ अपनी स्वतंत्र चिकित्सा व्यवस्था रखती है जो देश के विभिन्न भागों में अपनी स्वयं की चिकित्सालय की कड़ी चलाया करती थी कुछ बड़ी आकृति वाले चिकित्सालय "बेस हास्पिटल" के प्रारूप में कार्य करती है जो एक संदर्भित चिकित्सालयों में संभव न हो पाने वाली व्यवस्थाओं का पूरक रूप में स्वास्थ्य सेवा सुलभ न हो पाने वाली व्यवस्थाओं की पूरक रूप में स्वास्थ्य सेवाएँ सुलभ कराती हैं। प्रमुख केन्द्रों ने अपने स्थायी चिकित्सालय के साथ अपने निम्न कैम्पस का भी निर्माण किया। जैसे ग्रुप सेंटर्स, ट्रेनिंग कॉलेज, अकादमियाँ, औरडिनेन्स डिपो, मोटर ट्रांस्पोर्ट सर्विस सिगनल एवं तकनीकी सेंटर्स, रिकार्ड ऑफिस, डाटा प्रोसेसिंग सेल एवं केन्द्रीकृत लेखा, सामान्यत: ये चिकित्सालय में प्रशासनिक अनुभव के साथ एक अभिज्ञ चिकित्सक के नेतृत्व में सभी प्रकार के नियंत्रण संपूर्ण स्वास्थ्य देखभाल प्रदान करने वाली शाखायें स्थापित करते हैं।

चिकित्सकगण विशेषज्ञ एवं अतिविशेषज्ञों का संपूरक के मिश्रित रूप से पारस्परिक संपूरक कार्य करते हैं। एक शाखा स्थापित चिकित्सालय रोगी की देखभाल डिस्पेन्सरी सर्विस इंडोरवार्ड, लेबर रूम, ऑपरेशन थियेटर, ड्रेसिंग एवं प्लास्टर सेवा, प्रयोगशाला, एक्सरे, इ. सी. जी. आदि बुनियादी सुविधाएँ सुलभ कराती हैं। कुछ चिकित्सालयों में भौतिक चिकित्सा एवं सूचीबद्ध चिकित्सालय विभागों द्वारा सुसज्जित होती है। जवानों एवं उनके परिवारजनों के लिए सुविधाएं कुछ सीमा तक दी जाती हैं इसके अतिरिक्त कुछ विशेष परिस्थितियों में मरीजों को किसी विशेष खोजबीन या चिकित्सा के लिए दूसरे चिकित्सालय में भेज किया जाता है।

चिकित्सालय का वरिष्ठ प्रभारी चिकित्सक निकटतम नागरिक एवं पुलिस चिकित्सालय, जिला चिकित्सा अधिकारी विभिन्न चिकित्सा संबंधी एवं प्रशासनिक उद्देश्यों से एक अच्छा संपर्क स्थापित किया करते हैं। सैनिक अस्पतालों की इकाई उनके सांग्रामिक नियंत्रण में होती है तब सिर्फ पुलिस रोगियों को ही सुविधाएं प्रदान करती हैं। जब एक ही सेंटर में बहुत सी इकाईयाँ एवं संस्थाएं स्थापित हो जाती हैं तो एक केन्द्रीय चिकित्सालय या स्टेशन चिकित्सालय सभी इकाईयों को स्वास्थ्य सेवा प्रदान करता है। सभी इकाईयों के प्रमुख चिकित्सकों, स्थानीय स्वास्थ्य अधिकारी एवं म्युनिसिपल स्वास्थ्य अधिकारियों को लेकर एक समायोजन कमेटी गठित की जाती है। जो नियमित रूप से कार्यकलापों की पुनः समीक्षा करती है एवं उन्नति के लिए परामर्श देती है। ऐसे चिकित्सालय के प्रभारी स्वास्थ्य अधिकारी इसके मेम्बर सेक्रेटरी होते हैं। महिला सदस्यों को मिलाते हुए सभी कर्मचारी वर्गों का प्रतिनिधित्व निश्चित किया जाता है।

इन चिकित्सालयों की कहानी यद्यपि बहुत पुरानी नहीं है परन्तु सर्वदा एक आनन्द की रही है। यह असाधारण सफलता प्रमाणित हुई है एवं समाज में इसका प्रमुख प्रभाव होता है।

बेस अस्पतालों में चिकित्सा

पुलिस कार्यकलापों के एक बड़े केन्द्र में मुख्य चिकित्सालय अधिकारी (सी. एम. ओ.) के नेतृत्व में "बेस अस्पताल" की स्थापना हुई है। प्रान्तीय पुलिस सेनाएं किसी प्रकार का बेस चिकित्सालय परिचालित नहीं करती हैं। किन्तु बड़ी आकृतियों वाली पुलिस चिकित्सालय कलकत्ता एवं मद्रास जैसे बड़े नगरों में स्थापित किए गए हैं। पैरामिलिट्री फोर्स ही एकमात्र ऐसी सेना है जो वास्तव में इस प्रकार की सैनिक ढाँचे की चिकित्सालयों का आकार प्रायः 100 बिस्तरों वाली सुदृढ़ एवं अन्य सभी छोटी चिकित्सालयों की कार्यरत बटालियनों के एम. आई. रूम की रेफ्रराल चिकित्सालय के रूप में काम करती है। इसमें कर्मचारियों का ढांचा इस प्रकार गठित किया जाता है कि जिसमें सभी प्रकार के प्रमुख विशेषज्ञ ब्रांच साधनों के साथ-साथ अत्याधुनिक निदान एवं चिकित्सा होती है। इनडोर सर्विस जहां आईसोलेसन वार्ड, मानसिक वार्ड, टी. बी. वार्ड, ऑफिसर वार्ड एवं शवगृह आदि विशेष सुविधाओं से संपन्न हों। सभी बुनियादी चिकित्सालयों में खोज जैसे अल्ट्रासोनोग्राफी ट्रेडमोइल, इको कॉर्डियोग्राफी एवं इन्डोस्कोपी जैसी सुविधा कुछ केन्द्रों में स्थापित की जाती है। नियमित केस के अलाव शल्य स्त्री रोग चिकित्सा, अस्थिरोग, चक्षु, इ. एन. टी. शल्य

इन चिकित्सालयों में की जाती है। सी. पी. ओ. चिकित्सालय अभी तक अपने चिकित्सालयों में न्यूरोसर्जिकल्स एवं कॉर्डियोथेरासिक शल्य चिकित्सा के उपकरणों से सुसज्जित नहीं हुई है। ऐसे मामलों की चिकित्सा विकसित केन्द्रों में करने की व्यवस्था की जाती है जिसके खर्चों की बाद में आदयगी कर दी जाती है।

दैनिक प्रशासन सेवा, आपूर्ति, सफाई, रोगियों की आवागमन प्रणाली आदि एक वरिष्ठ चिकित्सक की निगरानी में रहती है। जो चिकित्सालय का प्रशासनिक अधिकारी के नाम से पदस्थ होता है वह चिकित्सालय प्रशासन में उच्च शिक्षा प्राप्त है एवं वह चिकित्सालय को अनुकरणीय बनाने के लिए सभी दृष्टिकोण से अत्यधिक अनुभवी होता है।

यद्यपि कुछ बेस अस्पताल के नाम से नामित नहीं हैं किन्तु बिल्कुल असंख्य बड़े अस्पतालों की तरह ही इ. एस. आई. (इम्प्लाइज स्टेट इन्श्यूरेन्स) संगठन चलाते हैं, जहां उद्योग कर्मचारियों के साथ सी. आई. एस. एफ. के जवान भी चिकित्सा में शामिल होते हैं, इसके अतिरिक्त रेलवे भी अति उत्तम चिकित्सालय चलाती है जहां शासकीय रेलवे पुलिस एवं रेलवे प्रोटेक्शन फोर्स (आर. पी. एफ.) कर्मचारी चिकित्सक होते हैं। पब्लिक सैक्टर अण्डरटेकिंग भी अपने स्वयं के कारखाना परिसर में श्रमिक कालोनियों एवं खदानों में चिकित्सालय चलाती हैं। सी. आई. एस. एफ के कर्मचारी जो उनके इलाके में काम में तैनात रहते हैं बुनियादी चिकित्सक सेवाएं उपलब्ध कराती हैं।

सी. पी. ओ. की बड़े चिकित्सालय एवं अन्य संगठनों के उन्नतिशील चिकित्सालय रोग निदान तथा रुग्ण पुलिस कर्मचारी के चिकित्सक एवं पुनर्वास की व्यवस्था करते हैं। वे सीमान्त इकाईयों से केन्द्रीय चिकित्सालयों एवं गैर पुलिस चिकित्सालयों तक पहुंचाने में सहयोग करती हैं। विशेष मामलों में इन चिकित्सालयों के माध्यम से उच्चतर कार्य के लिए भी स्थानीय एवं विकसित चिकित्सा केन्द्रों से संबंध स्थापित होते हैं। सी. एम. ओ. या एस. एम. ओ. देश के किसी भी अन्य अस्पताल में उनके चिकित्सा व्यवस्था का दायित्व लेते हैं। ऐसे भी उदाहरण उपलब्ध हैं जबकि देश में किसी विशेष प्रकार की औषधि सुलभ न हो तो उस दवा को संबंधित देश के विदेशी दूतावास के माध्यम से सरकारी खर्चे पर मंगाया गया है और उस रोगी को पहुँचाया गया है।

सांग्रामिक क्षेत्रों से रोगियों की एक सुविधाजनक चिकित्सालय को तुरंत निकासी

के लिये नागरिक उड्डयन अधिकारियों से सम्पर्क स्थापित करना बहुत मामलों में जीवनरक्षक प्रमाणित कर दिया है। बी. एस. एफ. स्वयं की वायुयान दल परिचालित करता है जो रोगियों को एक सुदूर सीमांत के सांग्रामिक स्थानों से सी. पी. ओ. के अधीनस्थ सभी पुलिस बलों को विशेषकर जम्मू-कश्मीर, नागालैण्ड, मिजोरम, त्रिपुरा, अरुणाचल प्रदेश आदि में बहुत जोर से हुए गोलीबारी या बमकांड में जख्मी कर्मचारियों को चिकित्सालय तक पहुंचाने का कार्य करता है। अन्य आवागमन के साधन सुलभ नहीं होने या देरी होने से रोगी के जीवन के लिए खतरा हो सकता है।

शैक्षिक एवं शोधकार्यों के लिए बेस अस्पताल अच्छे केन्द्र होते हैं। अच्छे ग्रंथाकार एवं विडियो की सुविधा, वरिष्ठ चिकित्सकों के रिसर्च एवं महत्त्वाकांक्षी युवक चिकित्सकों के उच्च शिक्षा के अध्ययन के लिए लगातार जरूरी है। एक सामान्य ग्रंथाकार पुस्तकें सुलभ कराने का भी कार्य करता है वैसे इच्छुक रोगी अपने अस्पताल भर्ती समय में ही अध्ययन करके बोरियत से निपटते हैं। ग्रंथाकार के लाभों का आनंद न सिर्फ स्टॉफ, पैरामेडिकल स्टॉफ, बल्कि युद्धस्थल में जाने वाले अन्य जवान भी फर्स्ट एड कोर्स एवं अस्पताल परिसर में रहने वाले परिवार भी उठाते हैं।

सैनिक एवं अन्य अस्पतालों में चिकित्सा

जैसे कि पहले भी दर्शाया जा चुका है कि सांग्रामिक क्षेत्रों में सैनिक चिकित्सालय सिर्फ पुलिस सेना की कार्यवाही एवं दुर्घटना में हुये घायलों की ही चिकित्सा सुविधायें प्रदान करता है। वे नित्यक्रम की चिकित्सा, कोल्ड सर्जरी एवं अन्य मामले हाथ में लेते तो हैं पर बाद में उन्हें स्वास्थ्य लाभ एवं अनुगमनीय चिकित्सा हेतु अपने अस्पताल में वापस भेज देते हैं। कश्मीर उपत्यका में सैनिक चिकित्सालय सभी प्रकार की पुलिस सैनिक मामलों में पूर्ण सहयोग देकर प्रशंसनीय कार्य कर रही है। दूसरी तरफ प्रांतीय या केन्द्रीय संघटन भी अस्पताल के साथ सैनिक जवानों का मुफ्त में इलाज कर रहे हैं। पुलिस बलों को न्यूरोसर्जिकल ऑपरेशन लेज़र चिकित्सा केरटोप्लास्टी, प्रोसथोसिस एवं कृत्रिम टांगें आदि जैसे एडवान्स चिकित्सा की आवश्यकता पड़ रही हो तो ऐसे अस्पतालों को जहाँ चिकित्सा सुलभ हो सकती है वहाँ भेज दिया जाता है। इस प्रकार के मामलों की चिकित्सा में काफी धन खर्च होता है एवं यह एक पुलिस कर्मी के लिए सीमा के बाहर है। इस प्रकार के खर्चे केन्द्रीय कल्याणकारी फण्ड के उदार ग्राण्ट से आपूर्ति की जाती है। पुलिस अस्पताल के प्रभारी मेडिकल ऑफिसर अधिकृत चिकित्सा आटेन्डेट का कार्य करता है। किसी रोगी की मृत्यु हो जाने की हालत में आश्रितों के लिए पेंशन सुविधा मंजूर करके उनकी आर्थिक रूप से मदद की

जाती है। योग्य औलाद (आश्रित) को सेवा में किसी पद हेतु योग्यतानुसार सेना का पद देकर तथा सामूहिक बीमा के लाभ अग्रता के आधार पर सुलभ करवाए जाते हैं।

चिकित्सालय भण्डारों की आपूर्ति

प्रत्येक अस्पताल विभिन्न प्रकार के सामान की बड़ी मात्रा में नियमित आपूर्ति की व्यवस्था करते हैं। भण्डारों के मुख्य विषयों में दवाईयाँ, औजार, फर्नीचर, खाद्य सामग्री, आदि सम्मिलित हैं। बड़े अस्पताल में एक स्थायी सेवा एवं आपूर्ति विभाग नियमित रूप से सामान की आपूर्ति नियोजन, हिसाब-किताब, उपयोगी वस्तुओं का सुधार एवं अनावश्यक वस्तुओं को बाहर करते हैं। इसके साथ-साथ वे जल आपूर्ति, विद्युत, वातानुकूल प्रणाली अस्पताल के कूड़े-कचरे फेंकने, अस्पताल की सम्पत्तियों की सुरक्षा, पुराने फ़र्नीचर की देखभाल एवं ठीक करने, टेलीफोन की व्यवस्था एवं आन्तरिक सेवाएँ आदि को बनाये रखते हैं। सी. पी. ओ. के छोटे अस्पतालों में रख-रखाव कार्य में एक फार्मासिस्ट या उपलब्ध लिपिक कार्यरत होते हैं।

चिकित्सा भंडार

चिकित्सा भण्डार सिर्फ औषधि एवं रसायनों की बड़ी लम्बी सूची नहीं है बल्कि सम्बन्धित वस्तु जैसे सीरिंज-नीडिल, ट्रेनिंग एवं पट्टी के सामान, इन्फ्यूजन सेट्स, प्रयोगशाला एवं एक्सरे केमिकल, ऑक्सीजन सेलेंडर, सर्जिकल इन्स्ट्रयूमेन्टस स्टेरीलाइजेसन करने की और जारें, ग्लोब, आदि अनेक वस्तुएँ सम्मिलित हैं। सभी सरकारी अस्पतालों में दवाईयाँ एवं चिकित्सा सामग्री की भारी मात्रा में आपूर्ति शासकीय मेडिकल भण्डारों (एम. एस. डी.) से प्राप्त करते हैं। जो करनाल, दिल्ली, कलकत्ता, गोवाहाटी, मद्रास एवं बंबई में स्थित है। समीप-समीप स्थित एम. एस. डी. से ही माल संग्रह से आवागमन में देरी एवं अत्यधिक वाहन खर्च को टाल सकते हैं। भण्डार विशेष मांग पर शल्य चिकित्सा औजारों, ओ. टी. के समानों, अनएसथेटिक वस्तुयें स्टेरीलाइजेशन औजारें, ई. सी. जी. मशीन आपूर्ति करते हैं। शायद कोई भंडार आपूर्ति न कर रहा हो तो उन्हें अधिकृत अधिकारी की स्वीकृति एवं अधिमंजूरी के पश्चात् खरीदी की सभी औपचारिकताएँ पूरी करके खुले बाजार से खरीदी जाती हैं। अनावश्यक ज्यादा भण्डार को टालने की कोशिश की जाती है और शायद यदि किसी वस्तु का अधिक भण्डारण हो जाय तो उन्हें आवश्यंक करने वाली इकाई के पास निर्धारित समय समाप्त होने के पूर्व ही भेज दिया जाता है। शासकीय भण्डार को क्षति से बचाने के लिए एवं आवश्यक करने वाले रोगियों की तंगहाली टालने के लिए समय रहते स्थानांतरित कर दिया जाना मुनासिब है।

भण्डार सामान्य

चिकित्सालय के दैनिक व्यवहार के लिए बहुत सा सामान्य सामान आवश्यक होता है उनमें से महत्वपूर्ण हैं- फर्नीचर, बाल्टी, रोगियों की पोशाकें साफ करने वाले डिटर्जेन्ट, स्वच्छता एवं सफाई विषयक वस्तुएं, पुस्तकें एवं पत्रिकाएँ और अन्य बहुत कुछ है। पुलिस अस्पतालों में अधिकांश सामान्य भण्डार बटालियन की भण्डार, ग्रुप सेंटर्स या निजी पुलिस मुख्यालयों के द्वारा आपूर्ति की जाती है। बजट का यह शीर्षक उदार होता है ताकि सही नियोजन के साथ पर्याप्त सुलभ समान कराया जा सके।

पुलिस रोगियों के लिए खाद्य पेय

पुलिस रोगी जब अस्पताल में भर्ती किए जाते हैं तब वे एक निश्चित वेतनमान तक मुफ्त में खाद्यपेय पाने के हकदार होते हैं। खाद्यपेय पर्ची तैयार करके अस्पताल के डाईट विभाग को एक दिन पूर्व अग्रिम रूप से भेज दी जाती है। खाद्यपेय के प्रकार वर्गीकृत रहते हैं तथा वे सब चिकित्सक के द्वारा परामर्श दिये जाते हैं। मोटे तौर पर खाद्य पेय के वर्गीकरण में शाकाहारी या मांसाहारी होता है। आगे सामान्य भोजन, टी. बी. भोजन, भोजन तरल, डाइबिटिस भोजन जैसे मधुमेह रोगियों के लिए कई प्रकार के खाद्यपेय हैं। रोगी के रोगानुरूप चिकित्सक आगे अपनी इच्छा खासतौर पर बता सकते हैं जैसे कि नमकहीन खाद्यपेय आदि और अनेक राशन वस्तुओं के खाद्यों की परिभाषा खाद्य सूची में दी गई होती है। रसोईगृह में पकाये गए खाद्य रोगियों में दो मुख्य खाने के रूप में रोज (मध्याह्न एवं रात्रि भोजन) जलपान एवं चाय के रूप में परोसे जाते हैं। खाद्य वस्तुएँ इकाई के समावाय दुकानों या अधिकृत आपूर्ति कारक से संग्रह किए जाते हैं। कई खाद्य वस्तुएँ जैसे साग-सब्जी, मांस-मछली, आदि रोज खुले बाजार से खरीदी जाती हैं। एवं सूखी वस्तुएँ हफ्ते भर के लिए खरीद ली जाती हैं। प्रभारी चिकित्सा अधिकारी के पास अग्रिम खर्चे से राशनों के मूल्य अदा की जाती हैं एवं नियमित रूप से बिल पेय एण्ड एकाउन्टस दफ्तर के मुख्य अधिकारी से अंतिम रूप में पास होने के पश्चात् पुनः अदायगी के लिए भेजी जाती हैं।

साधारणतः एक अधीनस्थ अधिकारी राशन संग्रह देखरेख एवं खाद्यपेय बंटन के लिए संवर्ग के प्रभार के होता है एवं जो खर्चों का हिसाब-किताब भी रखता है। उसे एक या दो सिपाही और रसोईया सहायता करने के लिए रहते हैं। चिकित्सक एवं नर्सिंग स्टॉफ नियमित रूप से खाद्य के गुणवत्ता टेस्ट, पकाने के साधनों का सफाई एवं समय पर सेवा आदि की जांच करते रहते हैं। जैसे कि यहां खर्चे की मात्रा में कोई बंधन नहीं होता अतः सभी प्रकार के खाद्यों के स्तर बहुत ऊंचे रखे जाते हैं। रसोईए वर्ग

को सलाह दी जाती है कि वे संग्रामत प्रदूषणों से बचने के लिए ठीक से सफाई साधनों को गरम पानी द्वारा बर्तन को साफ करें।

लाइन कमेटी एवं क्लासिफीकेशन बोर्ड

सभी पुलिस सेनाओं में किसी भी प्रकार के भण्डार के खरीद एवं आगमन के लिए एक लिखित नियम पालन किया जाता है। यही नियम अस्पतालों के लिए भी लागू होते हैं जब भी कोई भण्डार खरीदा जाता है तीन अधिकारियों का एक मण्डल उसे विस्तृत रूप से उसकी गुणवत्ता मात्रा, समापित तारीख एवं भण्डार की जाँच करता है। एक विशेष प्रोफार्में में मण्डल अपनी दृष्टिकोण उपस्थित करता है यही लाइन कमेटी रिपोर्ट कही जाती है, कमेटी कारण दशार्ते हुए किसी भी वस्तुओं को अस्वीकार भी कर सकती है। ये भंडार की कमी नष्ट होने की कुछ हद तक टिप्पणी करते हैं।

अस्पताल की वस्तुओं का जीवन समाप्ति एवं अन्यवहार्य वस्तुओं के लिए गठित वर्गीकरण बोर्ड किसी भी सामान को अपने समक्ष प्रस्तुत करवाये तो, अव्यवहार्य या दुबारा इस्तेमाल न करने भंडारों को नीलामी में दे देने के लिए भेजती है। यही तरीका समयानुसार परिस्थिती है एवं भंडार कार्यकलापों में किसी प्रकार से मालप्रेक्टीस (कदाचार) से बचने के लिए यह बहुत उपयोगी साबित हुआ है।

स्वास्थ्य परिवहन सेवा

पुलिस सेना में स्वास्थ्य परिवहन प्रणाली बड़ी संख्या में एम्बुलेंस वेन एवं अस्पतालों को दी गई अन्यान्य वाहनों से व्यवस्था की जाती है। ये गाडियां अस्पताल के चारों ओर खड़ी रहती हैं एवं आपातकालीन ड्यूटी पर तैनात चिकित्सक मोटर ट्रांसपोर्ट ऑफिसर (एम. टी. ओ.) होता है। जो किसी अस्पताल के स्टॉफ या रोगी सहायक द्वारा अनुरोध करने पर वाहनों के आने-जाने की स्वीकृति देता है। चिकित्सालय का प्रभारी वरिष्ठ चिकित्सा अधिकारी कई डायरी पर औपचारिक रूप से प्रति हस्ताक्षरित करता है। मुख्यालय के पुलिस दफ्तर द्वारा चालक नियुक्ति, तेल लुब्रीकेशन ऑयल आपूर्ति और मरम्मत, वाहन की सर्विसिंग आदि किए जाते हैं। यदि गाड़ी खराब और रास्ते पर जाने योग्य ना हो एवं उसमें तकनीकी खराबी हो तो उसे प्राथमिकता के आधार पर प्रतिस्थापित करते हैं अथवा सुधारने का कार्य किया जाता है। पुलिस एम्बुलेंस की उपयोगिता को संक्षिप्त रूप में इस प्रकार प्रस्तुत किया जा सकता है:

(1) अस्पतालीय आपातकालीन कार्य पर नियुक्त चिकित्सक को किसी प्रकार के आपातकालीन बुलावे पर उसे उसके निवास से चिकित्सालय तक आना-जाना एवं चिकित्सा ऑपरेशन एवं डिलिवरी होने के पश्चात् मरीज को वापस पहुंचाने के लिए उपयोग में लायी जा सकती है।

(2) जब किसी रोगी को पुलिस अस्पताल से किसी बाहरी अस्पताल में विशेष मशवरा या अनुसंधान, विकसित चिकित्सा आदि के लिए पुलिस अस्पताल के किसी चिकित्सा अधिकारी द्वारा संदर्भित किए जाने पर उपयोग में लायी जा सकती है।

(3) सेवा या नागरिक चिकित्साएँ रोगियों को पुलिस चिकित्सालय में स्थानांतरित किए जाने पर लाने व ले जाने के लिए उपयोग में लायी जा सकती है।

(4) कानून एवं व्यवस्था ड्यूटी के समय एम्बुलेंस जख्मी पुलिस कर्मियों को चिकित्सालयों को प्राथमिक चिकित्सा एवं आवश्यक चिकित्सा के लिए लाने व ले जाने के लिए उपयोग में लायी जा सकती है।

(5) कैदियों, अपराधियों की रोग चिकित्सा के लिए जेल से पुलिस चिकित्सालयों या अन्य चिकित्सालयों को लाने व ले जाने के लिए उपयोग में लायी जा सकती है।

(6) यदि रोगी को दूसरे अस्पताल में ले जाना जरूरी हो तो नगर सीमा के बाहर या जिले से बाहर एवं रोगी की अवस्था जब साधारण वाहन से भ्रमण करने के योग्य न हो तो ऐसे रोगी को पुलिस एम्बुलेंस द्वारा स्थानांतरित किया जाना चाहिए। यदि स्थिति ऐसी मांग करती हो तो एक चिकित्सक या पैरामेडिकल स्टॉफ, सहायक के साथ भी जा सकते हैं जो रास्ते में चिकित्सा सेवा सुलभ कराते हैं।

(7) मानवीय एवं लोक-कल्याण कार्य जो पुलिस एम्बुलेंस द्वारा प्रतिपादित किए जाते हैं वे हैं दुर्घटना में जख्मी नागरिकों को दुर्घटना स्थल से नजदीकी अस्पतालों तक पहुँचाने में।

(8) खेलों के समय, अपने साथ लाये पुलिस कर्मी पुलिस वाहन और एम्बुलेंस को जख्मी खिलाड़ियों और अचानक बीमार हुये व्यक्तियों को जिनमें

विशेषत: मूर्छित व्यक्ति, दौरा पड़ना, अचानक शरीर में पानी की कमी होना, घबराहट होना, सांस उखड़ना, पानी में डूबना, गर्मी से चक्कर आदि आने की स्थितियों में रोगियों को तुरन्त चिकित्सा के लिए अस्पताल ले जाने के कार्य में भी प्रयोग करते हैं।

आपातकाल में एक सामान्य नियमानुसार जो भी वाहन उपलब्ध हो उसे एम्बुलेंस के रूप में व्यवहार किया जा सकता है किन्तु एम्बुलेंस के समान डिजाईन की गई गाड़ियों को अन्य कार्यों में लगाना सख्त मना है विशेषकर शव वाहन आदि से बचाना चाहिए क्योंकि तुरंत सफाई, नहाना, निस्संक्रमण करना एवं एक आपातकाल की तैयारी के कारण एक भारी बोझ बन जाता है।

एक सामान्य सरकारी दृष्टिकोण से पुलिस चिकित्सालयों में चिकित्सा व्यवस्थाएँ विशेषकर सी. पी. ओ. अस्पताल पूर्णत: संतोषप्रद स्तर की हैं। इन अस्पतालों की कहानी यद्यपि बहुत पुरानी नहीं है फिर भी आनंददायिनी है। ये विलक्षणीय सफलताएँ प्रमाणित करती हैं एवं समाज पर प्रभाव डालती हैं।

9

परंपराओं एवं प्रक्रियाओं का मूल्यांकन

स्वाधीनता के परावर्तीकाल में भारतीय पुलिस सेनाएँ गहरे परिवर्तनों से गुजरी हैं। सेंट्रल रिजर्व पुलिस फोर्स (सी. आर. पी. एफ.) एवं असम रायफल्स जैसी पुरानी सेनाएँ आकार एवं ढाँचे में तीव्रता के साथ बढ़ती गयी एवं नई सेनाएँ बार्डर सिक्यूरिटी फोर्स (बी. एस. एफ.), सेट्रल इण्डस्ट्रीयल सिकयूरिटी फोर्स (सी. आई. एस. एफ.), इण्डोतिब्बतियन बार्डर पुलिस (आई. टी. बी. पी.), नेशनल सिक्यूरिटी गार्ड (एन. एस. जी.) आदि सेवाएँ विशेष कार्यों के लिये निर्मित हुईं। यहाँ तक कि प्रत्येक राज्य अपनी सशस्त्र सेना शक्ति बढ़ाती गयी एवं होमगार्ड, व्हिलेज, व्हालंटियर फोर्स आदि सहायक सेनाएँ पुलिस सुदृढ़ीकरण के लिये शक्तिशाली रूप में बिगड़ती कानून एवं व्यवस्था तथा परिस्थितियों को सुधारने के लिये उभरीं। देश के विभिन्न भागों में बढ़ते सांप्रदायिक दंगों एवं विद्रोहों के प्रभाव को जिसे क्षेत्रिय सशस्त्र पुलिस सेनाएँ नियंत्रित कर पाने में असफल हो जाती हैं, केन्द्रीय सहायता आवश्यक होती है। इस प्रकार से केन्द्रीय सेनाएँ राज्य पुलिस सेनाओं को सहायता करने के अतिरिक्त अंतर्राष्ट्रीय सीमा पर चौकसी रखते हैं और अपनी नियमित रक्षा करने की भूमिका बनाये रखती है। इन सेनाओं में अधिकतर वृद्धि प्रशासनिक एवं सांग्रामिक दृष्टि से अपनी व्यवस्था का एक संपूर्ण पुनर्गठन करने के लिये बाध्य करती है।

प्रत्येक संगठन एवं प्रत्येक शाखा अपनी स्वयं की प्रणाली एवं प्रक्रिया अपनाती

है। पुलिस सेनाएँ भी कुछ चिकित्सा विषयक प्रणाली अपनाती हैं। यदि प्रत्येक प्रणाली के इतिहास का अध्ययन किया जाये तो उनमें से कुछ अति महत्त्वपूर्ण तिथियाँ हैं एवं अन्य भारतीय स्थल सेना जैसे आर्मी मेडिकल कोर (ए. एम. सी.) से नकल की गयी है। कालांतर में रूपांतर के दौरान ये प्रणालियाँ पुलिस सेनाओं की आवश्यकतानुसार रूपांतरित हो गयी हैं। जिसकी भूमिका स्थल सेना से अलग है। एक आधुनिकीकृत स्थल सेना पैटर्नट जो अपनाने का प्रथम कारण है स्थल सेना ऑफिसरों, सबआर्डिनेंट ऑफिसरों, सिपाहियों का पुनर्संस्थापन एवं तीव्रता से बढ़ती अंतर्वाह एवं द्वितीय स्थल सेना ही अनुसरण करने के लिये एक सुलभ नमूना है। जहाँ से प्रणालियाँ सुगमता के साथ युगों से कार्य करती आ रही हैं। यहाँ तक कि स्थल सेना में ढांचे एवं प्रक्रियाएँ बहुत काल से कार्यन्वित करती शताब्दियों से चली आ रही हैं एवं पुलिस सेना में ऐसे अनिवार्य हैं। प्रत्येक पैरामिलिट्री सेनाओं के ढाँचे में अपने प्रयोग के टेबल में परोसने के पूर्व स्वयं का रंग एवं स्वाद डालती है, उसी तरह जैसे एक टोपी उसे पहनने वाले सिर की आकृति की होती है।

पुलिस सेना चिकित्सालयों में चिकित्सक एवं पैरामिलिट्री स्टॉफ, उपाधियां एवं प्रमाण-पत्र गैरपुलिस संस्थाओं से प्राप्त करते हैं। इसलिये बुनियादी सिद्धांत एवं रोगियों के सेवा की संकल्पना अन्य अस्पतालों की तरह ही समान रहती है। प्रक्रियाओं का उद्देश्य अनुशासन बनाये रखना, स्वयं के सिद्धांतों को उपस्थापित करना एवं सभी प्रकार से स्वास्थ्य-स्तर को उच्च स्तर में रखने में प्रशासन की सहायता करना है। पुलिस सेनाओं की कार्यकारिणी शाखाएँ गैर चिकित्सा पुलिस कर्मचारी रखती हैं। ये प्रणालियाँ इस प्रकार से उपाय खोज निकालती हैं कि ये दानों पक्षों को पूर्णरूप से स्वीकृत होते हैं। कुछ सामान्य प्रक्रियाएँ जैसे कि सिक रिपोर्ट, विशेष सिक रिपोर्ट, वार्षिक स्वास्थ्य निरीक्षण, फ्लोअरों का नियमित निरीक्षण वाहन चालकों के खास ज्ञानेंद्रियों की जाँच, आने-जाने वाले ट्रूपों की स्वास्थ्य परीक्षा, प्रिकोर्स फिटनेस, विद्यालयीन शिशुओं का स्वास्थ्य परीक्षण, शिविर क्षेत्र की सफाई एवं स्वच्छता, ऑफिसरों की स्वास्थ्य रिपोर्ट देने आदि हैं। यद्यपि प्रत्येक प्रणाली अपनी-अपनी विशेषताएँ एवं सीमाएँ रखती हैं। वे पुलिस सेनाओं की आने वाली पीढ़ियों के माध्यम से एक शिष्टतम बनके रह जाती है। इनमें से कुछ प्रणालियों एवं प्रक्रियाओं का विश्लेषण यहाँ किया जा रहा है।

सिक रिपोर्ट प्रणाली

यह मिलिट्री एवं पैरा मिलिट्री सेनाओं में एक बड़ी पुरानी प्रणाली है। जब भी कोई सैनिक बीमार पड़ जाता है एवं ड्यूटी के लिए अक्षम हो जाता है तो अपने

निकटतम अधिकारी को बीमारी संबंधी शिकायत करता है। उस व्यक्ति को जब तक वह स्वस्थ नहीं हो जाता उसे कार्यमुक्त करवाया जाता है एवं बटालियन के प्रभारी चिकित्सक के समक्ष अपने प्लाटून कमांडर या सेक्शन कमांडर द्वारा प्रस्तुत किया जाता है। उसके नोमिनल रोल विवरण (नाम, पद, सैनिक क्रमांक, कम्पनी, बटालियन आदि।) रोगी अभियोग पंजिका में दर्ज किया जाता है। ड्यूटी पर तैनात चिकित्सक यूनिट मेडिकल इंस्पेक्शन रूम (एम. आई. रूम) में उसकी परीक्षा करते हैं। चिकित्सक उसकी स्थायी निदान रिकार्ड या मुख्य रोग विवरण बीमार की गहराई पंजीयन रजिस्टर में दर्ज करते हैं। रुग्णता की गहराई के वर्गीकरण की प्रणाली पहले से ही नियमों में प्रावधान है। वर्ग के अनुसार चिकित्सक उसके लिए, उस दिन में पूर्ण आराम, हल्के कार्य या पूर्ण कार्य की सिफारिश करते हैं। उसकी टिप्पणी अगले 24 घंटे तक या अगली सिक रिपोर्ट कार्यवाही समय तक लागू रहती है। उसके पश्चात् परिस्थिति का पुनरावलोकन किया जाता है एवं नवीन टिप्पणियाँ जारी की जाती हैं। कुछ योग्य मामलों को चिकित्सालय में भर्ती किया जाता है या अस्थायी रूप से चिकित्सालय में "डिटेन" रखा जाता है। यूनिट स्तर पर जिन मामलों की व्यवस्था नहीं की जा सकती है, उसे निकटतम चिकित्सालय को बेहतर जाँच एवं चिकित्सा के लिये भेज दिया जाता है।

वास्तव में सिक रिपोंट की कार्रवाई दिन के प्रथम घंटों में क्रमों के साथ आरंभ किये जाते हैं। इसके पश्चात् यदि कोई सदस्य बीमार पड़ता है तो उन्हें "स्पेशल सिक रिपोर्ट" में उपस्थापित किया जाता है एवं उसी प्रकार की प्रक्रिया अपनायी जाती है। किन्तु सामान्यत: वे जो प्राय: सिक रिपोंट के समय पंजीकृत नहीं हो पाते हैं, उन्हें बिना किसी कार्यालयीन कार्यवाईयों के ओ. पी. डी. में चिकितसित किया जाता है। उन रोगियों को जो अचानक दिन के अपूर्णकाल में बीमार पड़ जाते हैं उन्हे तात्कालिक चिकित्सा में लाया जाता है एवं बिना सिक रजिस्टर की अपेक्षा किए प्रमुखता के आधार पर चिकित्सा की जाती है एवं औपचारिकता बाद में पूर्ण कर ली जाती है।

सिक रिपोर्ट प्रणाली के पीछे बुनियादी पहलू हैं। प्रथमत:, सेवा का सदस्य उसकी छुट्टी या वेतन पर किसी भी प्रकार का प्रभाव पड़े बिना वह चिकित्सक की सिफारिश के आधार पर आराम कर सकता है या हल्का काम दिया जा सकता है। यह शासन द्वारा सशस्त्र सेनाओं को दी जाने वाली विशेष सुविधाओं में से एक है जो दिन और रात अपने जन्म-स्थान से दूर एवं परिवार एवं बच्चों से अलग रहकर कार्य करते हैं। द्वितीय, किसी भी प्रशिक्षित सेना की रुग्णता का पूर्ण ज्ञान उसके कमांडर को होना

चाहिए जो उसके दैनंदिनी जीवन के प्रति उत्तरदायी होता है। जिससे कि वह उसके छुट्टी देने की व्यवस्था करने वाले के साथ-साथ उसकी चिकित्सा की समुचित व्यवस्था कर सके। यह मानव-दिवस को भी बचाता है, तथा चिकित्सक के परामर्श का दुरुपयोग द्वारा खतरनाक कार्यों, कड़ी सजा एवं प्रशिक्षण कार्यक्रमों, अचानक भ्रमण, लंबे स्थानांतर आदि से बचने के लिए कोशिश करने वालों को रोकता है। कमांडर अपने सांग्रामिक पदक्षेपों का नियोजन अपने अधिकतम सुलभ मानविक शक्ति के अनुसार करता है। अत: इस अहम मेडिकल प्रक्रिया के अंतराल जो दर्शन है वह पूर्णत: व्यावहारिक, आपरेसनाल तथा शक्ति नियोजन एवं स्वास्थ्य देखभाल का भाग है।

किंतु सामान्य अवलोकन से राज्य एवं केन्द्र पैरामिलीट्री सेनाओं के पुलिस चिकित्सालयों में प्रणाली पूर्णरूप से त्रुटिपूर्ण पाई गई है। चिकित्सालय इन ट्रूपों के एक बहुत बड़े जनसमूह को देखती है किंतु उनमें से मात्र 2-5 प्रतिशत ही कार्यालयीन सिक रिपोर्ट पंजीयन में दर्ज होते हैं। स्पष्टत: इसका अर्थ है कि चिकित्सालयों में पुलिस जवान अपना इलाज तो कराते हैं पर सिक रिपोर्ट से अलग रहकर। यह एक उच्च पुलिस अधिकारियों के मन में एक गलत धारणा उत्पन्न करता है कि पुलिस सेना चिकित्सालयों में पर्याप्त काम नहीं रहता है। जबकि वास्तव में कार्यभार काफी है। क्योंकि वरिष्ठ अधिकारीगण सिक रिपोर्ट की कार्यालयीन सांख्यिकी के आधार पर चलते हैं। इस प्रकार की भावनाएं उत्पन्न होना अनिवार्य है। वास्तव में स्थानीय कमांडर अप्रत्यक्ष रूप से "ऑफ रिकार्ड" चिकित्सा मानव-शक्ति के अभाव के बहाने अनुमति देते हैं। सिर्फ जो कुछ छुटकारा चाहते हैं तो ठीक प्रक्रिया अपनाई जाती है। एक रूढ़िवादी अध्ययन जैसे कि लोग कार्यालयीन सिक रिपोर्ट के माध्यम से चिकित्सालय में उपस्थिति को क्यों नकारते हैं एवं बिना किसी कार्यालयीन औपचारिकता पालन किये चिकित्सित होना चाहते हैं, कुछ अवलोकन इस प्रकार हैं :

(1) अज्ञानता—इस प्रकार की प्रक्रिया का व्यवहार में होने के बारे में ट्रूपों को उनकी बेसिक प्रशिक्षण के समय गंभीरता के साथ नहीं बताई जाती। इसलिए पुलिस चिकित्सालयों एवं नागरिक चिकित्सालयों में अन्तर ठीक रूप से उनकी समझ में नहीं आता। प्रचलित प्रथा के अनुसार सिक रिपोर्ट प्रणाली के माध्यमों सुविधा सिर्फ उन्हीं को सुलभ होती है जो ड्यूटी से छुटकारा चाहते हैं। इस तरह पुलिस सेना के चिकित्सालय में प्रणालियां एवं सेवाएं सिर्फ सुविधा के लिए ही व्यवहार में होती हैं, न कि उसे रेजिमेंटल परेड के रूप में। सही नियमों का ज्ञान एवं स्पष्ट शिक्षा के माध्यम से अनियमितता को दूर किया जाना चाहिए।

(2) सर्विस रिकार्ड—जवानों की रुग्णता कार्यालयीन कागजात जैसे सिर्फ रिपोर्ट रजिस्टर, मेडिकल हिस्ट्री शीट एवं चिकित्सालय रिकार्ड में दर्ज किए जाते हैं। बीमारियां जैसे यौन रोग, चर्म रोग एवं अन्यान्य बहुत सी परिस्थितियां विभागीय जाँच, दण्ड एवं खराब सेवा रिकार्ड की ओर अग्रसित होती हैं। अतएव पुलिस कर्मी विभागीय सेना चिकित्सालय के चिकित्सक को बीमारी का पूर्ण विवरण देने से टालने की कोशिश करता है। वे प्राइवेट चिकित्सकों या बाहरी चिकित्सालयों की चिकित्सा को अग्राधिकार देते हैं जहां विभागीय पाबंदी अप्रभावित रहती है।

(3) आर्थिक कारण—जवान दूरस्थ व सांग्रामिक स्थान में नाममात्र की दैनिक भत्ता कार्य में उत्साह होने के लिए एवं शारीरिक एवं सांगठनिकता उद्धीपक होने के लिये प्राप्त करते हैं। जब कर्मचारी चिकित्सालयों में भर्ती होते हैं या विश्राम के लिए परामर्श दिए जाते हैं तो इस प्रकार के भत्ते काट दिए जाते हैं। कर्मचारीगण इस प्रकार की आर्थिक क्षति से डरते हैं एवं इसलिए सिक रिर्पोट को अंतिम रूप से टालते हैं।

इस तरह से सुनिश्चित नहीं किया जा सकता कि प्रणाली अपनी उपयोगिता खो चुकी है। बल्कि विभागीय या सांगठनिक उद्देश्य की अपेक्षा व्यक्तिगत उद्देश्य को अधिक पूरी करता है। स्टॉफ जिन्हें की ये कार्य करने चाहिए, वे गंभीरता से इस प्रणाली को लागू नहीं करते। चिकित्सक एवं चिकित्सा शाखा इसका दुष्परिणाम सहन करते हैं। उन्हें गलत ढंग से अपर्याप्त कार्य करने के लिए आरोपित की जाती है।

वार्षिक मेडिकल निरीक्षण

चिकित्सा ब्रांच सेना की संपूर्ण चिकित्सा देख-रेख, सेवा, स्वास्थ्य स्तर एवं अपनी रूपरेखा में नैतिकता के स्तर को बनाए रखने के लिए समर्पित होती है। अन्य शब्दों में ट्रूपों को सर्वदा "फाइटिंग फीट" बनाए रखने चाहिए। सेना के सभी सदस्य यद्यपि वे स्पष्ट रूप से स्वस्थ हैं तो भी उन्हें औपचारिकता के तौर पर चिकित्सा निरीक्षण से गुजरना होता है। यह प्रक्रिया स्थल सेना में नियमित चिकित्सा निरीक्षण के रूप में कभी-कभी प्रत्येक माह में अपनाई जाती है। यह स्थल सेना के लिए संभव हो सकती है क्योंकि शायद उनकी सैनिक टुकड़ियाँ अति निकट फैली हुई होती हैं एवं संपूर्ण बटालियन जनसंख्या में प्रखंड चिकित्सक बड़ी मात्रा में होते हैं। किन्तु पैरामिलिटरी सेनाओं में ट्रूपें बहुत दूर-दूरान्तर प्रान्तों में फैली होती हैं, कभी-

कभी देश की अन्य सीमान्त में या उन स्थानों में जहां वाहनों का आवागमन नहीं हो सकता, फैली रहती हैं। इन हालात में वर्ष में सिर्फ एक बार ही दूर स्थित चिकित्सा अधिकारी का पूरी कोशिश के साथ निरीक्षण संभव हो पाता है एवं कमान ऑफिसर को रिपोर्ट भेज दी जाती है। यह प्रणाली अभी भी सक्रिय रूप से प्रयोग में सभी पुलिस, पैरामिलिटरी एवं सहायक सेनाओं में लाई जाती है। यद्यपि गंभीरता का स्तर एवं कार्यालयीन व्यवस्था में अंतर होता है।

प्रत्येक सेना के सदस्यों की वार्षिक चिकित्सा परीक्षा के उद्देश्य नीचे संक्षेप में इस प्रकार दिये जा रहे हैं :

(1) प्रशिक्षित पुलिस सेनाएं निर्वाध रूप से सरकार को प्रशासन करने में सहायता करती हैं। अतएव प्रशिक्षित शक्ति अर्थात् अस्वस्थता एवं मृत्यु संख्या वृद्धि राजकोष पर भारी बोझ पड़ता है। सेना की स्वास्थ्य रक्षा राष्ट्रीय हित में है।

(2) पुलिस कर्मचारियों में किसी स्पष्ट रोग निदान एवं प्राथमिकता के साथ चिकित्सा या किसी संदेहास्पद मामलों में उस आदमी को उसके संबंधित विशेषज्ञ के पास चिकित्सा हेतु भेजा जाता है जैसे पाथलजीकॉल या एक्स-रे जाँच आदि के साथ आवश्यक कार्यवाही करना।

(3) आयु वृद्धि के कारण स्वास्थ्य स्तर में बदलाव को नोट करना। यद्यपि ये परिवर्तन प्राकृतिक हैं फिर भी कुछ व्यक्तियों में तीव्रता से प्रदर्शित होते हैं जबकि कुछ एक के स्वास्थ्य में प्रभाव को धीमी गति से प्रदर्शित करते हैं। हृदय-श्वास संबंधित प्रतिक्रियाओं का व्यायाम पर प्रभाव, दृष्टि स्तर, हाथ-पैर की अवस्था आदि का सही रिकार्ड दर्ज किए जाने चाहिए। स्वास्थ्य में गंभीर परिवर्तन स्वतः उसे पुलिस ड्यूटी, संतरी ड्यूटी, रात्रि ड्यूटी एवं आपातकालीन ऑपरेशन ड्यूटी आदि करने के अयोग्य बना देता है।

(4) कुछ बीमारियाँ जीवन के आखिरी छोर में पनपती हैं। जैसे टांगों की नसों में सूजन आ जाना, मोतियाबिंद आदि अरोग्य करने लायक परिस्थितियां हैं। इस प्रकार की बीमारियों की उपस्थिति सक्रिय कार्य में बाधा डालती हैं। अतएव शीघ्र चिकित्सा से साधारण जीवन बिताने से सहायता करती हैं। टिक, ट्यूमर, कमर दर्द एवं वात रोग जैसी बीमारियाँ दुःसाध्य हैं।

(5) मानसिक क्रियाशीलता का अध्ययन, आयु उत्तरदायित्व, परिवार से चिन्ता एवं ड्यूटी में दवाओं की वृद्धि के साथ-साथ कुछ व्यक्तियों की मानसिक क्रियाओं में गंभीर परिवर्तन एवं अविस्मृतता के चिह्न दिखाई देते हैं और असंगत बातचीत बढ़ जाती है। इस प्रकार की परिस्थितियों का शीघ्र निदान किया जाना चाहिए एवं चिकित्सा की जानी चाहिए। निर्णय की सटीकता दुर्घटनाओं से बचने के लिए आटो चालकों हेतु बहुत ही महत्वपूर्ण है।

(6) व्यक्तिगत स्वास्थ्य के आदर्श स्तर निश्चित करने के लिए, चर्म रोगों की पहचान, संदेहजनक पैच एवं कुष्ठ रोग से त्वचा का संज्ञाहीन होना, यौन रोगों के लक्षण, अविश्लेषित वजन में कमी आदि प्रकार के मामलों में संबंधित व्यक्तियों को सलाह दी जाती है एवं आगे की चिकित्सा हेतु मार्गदर्शित किया जाता है।

(7) किसी विशेष रोग से अस्पताल में दाखिला, दुर्घटना, गहरी चोट, विकृति आदि को मेडिकल हिस्ट्री शीट में दर्ज करना चाहिए। यह विवरण पुलिस कर्मी को सेवा में सुविधाएं एवं निश्चित समय में आर्थिक सहायता करता है।

(8) टीकादान का रिकार्ड एवं अन्यान्य रक्षाकारी एवं रोग विरोधी उपाय का रिकार्ड रखा जाता है। संक्रमणशील बीमारियों के रिकार्ड, जो भूतकाल में ग्रस्त हुए थे, उनमें शैशवावस्था भी महत्वपूर्ण है।

उपर्युक्त परिगणना न तो पूर्ण है न ही समुचित। स्वास्थ्य परीक्षक दल रोग मुक्त उच्च स्वास्थ्य स्तर बनाए रखने में अपनी बारीक कुशलता का प्रयोग कर सकता है। प्रायोगिक रूप से सभी प्रणालियां बेडसाइड व्यवस्था के माध्यम से अवश्य निर्धारित होनी चाहिए एवं वार्षिक स्वास्थ्य परीक्षा के दौरान किसी भी रोग प्रक्रिया या एर्जी प्रणाली खोज निकालने में अधिकतम कोशिश की जानी चाहिए। छोटी-छोटी खराब आदतें, नशाखोरी जैसे स्वास्थ्य समस्याओं के लिए मौखिक चेतावनी बहुत है। जबकि सभी मुख्य बिन्दुओं को उचित कॉलमों में दर्ज किया जाना चाहिए। टूपों की स्वास्थ्य समस्याओं, सफाई एवं स्वच्छता के बारे में चिकित्सा अधिकारी यूनिट कमांडर को रिपोर्ट भेजने के पूर्व कंपनी कमांडर से आलोचना कर सकते हैं।

टूपों की वार्षिक निरीक्षण रिपोर्ट पर अनुपालन कार्यवाही यूनिट कमान्डेंट, कंपनी

कॉमांडर एवं स्वास्थ्य अधिकारी की समन्वित कार्यवाही द्वारा की जाती है। निरीक्षण के दौरान पाये जाने वाले किसी विशेष रोग से पीड़ित जवान का मामला कुछ निम्न तरीकों से सुलझाया जाता है :

(1) मामूली रोगों तथा व्यक्तिगत स्वास्थ्य स्वच्छता आदि संबंधित विषय पर व्यक्ति को उसी स्थान पर मौखिक परामर्श दिया जाता है।

(2) वे व्यक्ति जिनकी बीमारी उपचार योग्य होती है उन्हें सिक रिपोर्ट में अस्पताल या एम. आई. रूम में शोधन एवं चिकित्सा के लिए बुलाया जाता है। चिकित्सा की नियमितता के लिए योग्य मामलों को चिकित्सालय में भर्ती किए जाते हैं। संक्रामकीय अवस्था वालों को पंक्ति से अलग कर दिया जाता है।

(3) यूनिट स्तर पर यदि किसी परिस्थिति में शोध या चिकित्सा सुविधाएं उपलब्ध नहीं होती हैं तो ऐसे मामलों को अपने सेना के बड़े अस्पताल में या निकटतम किसी सिविल या सैनिक अस्पताल में उसके रोग के पूर्ण आरोग्य हेतु संदर्भित किया जाता है।

(4) चिरकालिक रोग के मामले सूच्यांकित किए जाते हैं एवं नियमित पुनरावलोकन किए जाते हैं। उन्हें नियमित चिकित्सा के साथ-साथ कुछ रियायती के साथ सीमित समय के लिए ड्यूटी करने की अनुमति दी जाती है। फील्ड एरिया में जो कठिन ड्यूटी या ऐसे ही दीर्घकालीन ड्यूटी नहीं कर सकते या करने से उनके स्वास्थ्य के अवनति का कारण बने उन्हें स्थाई संस्थाओं, शांति क्षेत्रों या यूनिट में ठीक कार्य पर नियुक्त कर दिए जाते हैं।

(5) स्थाई विकलांगता, अनारोग्य बीमारियों, सामर्थ्य से बाहर बीमारी एवं वे जो लम्बी चिकित्सा के बावजूद भी पूरी ड्यूटी में आने की आशा नहीं रखते, उन्हें मेडिकल बोर्ड के समक्ष उपस्थित किया जाता है। मेडिकल बोर्ड जितनी जल्दी हो सके प्रशासनिक अनुमोदन के पश्चात् अपना निर्णय देते हैं। मानव-दिवस की क्षति से बचने के लिए ये जरूरी है तथा उसे सेवा एवं रुग्णता के लाभ मिल सकें और खाली पद शीघ्र भर सकें।

(6) कुछ अशक्त मामले कम परिश्रम प्रकृति की नौकरी के योग्य पाए जाते हैं। उन्हें गैर-सरकारी या रेजीमेंट संस्थानों में जैसे कल्याण केन्द्रों,

मांटेनसरी विद्यालयों, वनस्पति बगीचों, गैस एजेंसियों, अस्थाई खेलकूद कार्यक्रमों में स्टालमेन आदि उसकी क्षमता के स्तर पर आधारित पुनः संस्थान किया जाता है।

यह प्रणाली लड़ाकू फौज के स्वास्थ्य की बुलन्दी कायम रखने के लिए बहुत बढ़िया एवं किसी भी प्रकार की बीमारी क्रिया, पौष्टिक कमजोरियों, उम्र का प्रभाव, मानसिक स्थिति, आसाधारण व्यवहार आदि जब स्वास्थ्य परीक्षा के लिए अतिसावधानी के साथ कवायत कराये जाते हैं तो बीमारियों की उपस्थिति का पता चलता है। निम्न अनेक कारणों से यह काम कभी भी पूरा नहीं होता है और न ही व्यावसायिक निष्ठा के साथ की जाती है। जब भी किसी प्रकार की कमजोरियां पाई जाती हैं तो लोगों को उनको सुधारने के सम्पूर्ण अवसर नहीं दिए जाते।

जो लोग छुट्टी, ड्यूटी या खेल-कूद के कारण दूर होते हैं वे इस सुविधा से वंचित रहते हैं। कुछ व्यक्ति स्वास्थ्य चेक-अप से वंचित रह जाते हैं जैसे कि वे स्पोर्टस ड्यूटी में महीने-महीने यूनिट से बाहर रहते हैं। हमेशा एक ऐसा दल होता है जो वार्षिक छंटनी को टालने एवं रास्ते काटने के उपाय करते हैं इस भय से कि कहीं उनकी बीमारी पकड़ी गई तो उन्हें नौकरी से हाथ धोना पड़ेगा। कुछ अपनी लैंगिक या यौन व्याधियों को दण्ड पाने के भय से छिपाते हैं।

यद्यपि यह एक यूनिट कमांडेन्ट, कम्पनी कमांडर एवं चिकित्साधिकारी की समन्वित कार्यवाही है फिर भी यह काम चिकित्साधिकारी के उत्तरदायित्व पर छोड़ दिया जाता है जिसका कि फौज पर कोई प्रत्यक्ष प्रशासनिक नियंत्रण नहीं होता। यह कहना विषयोतर नहीं होगा कि यह सेना की बहुत बड़ी स्वास्थ्य सर्वे अकसरसाइज होने की वजह से इसे हल्के से नहीं लिया जाना चाहिए, जितना कि अन्य कार्यालयीन औपचारिकताओं को लिया जाता है। सेवा के सभी वर्गों की अच्छी समन्वित कार्यवाही की जानी चाहिए जिससे कि सेना की कठिन कार्य करने वाले ग्रूपों का स्वास्थ्य एवं दुरूस्ती बनाए रखने के लिए सहायक होगा।

भोजन परिचालन करने वालों का स्वास्थ्य निरीक्षण

सशस्त्र पुलिस सेनाओं में एक सार्वजनिक रसोईघर से खाद्य बैरकों में अकेले रहने वालों को वितरित किए जाते हैं। जब भी बड़ी मात्रा में भोजन तैयार किया जाता है परिचालन करने वाले अनेक सदस्य होते हैं एवं संदूषण होने का बहुत ही मौका होता है। ये सेवा में रहने वाले जैसे रसोईया, जल वाहक, मैस सिपाही एवं मैस अन्डर

ऑफिसर्स संभावित रूप से असंख्य रोगों के स्रोत होते हैं। वे पारासाइटिक रोगों जैसे राउण्ड वर्मि, हुक वर्मि, कृमि, अमीबिया, इनफेक्टीव्स हैपाटाइटिस, आंतरिक ज्वर (टाईफाइड एवं वारा टाईफाइड), हैजा, पेचिस, खाद्य विषाक्तता आदि के संवाहक होते हैं। जन्मजात बीमारियां सूची में और जुड़ जाती हैं। पोलियो, आयोडीन अभाव, ऑरसेनिक एवं लेड पइजनि, फलोरोसिस आदि जलजात बीमारियाँ भी फैलती हैं। किसी भी प्रकार की बीमारियों से संक्रमित परिचालक जिस सम्प्रदाय को वह खाना परोस रहा है उनके लिए वह अन्तर्निहित खतरे से पूर्ण है उनमें से कुछ संक्रमित नहीं होते हैं बल्कि वाहक होते हैं एवं वे भी समान रूप से खतरनाक होते हैं।

पुलिस सेवा के इन खाद्य परिचालकों का नियमित निरीक्षण रसोईघर में विस्तृत रूप से प्रत्येक व्यक्ति की आन्तरिक या बाह्य रोगों की जाँच से किया जाता है। नाखून, बाल, शरीर आदि की सफाई भी देखी जाती है। इन परीक्षणों के अतिरिक्त रक्त में होमोग्लोबिन के स्तर एवं अंतड़ियों में परजीवी कृमियों की उपस्थिति की टट्टी की जांच (माइक्रोस्कोपिक) प्रति तीन माह में प्रमाण के लिए दी जाती है। टाईफाइड ज्वर जैसी बीमारियों के वाहन स्तरों का निर्णय करने के लिए वरिष्ठ एवं विशेष परीक्षण वर्ष में एक बार होता है। कुछ केन्द्रों में इन व्यक्तियों को कृमिहीन बनाने के लिए नियमित दवाईयां दी जाती हैं जिससे रोग प्रतिशोधन को निश्चित किया जा सके।

यह प्रणाली पुलिस सेवाओं में अपनाई जाने वाली सर्वोत्तम जन स्वास्थ्य कार्यवाहियों में से एक है। यह सभी केन्द्रीय पुलिस सांगठनीक अस्पतालों में अति सतर्कता के साथ अपनाई जाती है। क्षेत्र संगठनों जैसे ड्यूटी बटालियनों, डिटैचड कम्पनियों, जंगल कैम्पस्, स्पोर्टस् मीट, सरमोनिअल परेड संभावों आदि में यह प्रणाली बहुत ही प्रायोगिक उपयोगिता रखती है। किन्तु दुर्भाग्यवश इस प्रकार के परीक्षणों की व्यवस्था ऐसे क्षेत्रों में नहीं है। रसोईये एवं जलवाहक कार्य व्यस्त लोग हैं। ये प्रभात काल से लेकर अर्द्ध रात्रि तक काम करते हैं। इनका कभी भी अवकाश नहीं होता। कभी भी ट्रूपों एवं रंगरूटों की वृद्धि के साथ-साथ इनके कार्यभार भी बढ़ सकते हैं। ये वास्तव में न तो अपने सही रोग की चिकित्सा करवा पाते हैं और न ही अपने रुग्ण परिवार को एम. आई. रूम में ही ले जा पाते हैं। दृढ़ स्वास्थ्य पदक्षेप में अस्वस्थता दर को विशेषकर संक्रामक बीमारियों को पूर्णरूप से कम कर सकती है।

वास्तव में यह प्रक्रिया सिर्फ भोजन परिचालकों तक ही सीमित नहीं होनी चाहिए। ऐसे और कई अन्य नौकरों के दल विशेषतः ग्रुप "डी" श्रेणी के साधारणतः "फोलोवर" से संबंधित और अनेक प्रकार के संक्रामक रोग के जैविक स्रोत भी हैं।

वे हैं—नाई, मोची, सफाई कर्मचारी, धोबी, आदि। सभी अनुचर फोलोवर एवं सहायक स्टॉफ की नियमित स्वास्थ्य जांच (परीक्षण) के अंतर्गत लाये जाने चाहिए। पुलिस सैनिक अस्पताल स्टॉफ की एक लम्बी कतार "ग्रुप सी" और "डी" सभी वर्ग में बीमारों के संस्पर्श में आते हैं एवं बीमारियां जैसे- टी. बी., संक्रामक एवं वाइरस यकृत शोध एवं एड्स आदि के फैलाव के संवाहक हैं क्योंकि वे संक्रमित वस्तुओं एवं वस्त्रों को स्पर्श करते हैं। इस संवर्ग के कर्मचारियों को भी पुलिस सेना के तहत भलाई के लिए संभावित बीमारियों के विरुद्ध रक्षा की जानी चाहिए।

अधिकारियों का स्वास्थ्य परीक्षण

सेवाओं के वरिष्ठ अधिकारीगणों की ओर अधिक शिक्षित, विशिष्ट एवं स्वास्थ्य के प्रति जागरूक होने की उम्मीद की जाती है। वे दल की निगरानी, व्यवस्था एवं कमान करते हैं। वे अनुशासन, नैतिकता, सांग्रामिक दक्षता एवं कल्याण तथा अधिप्रशासन, अर्थव्यवस्था एवं वर्दीधारियों के प्रशिक्षण की व्यवस्था करते हैं। उनके कार्य की प्रकृति शारीरिक व्यायाम कम एवं मानसिक व्यायाम अधिक की मांग करते हैं। सिर्फ स्वास्थ्यवान अधिकारी ही सेवा को उच्च स्तरीय नेतृत्व दे सकते हैं। उनके साधारण कार्य के दौरान वे बड़ी मात्रा में चिन्ता एवं दबाव प्राप्त करते हैं जो रोग प्रक्रियाओं का विकास करती हैं। ये रोग प्रक्रियायें जब जल्द ही पकड़ ली जाती हैं तो उनकी उत्तम व्यवस्था की जा सकती है एवं पीड़ित व्यक्ति को गहरी क्षति या अनर्थ होने से बचाया जा सकता है।

भारतीय स्थल सेना इस बात को ध्यान में रखते हुए बहुत समय पहले से ही अनिवार्य रूप से सभी कमशीन्ड अफसरों के लिए स्वास्थ्य परीक्षण प्रारम्भ कर दिया है एवं सी. पी. ओ. इसी प्रकार प्रयोग प्रारम्भ कर दिया है। कुछ प्रांतीय पुलिस विशेषकर उनकी सशस्त्र शाखाएँ भी इसी पदचिह्नों का अनुसरण कर रही है। यही प्रणाली आइ. ए. एस. अफसरों के लिए भी पहले से ही लागू हो चुकी थी क्योंकि वार्षिक गुप्त रिपोर्ट प्रोफार्मा में एक स्तम्भ जैसे कि "स्टेट ऑफ हेल्थ (स्वास्थ्य स्तर)" थी। कोई भी रिपोर्ट करने वाला अफसर बिना डॉक्टर के परामर्श लिए संशय करने का दुस्साहस नहीं रखता एवं जब इसकी विशेष आवश्यकता पड़ती तथा सुविधाएँ सुलभ होती तो रिपोर्ट और ही विस्तृत हो जाती थी। चिकित्सा अधिकारी पूर्णरूप से अफसरों की स्वास्थ्य परीक्षा दृष्टि की तीक्ष्ण जाँच, ई. सी. जी., एक्स-रे, टट्टी पेशाब एवं रक्त की नियमित परीक्षा, शक्कर, कोलास्ट्राल एवं यूरिया आदि के लिए रक्त का बायो-केमिकल परीक्षण आदि करता है। क्लीनिकल रिपोर्ट के आधार पर चिकित्सक अन्य

किसी विशेष परीक्षा के लिए निर्देश दे सकता है। सभी परीक्षणों का स्तर गुप्त कवर के अन्दर रिपोर्टिंग ऑफिसर के पास भेज दी जाती है। ऑफिसर अपनी राय साधारण शब्दावली जैसे कष्टप्रद कार्य करने में अयोग्य आदि शब्द भी जाहिर करता है।" सभी प्रयोगों का प्रतिफल अवश्य मौखिक रूप से ऑफिसरों को अवगत करते हुए प्रत्येक सकारात्मक रिपोर्ट का महत्व समझा दिया जाता है। जिससे चिकित्सा अवहेलित न रह जाए।

एक सामान्य अवलोकन में वार्षिक स्वास्थ्य मूल्यांकन कार्यक्रम प्रभावित अफसरों द्वारा ठीक ढंग से नहीं किया जाता है। वे इस प्रक्रिया से बचने का प्रयत्न करते हैं। जब तक उन्हें ऐसा करने के लिए बाध्य नहीं किया जाता। स्पष्टतया ऐसा जीवन वृत्त में विपरीत प्रभाव होने की आशंका रहती है। ऐसे अधिकारी इस प्रणाली के सकारात्मक पक्ष को भूल जाते हैं। यहाँ वरिष्ठ अफसरगण अपने अधीनस्थ कमान ट्रूप के लिए आदर्श नमूना बन पाने में असफल हो जाते हैं, नहीं तो वे स्वयं वार्षिक परीक्षण के लिए आगे आते। आज के दबाव एवं तनाव के प्रभाव किसी भी अफसर को अज्ञात नहीं हैं। कोरोनरी हार्टडिजिस, एसीट प्रेपटीक डिजीज, डाइबिटिज, हाइपर टेंशन, मस्तिष्क विकृति सेरेब्रो मस्कूलर स्ट्रोंक आदि कार्यकारी व्यवस्थापकों में बहुत ही सामान्य है। यहाँ तक कि रोगों की अनुपस्थिति में आयु की प्रणाली भी स्वास्थ्य पर अपना प्रभाव डालती है। इनकी जल्दी जानकारी एवं अन्य अवस्थाएँ व्यवस्थापन में और अधिक संतोषप्रद सहायता करती है। जब भी संभव हो अल्ट्रा सोनोग्राफी, स्ट्रेस टेस्ट एवं ईकीकॉर्डिओग्राफी भी परीक्षणों की सूची में सम्मिलित किया जाना चाहिए।

सहनशक्ति परीक्षण तथा आवागमन रोकथाम (क्वारन्टाइन)

अनेक अवसरों पर सशस्त्र पुलिस सेवा चिकित्सकों को कहा जाता है कि वे अचिकित्सीय-वैधानिक उद्देश्यों से स्वास्थ्य स्तर या व्यक्तियों की दुरूस्ती पर अपने विचार उपस्थित करें। इस प्रकार के सभी उद्देश्यों को दो मुख्य भागों में विभक्त किया जा सकता है—सहनशक्ति एवं क्वारन्टाइन।

सहनशक्ति की परीक्षा तभी की जाती है जब व्यक्ति विस्तृत प्रशिक्षण पाठ्यक्रम में प्रवेश करता है क्रीड़ा कार्यक्रमों में भाग लेता है, उच्च पर्वतशृंखला में ड्यूटी के लिए जाता है आदि। इस प्रकार से सभी मामलों में व्यक्ति को न सिर्फ रोग मुक्त होना चाहिए वरन् एक पर्याप्त सहनशक्ति का स्तर जैसे व्यायाम को सहन करने की शक्ति, अतिरिक्त दबावों के खतरे को सहन कर सकने की शक्ति एवं अत्यधिक खराब मौसमों को सह पाने की शक्ति की भी आवश्यकता होती है। सामान्य स्वास्थ्य परीक्षा के साथ

श्रव्य–दृश्य शक्तियों का भी मूल्यांकन किया जाता है या आदमी किस प्रकार के विशेष प्रशिक्षण या व्यायाम के लिए जा रहा है उसे ध्यान में रखते हुए चिकित्सक जिस किसी जाँच को आवश्यक अनुभव कर सकें वह कर सकता है। किसी विशेष कठिन व्यायाम जैसे घाटी, चट्टान चढ़ना, कमाण्डो, निःशस्त्र युद्ध, काउन्टर इनसरजेन्सी, जंगल वारफेयर पाठ्यक्रम या राष्ट्रीय या अन्तर्राष्ट्रीय स्तरों की मुख्य क्रियाओं में भाग लेने में यह अत्यावश्यक हो जाता है कि प्रतिनिधि की दोनों शारीरिक एवं मानसिक स्थितियों का मूल्यांकन किया जाए।

क्वारन्टाइन स्वास्थ्य परीक्षण का उद्देश्य विभिन्न स्त्रोतों से आने वाले लोगों के फैलाव के कारण सशस्त्र सेवाओं के कैम्प को आने वाले संक्रमण से बचाना है। जहाँ तक सिद्धांत का सवाल है नए आने वालों को बैरकों में तब तक रहने की अनुमति नहीं दी जानी चाहिए जब तक उन्हें योग्य घोषित न किया जाए किन्तु इस प्रकार की कड़ी नियंत्रण परीक्षा सामान्यतः सुगम कारणों से व्यवहारिक नहीं है।

व्यक्तियों के जिन संवर्गों का परीक्षण किया जाना चाहिए वे हैं—

(क) यूनिट में नए नियुक्त सभी लोग।

(ख) वे व्यक्ति जो एक महीने से अधिक समय के पश्चात् किसी पाठ्यक्रम, छुट्टी या अस्थायी कार्य से लौट रहे हों।

(ग) वे लोग जो चिकित्सा पृष्ठभूमि पर छुट्टी के पश्चात् लौट रहे हैं।

(घ) वे ट्रूप जो सागर पार सेवाओं से वापस आ रहे हैं विशेषकर उन प्रभावी क्षेत्रों में जो मलेरिया, पीली ज्वर, एड्स आदि अन्तर्राष्ट्रीय स्वास्थ्य नियमों के अंतर्गत आते हैं।

(ङ) वे ट्रूप एवं व्यक्ति जो पेंशन पाने की आयु के पश्चात् भी अपनी सेवा सीमा बढ़ाना चाहते हैं।

(च) वे ट्रूप एवं कर्मचारी जो कैद या पी. ओ. डब्ल्यू. से गुजरने के पश्चात् पुनः बैरकों में लौट रहे हों।

(छ) वे नागरिकगण जो कैंटिन, डेयरी फार्म, बूचड़खाना, नाई की दुकान पर काम करने आ रहे हों।

(ज) वे ट्रूप जो संदूषण से संक्रमित माने गए हैं, जैसे–चिकित्सालय कर्मचारी,

महामारी से आक्रान्त क्षेत्रों से घर से वापस आने वाले कर्मचारी।

(झ) वे स्कूली बच्चे जो बड़ी लम्बी छुट्टी या अभियान आदि के पश्चात् तत्काल शिविरों में रहते हैं।

यद्यपि सरकारी रूप से उपरोक्त परीक्षाएं लगातार ली जाती हैं किन्तु दिये गये मन्तव्य सही ढंग से पालन नहीं किए जाते हैं। कोई भी बना बनाया परीक्षण सहनशक्ति की परीक्षा के लिये पर्याप्त नहीं है। किसी भी एक स्थानीय स्वास्थ्य परीक्षा में चिकित्सक सिर्फ किसी स्पष्ट रोग मुक्त स्थिति का निश्चय कर सकता है। पूर्ण रूप से स्वस्थ प्रतिनिधियों की कमी के कारण स्वास्थ्य की दृष्टि से अयोग्य प्रतिनिधि भी सम्पूर्ण नियमों व शर्तों को अर्थहीन बनाकर समय पर नियुक्त कर दिए जाते हैं। चिकित्सा शाखा सदैव दबाव में आती रही है कि छोटी एंव मामूली बातों पर दृष्टिपात न किया जाए एवं कुछ विचार उनके प्रशासनिक संविधाओं के लिए प्राप्त किए जाते हैं। जहां तक क्वारन्टाइन परीक्षण का संबंध है दृढ़नियंत्रण कभी नहीं पाता है। कारण लोगों को ड्यूटी में भेजने के लिए बहुत ही दबाव सहना पड़ता है।

जनस्वास्थ्य सेवा

पुलिस सेना शिविरों के निवासी आवासीय एवं संस्थाओं सहित मुहकमें के अधिकारियों से न्यायसंगत आशाएँ करते हैं कि वे सफाई, वातावरण, जल आपूर्ति, कूड़ा-करकट फेंकने की व्यवस्था, बैरेक की सुविधा, पथ ज्योति एवं व्यवस्थित बेसिक सभी सुविधाओं की आदर्श परिस्थितियां उपलब्ध करायेंगें। अधिकारीगण भी सही पहलुओं से बने-ठने रखने की कोशिश करते हैं। स्थल सेना में कैंटीन में मण्डल जो नगरपालिका के रूप में काम करता है सामान्य सफाई जिसमें मौसमी व्यवस्थाएँ जैसे मच्छर नियंत्रण व्यवस्था, आवारा कुत्तों पर नियंत्रण एवं और बहुत सी अन्य विषयों की देखभाल कराता है। व्यवस्थापक चिकित्सकों से तकनीकी सलाह लेते हैं। प्रत्येक स्थल सेना छावनी में स्टेशन हेल्थ ऑफिसर (एस. एच. ओ.) तकनीकी अधिकारी होते हैं जो जनस्वास्थ्य विषयों पर वैधानिक सलाह देते हैं। किन्तु पैरामिलिट्री कैम्पों में जिला पुलिस केन्द्रों एवं पुलिस प्रशिक्षण महाविद्यालयों में जहाँ ऐसे संगठन नहीं होते, सामान्यत: मुख्यालय के चिकित्सालय का वरिष्ठ चिकित्सा अधिकारी शिविर के स्वास्थ्य एवं सफाई का प्रभारी होता है। शिविर के विभिन्न क्षेत्रों का नियमित निरीक्षण मुख्यालय में स्थित सभी स्वास्थ्य व प्रशासनिक शाखाओं के अधिकारियों के संयुक्त सहयोग से संगठित किया जाता है। अचानक परीक्षण भी किया जाता है

एवं शिकायत तथा प्रतिवेदन संबंधित अधिकारियों को भेजा जाता है। संबंधित संस्थाओं से शिकायतों पर कार्यवाहियां की जाती हैं। स्टेशन कमान्डर द्वारा (मुख्यालय के वरिष्ठतम अधिकारी द्वारा) मासिक या त्रैमासिक सहयोग मीटिंग बुलाई जाती है एवं ऐसे सभी बिन्दुओं पर आलोचना की जाती है तथा जब भी आवश्यकता होती है निदेशन, बुलेटिन आदि जारी की जाती है। महामारी के मामले में स्थानीय जिला एवं नगरपालिका अधिकारियों को सूचित करते हुए सूचना जारी की जाती है।

उपर्युक्त प्रक्रियायें एवं प्रणालियाँ विस्तृत सिद्धांतों के साथ प्राय: प्रत्येक पुलिस सेनाओं द्वारा पालित होती हैं। सेनाओं में किसी प्रक्रिया या रीति को अपनाने का एक मात्र उद्देश्य एकरूपता, अनुशासन एवं काम करने की आदर्श व्यवस्था को अपनाना है एवं व्यवस्था तथा जनशक्ति के बारे में सरकार की निर्भरशील बलिष्ठ भुजायें हैं। कार्य की प्रकृति एवं कार्यों पर निर्भर रहकर प्रत्येक सेना अपने सदस्यों के रोगमुक्त स्वस्थ जीवन के लिए अपनी स्वयं की प्रणालियां एवं व्यवस्थाएं अपनाती हैं। प्रत्येक प्रणाली अपनी स्वयं की सीमाएं रखती हैं यह भी मान्य किया जाता है कि प्रत्येक प्रणाली या प्रक्रिया किसी भी समय किसी भी बिन्दु पर संगठन में लागू की जाती है। समय-समय पर ये विर्वतन एवं सुधारों से गुजरती हैं। सभी प्रकार की परम्पराएँ किसी उद्देश्य से निर्मित होती हैं। सभी प्रकार के उद्देश्यों के अंत में राष्ट्रीय उद्देश्य है जो सबसे महत्वपूर्ण है। सेवाएं परम्पराओं के साथ जीवित रहती हैं एवं बनी रहती हैं।

10

पुलिस बल में रोगों का प्रभाव

पिछले एक अध्याय में पुलिस कर्मचारियों में व्यावसायिक बीमारी के विकास की रचना एवं विवेचना पर गम्भीरता से विचार किया गया है, यद्यपि मात्र पुलिस ड्यूटी की प्रकृति ही बीमारियों की उत्पत्ति का कारण नहीं है। पुलिस कर्मी की जीवन शैली,परिवार से अलग रहना, खाद्यों की पौष्टिकता मूल्य ,क्षेत्रीय असामाजिक तत्वों एवं स्थानीय राजनीतियों से उत्पन्न चिन्तायें, घरेलू, सामाजिक एंव आर्थिक कारण प्रक्रिया में मुख्य भूमिका अदा करते हैं। एक रुग्ण पुलिस कर्मी के लिए चिकित्सालय ही एकमात्र विराम स्थल है। तात्कालिक एवं प्रभावी चिकित्सा के बावजूद रोग रुग्ण पुलिस कर्मी पर कमजोरी या अयोग्यता के रूप में स्थायी रूप से या अवशिष्ट रूप से शेष रह जाता है जो सीधे उसकी कार्य कुशलता एवं प्रवीणता पर प्रभाव डालता है जिसके साथ वह कार्य प्रतिपादित करता है। जब यही परिस्थिति पुलिस कर्मियों की बड़े दल के बीच में फैल जाती है तो पुलिस निपुणता की अवनति होती है एवं यह अपनी कार्यसूची में स्थानीय अपराधियों या कानून एवं व्यवस्था की स्थिति पर काबू कर पाने में असफल हो जाती है। जब पुलिस अपनी बाहुशक्ति के प्रयोग से प्रशासन को निर्विघ्न रूप से चलाने में मदद कर रही है, सरकार या प्रशासन का स्थायित्व खतरे से बाहर है। दूसरे शब्दों में, यह प्रभावी पुलिस सेना है जो अच्छे शासन करने में सहायता करती है। एक पुलिस सेना को प्रभावी होने के लिए शारीरिक एवं मानसिक दोनों स्वास्थ्य की जरूरत होती है।

पुलिस सेनाओं में रुग्णता के प्रकार एवं ढंग जन साधारण से अलग नहीं होते किन्तु यह अपनी विशेषतायें एवं व्यावसायिकता का क्षत चिह्न रखती है। प्रत्येक रोग जो वे आक्रांत होते हैं सामान्य स्वास्थ्य नष्ट होने का कारण बनता है। कार्यकलापों में सीमितता, यहां तक कि स्वस्थ होने के बाद भी अनिच्छा एवं कार्य में रूझान का अभाव होता है। कुछ सामान्य रोगों की आलोचना नीचे अनुच्छेदों में पारंपरिक चिकित्सा प्रणाली के अंतर्गत उनके ड्यूटी पर प्रभाव के साथ वर्गीकृत की गई है।

मानसिक स्वास्थ्य

एक व्यक्ति के सामाजिक, संवेदनशीलता एवं बुद्धिमत्ता की उत्तमता मानसिक स्वास्थ्य से गठित होती है। एक स्वस्थ, सुलझा एवं पूर्ण विकसित व्यक्तित्व स्वस्थ, पारिवारिक विरासत, स्वस्थ अन्तगर्भस्थ एवं बाह्यगर्भस्थ विकास का अंतिम स्वरूप है एवं बढ़ने व सीखने का विकासमय सामाजिक मनौवैज्ञानिक वातावरण है। सशस्त्र सेनाओं में मानसिक, सामाजिक एवं मनोवैज्ञानिक वातावरण, सशस्त्र सेनाओं में मानसिक अव्यवस्था का प्रभाव युवा रंगरूटों में प्रचलित है, जो अपनी मानसिक स्थायित्व अपराध जगत के प्रवेश, नागरिक संग्राम, सीमापार के संग्राम, आदि से खो बैठते हैं। यह बुनियादी तौर पर कुछ के लिए अंगीकरण एवं समायोजन की समस्या है। किन्तु अन्यों में यह दबाव की मात्रा है जो वे प्राप्त करते हैं एवं जो मस्तिष्क के स्तर का निर्णय करता है।

पुलिस सेनाओं में मानसिक रुग्णता के मामले सामान्यतः या तो प्रखर रूप से जैसे हिस्ट्रीया, चिंता की स्थिति, संदेह, मनोदैहिक गड़बड़ी, उन्मत्त दबाव, खंडित मानसिकता,या चिरोग के रूप में जैसे दबाव, संविभ्रम, पलायन आदि के रूप में मौजूद रहते हैं। उनमें से एक दल मिथ्यारोगी (मेलिंगरर) मानसिक रुग्णता हो सकती है जो सदा पुलिस सेनाओं में भिड़न्त होती रहती है। ये परिस्थितियाँ अन्यमनष्कता, अविश्वसनीयता, असाधारण व्यवहार, अस्त्र-शस्त्रों के गलत परिचालन, गपशप करने, अतिबातूनीपन या अतिनिष्ट व्यक्तित्व परिवर्तन की ओर अग्रसर कर सकती है। यह दूसरों के लिए अन्तर्निहित खतरों का कारण बन सकती है एवं अंत में उनकी उपस्थिति सेवा के वातावरण में अन्य सहकर्मियों की मानसिकता के लिए हानिकारक हो सकती है। मामलों की पहचान, चिकित्सा एवं अंतिम प्रबन्ध शीघ्र ही किया जाना चाहिए। इसे ठीक निर्वाचन छटनी, जनव्यवस्थापन, प्रशिक्षण एवं चरित्र निर्माण द्वारा रोका जा सकता है। किसी भी सशस्त्र पुलिस कर्मचारी में मानसिक बिखराव के लिए चिह्न सूचना उपस्थित होते ही उसे किसी तेज हथियार, आग्नेयास्त्र

एवं उसके कार्यकलाप उसे बहिष्कृत कराता है एवं उसके प्रत्येक कार्यकलाप पर आत्महत्या या मानवघाती से बचने के लिए निगरानी रखी जानी चाहिए। असाधारण व्यवहार एवं मानसिक रुग्णता सामान्य तौर से पुलिस सेवाओं की महिला प्रखंड में अधिक मिलती है जैसे कि नवयौवना रंगरूटों के लिए यह जीवन पूर्णरूप से नया होता है।

हृदय संवहनी गड़बड़ियां

पुलिस सेनाओं की जनसंख्या 18 वर्ष से 58 वर्ष की आयु वर्ग से गठित होती है। उन्हें पूर्ण स्वास्थ्य छटनी के पश्चात् ही भरती किया जाता है एवं प्राथमिक प्रशिक्षण कार्यक्रमों में भेजा जाता है। शैशवावस्था की बहुत संख्या में हृदयसंवहनी संबंधी बीमारियाँ विशेषकर अनुकूलता एवं गठियाग्रस्थ रूप समुदाय दूर की जा सकती है। अतएव हृदय संवहनी संबंधी समस्यायें अधिकांशतः हाई ब्लडप्रशर, आथेरोस्केयेटिक एवं हृदय रक्त संचालन की कमी उनमें मुख्य रूप से पाई जाना प्रमुख कारण हैं। दबाव इन रोगों की प्राकृतिक इतिहास, आनुपातिक परिस्थितियां, जीवन ढंग, सशस्त्र कर्मचारियों में खाद्य एवं आदतें जैसे कि धूम्रपान एवं शराबखोरी है।

हृदयधमनी बीमारी एवं उच्च रक्तचाप दोनों जानपादिक रोग के वैज्ञानिक कारण जैसे-आयु (40-60 वर्ष) में भागीदारी होती है, लिंग (मुख्यतः पुरुषों में) आधुनिक औद्योगिक एवं वाणिज्यिक समाज, दक्ष एवं जागरूक कार्यकर्ता (वैधानिक, चिकित्सा, व्यवस्थापन), (जीवन ढंग) बैठे-बिठाए आदतें जैसे मोटापा, एवं उच्च कोलेस्ट्राल खाद्य आदि। अन्य उत्तरदायी कारक हैं -मधुमेह, यकृत बीमारियां आदि। कारकों की विभिन्नता के कारण प्रतिरोधक व्यवस्थायें उतनी प्रभावी नहीं होती। अतएव मामलों की पहचान एवं चिकित्सा एवं पुनः स्थापन करना सेनाओं के चिकित्सकों द्वारा किए गए पदक्षेम का मुख्य आधार है। क्योंकि वे कार्य की प्रकृति या जीवन ढंग की प्रकृति में परिवर्तन नहीं ला सकते। सेनाओं के लोग नियमित जांच के साथ उनकी बीमारियों की दोषपूर्णता के साथ सावधान किया जा सकता है एवं ली जाने वाली प्रक्रिया को व्याख्यापित की जा सकती है। पूर्ण प्रतिरोध प्रभाव को कम करती है, एवं जल्द खोज जीवनकाल को बढ़ा देती है। किसी भी हृदयधमनी बीमारी में शारीरिक कार्यकलापों की सीमाएं मानवजीवन के लिए हानि का कारण बन सकते हैं। बहुत दिनों तक दवा द्वारा चिकित्सा की जाती है एवं अंत में किसी एक विकसित हृदयरोगोपचार केन्द्र में अस्त्रोपचार। नियमित जांच सुप्तावस्था एवं उपगामी

अवस्थायें बीमारियों को बाहर ला सकती है।

इन बीमारियों के साथ पुलिस कर्मचारीगण अपराधी समाज एवं बिगड़ती कानून एवं व्यवस्था के आह्वानों का सामना करवाने की पूरी तैयारी नहीं कर सकते। सक्रिय पुलिस कर्मचारियों को असक्रिय केडर जैसे - लिपिक , निरीक्षण या जुगवासी एवं वार्ड कार्यों में स्थानान्तरण कर पुनःसंस्थापन किया जाता है। जीवन ढंग में परिवर्तन, वजन में कमी, ध्रूमपान, ठीक भोजन एवं नियमित जांच व सहगामी बीमारियों की चिकित्सा दोनों अवरोधी एवं सेवारत व्यवस्थापन के भाग हैं।

श्वसननलीय बीमारियाँ

पुलिस सेनाओं में श्वसननलीय बीमारियां दोनों एलर्जी एवं संक्रमितता प्रकृति का प्रायः सभी रेंक एवं स्तर पर व्याप्त है। संक्रमित परिस्थितियाँ जैसे चिरकालिक ब्रोकाइटिस, क्षयरोग एवं एलर्जी जैसे श्वसन दमा कुछ सामान्य समस्याएं उल्लेखनीय हैं।

बैरेक जीवन के कई वर्ष, मौसम का लगातार परिवर्तन, अतिशय मौसमी परिस्थितियों में टेंटों में जीवनयापन एवं धूल व मिट्टी के अतिनिकट में रहना, औद्योगिक प्रदूषणों का फैलाव, जंगली आबोहवा, आदि सभी सक्रिय पुलिस सेनाओं में श्वसन रोगों के कारकों में से है। तीव्रश्वसन शोध सभी पुलिस सेनाओं में सबसे अधिक सामान्य मौसमी क्षणिक श्वसनलीय संदुषणात्मक गड़बड़ियाँ हैं जो सबसे अधिक प्रभावशाली है किन्तु निम्न रुग्णता या जीवनमारक है। किन्तु फुस्फुसीय क्षयरोग में लंबी चिकित्सा आवश्यक रहती है—अस्पताल में भर्ती होना, अत्यधिक मानव-दिवस का नुकसान और अंत में पुनर्वासन, अशक्तता या मृत्यु ही है। वर्तमान प्रभावी औषधीय चिकित्सा, तत्पर चिकित्सा एवं संक्रामक केसों का अलगीकरण पूर्व तरीकों को परिवर्तित करते हुए प्रमाणिकता के साथ फैलाव को कम करती है। स्वास्थ्य गुणों में उन्नति से रोगधाय की उन्नति में सहायता करती है एवं द्रुत ड्यूटी में लौटने में सहायता करती है। यहां तक कि स्वस्थ हो जाने पर भी फुस्फुसीय क्षयरोग पूरे कार्य करने की क्षमता लाने में असफल रहता है क्योंकि क्षयरोग रोकथाम की दवाओं का कुप्रभाव, कमजोरी एवं अपौष्टिक खाद्य आपूर्ति प्रभावित करते हैं। चिकित्सा खर्च भी पुलिसकर्मी पर एक बहुत बड़ा आर्थिक बोझ है। अधिकांश क्षयरोग के मामले अपने परिवार की समस्याओं या रिश्तेदारों से बीमारी की प्रारंभिक मांत्रा प्राप्त करते हैं एवं तब वे पूर्ण बैरेकों में पूर्णघातक मामले के रूप में फैल जाती

है। अतएव तत्काल उन्हें बैरकों से अलग करना, पूर्ण चिकित्सा प्रदान करना, भोजन आपूर्ति आदि अति सावधानीपूर्वक नियोजित होनी चाहिए।

श्वसननलिका रोगों के एलर्जी समूह अधिकांशतः सामान्य श्वसनीय दमा के रूप मे आविर्भूत होती है। ऐसे मामले चिरकालिक कष्ठ श्वसनीय वृतांत के साथ आते हैं जिसे ठंडे वातावरण में श्वास सम्बन्धी रोग स्थिति (स्टेटस) कहते हैं। उन्हें बार-बार अस्पताल में भर्ती होना पड़ता है एवं दवाई व आक्सीजन पर जीवित रहना होता है। कुछ मामले स्थान परिवर्तन के साथ आश्चर्यजनक उन्नति दिखाते हैं। अब एलर्जी का कारण जानने के लिए जांच की सुविधाएं प्राप्त हैं एवं उसे टाला जा सके तो वह सर्वोत्तम चिकित्सा का स्वरूप है। यदि एलर्जी के लिए टीका मिलता हो तो वह इस मामले में एक मूलभूत उन्नति करता, किन्तु सभी के श्वसननलीय दमा के मामलों में कवायत सहन करने की शक्ति प्रचंड रूप से बाधा प्राप्त होती है। काम से अनुप्रस्थिति, लगातार छुट्टी प्रशासनिक समस्याओं में परिणित हो जाती है। मानव दिवस की अतिशय क्षति होती है।

पैरामिलिट्री सेनाओं में रोगी को अपने स्थान परिवर्तन करने का सभी प्रकार के अच्छे विचारों के साथ एक सुअवसर दिया जाना चाहिए। किन्तु कुछ सेनाएं ऐसा करने का बहुत कम सुयोग पाते हैं क्योंकि उनका फैलाव अन्तर्राष्ट्रीय सीमा रेखाओं या औद्योगिक संस्थापन जहां लोगों को प्रदूषण के प्रभाव में एवं अन्य मौसमी खतरों का सामना करना पड़ता है, जैसे बी. एस. एफ. एवं सी. आई. एस. एफ. में होते हैं। सी. आई. एस. एफ. के कर्मचारियों में व्यावसायिक दमा के मामले औद्योगिक प्रतिष्ठानों की पहरेदारी करते हुए विशेषकर टेक्सटाइल, सीमेन्ट एसवेस्ट्स एवं दरी उद्योग असामान्य नहीं है। अन्य श्वसनीय परिस्थितियां जैसे –दीर्घकालिक अवरोधात्मक हवा मार्गीय बीमारियों एवं वातस्फीति सम्बन्धी रोगों के समान गंभीरता की दृष्टि से पूर्वानुमान से संबंधित होती है।

तंत्रिकीय (न्यूरोलॉजिकल) बीमारियाँ

समाज के सभी वर्गों में सभी प्रकार की तंत्रिकीय बीमारियों में दर्द साधारण लक्षण है। किसी भी प्रकार का दर्द उसकी संरचनात्मक स्थान एवं उत्पत्ति का मूल रोग उत्पत्ति चाहे जहां भी क्यों न हो कार्यरत पुलिसकर्मी के लिए एक बाधा कारक है। क्योंकि कर्मी को सर्वप्रथम सुलभ स्वास्थ्यकर्मी के पास शीघ्रातिशीघ्र उपस्थित होना होता है एवं जब तक उसे चिकित्सा के लिए लाया जाता है उस समय तक के

लिए किसी दूसरे रोगी को जिसके स्वास्थ्य में आशाजनक सुधार है उसे भेजने की व्यवस्था करनी पड़ती है। यहां तक कि आम दर्द जैसे दांतदर्द या आधे सिर का दर्द जैसा दर्द व्यस्त कार्यसूची में बाधा डाल सकता है। दर्द के प्रत्येक मामले उसे ठीक ढंग से चिकित्सा करने के लिए भर्ती करने के पूर्व मामले की एक संपूर्ण जांच की जरूरत होती है।

पुलिस कर्मचारियों को अपस्मारीय जैसी बीमारी बड़ी खतरनाक प्रमाणित होती है क्योंकि उन्हें किसी भी समय दौरा पड़ सकता है। उन्हें आग्नेयास्त्र या विद्युत सामग्रियाँ, तीक्ष्णधार वाले अस्त्रों को चलाने की अनुमति नहीं दी जा सकती। उन्हें पानी या आग के पास जाने की अनुमति भी नहीं दी जानी चाहिए। यदि मृगी का दौरा गंभीर एवं नियमित हो तो रोगी को अस्पताल में भर्ती कर संपूर्ण रूप से चिकित्सा व्यवस्था की जानी चाहिए। मृगी के लिए दवाओं का निर्वाचन अधिकांशत: नींद कराने वाली होती है। इस प्रकार की दवाओं के प्रभाव भी किसी भी एक व्यक्ति को पुलिस कार्य संपादित करने का अवरोध करती है। वास्तव में अगर किसी एक पुलिस कर्मचारी को लगातार अपरमार का झटका अनुभव हो तो उसे नौकरी के लिए उपयुक्त नहीं समझा जाना चाहिए।

मस्तिष्क में रक्त संचालन की दुर्घटना जब रोगी को गंभीर रूप से अचिकित्सीय मूर्च्छा, अवयवों में लकवा, बोलने में गड़बड़ी, अंतड़ी चलना, अनियंत्रण, आदि को लकवा की ओर अग्रसित होती है। जब क्षति स्थायी हो जाती है एवं स्वास्थ्य लाभ करने की कोई उम्मीद नहीं होती तो आशा की जाती है कि रोगी को मेडिकल बोर्ड, पद मुक्त करने का विचार कर सकती है। मुख का खिंचाव एवं कंपकंपी कुछ रीतिगत रोग निदानात्मक प्रक्रिया की तंत्रिकीय लक्षण पुलिस कार्य में बाधक होती है। चिकित्सा योग्य मरीजों को पूर्ण निरोग बनाने के लिए खोज निकालनी चाहिए।

जठनीय-आंत्रीय बीमारियाँ

सक्रिय पुलिस कार्य स्थाई रूप से बहुसंख्य जठरीय आंत्रीय समस्याओं से प्रभावित होती है। स्थानों में लगातार परिवर्तन, पेयजलों में गुणवत्ता एवं पुलिस बैरेकों में सामान्य रसोई में व्यवहार तेल मुख्य कारण हैं। परिस्थितियाँ जैसे प्रखर जठरशोध, उत्तेजनशील अंतडी संलक्षण, वृहदांत्रशोध, अमीबा, पेचिश अन्यान्य आत्रं परजीवी बीमारियाँ आन्तरिक रोग सूचक हैं। कुछ परिस्थितियाँ जैसे बवासीर, फिश्चूला, फिसर आदि अनेक बहुत से कारण हैं जो पुलिस कर्मी को ठीक से वर्दी धारण करने, स्वस्थ शरीर के निर्माण, साईकिल या मोटर साईकिल चलाने में काफी

कठिनाई पैदा करती हैं। दीर्घकालिक रक्तक्षय व्यक्ति के सामान्य स्वास्थ्य में अवनति ला देता है एंव अंत में चिरकालिक रुग्णता की ओर अग्रसित होता है। टेन्ट में बनी अस्थाई आवासीय शिविर में ठीक से स्वच्छता एवं सफाई की व्यवस्था नहीं होती। क्योंकि ये मिट्टी एवं अतिशय मौसम परिस्थितियों से जुड़ी रहती हैं। इस प्रकार के प्रभाव ट्रूपों को हतोत्साहित कर देते हैं।

यह प्रणाली दबाव को अति प्रभावी बना देती है। जठरीय आंत्रीय दबाव की बीमारियाँ मुख्यत: अम्ल आंत्र बीमारियों को समेटती हैं। अन्य कारक जो इस प्रकार की बीमारियों के होने की प्रक्रियाओं को बहुत अधिक रूप से सहयोग करती हैं— अनियमित समय पर खाना, मसालेदार गरिष्ठ भोजन, ठंडा, चावल भरा भोजन, गरिष्ठ खाद्य, उच्चश्वेत सारनिम्न प्रोटिन खाद्य, शराब, धूम्रपान आदि सम्मलित हैं। वे लोंग जो बहुत ही जागरूक हैं, आशावादी, प्रतियोगितावादी एवं पूर्णतावादी होते हैं ऐसी बीमारियों का शिकार होते हैं। जनित नियमित दर्द भोजन के दो-तीन घंटे बाद होती है। लगातार थोड़ा-थोड़ा भोजन एवं दृढ़ पथ्यापथ नियम इन रोगियों के लिए नुस्खा लिखा जाता है। जिन्हें वे बहुत कम ही पालन कर पाते हैं। अचिकित्सीय या अर्द्ध चिकित्सीय मामले बहुत ही खराब जटिलतायें जैसे अलसर, रक्तस्राव या परफोरेसन के कारण बनते हैं जबकि शल्य-चिकित्सा ही इनका एकमात्र उत्तर होता है। ये संलक्षण पुलिस कार्य में गंभीर रूप से बाधा डालते हैं।

विकलांगता एवं जोड़ों की समस्यायें

बुनियादी तौर पर पुलिस सेवायें एक कसरती समुदाय है जो अपने पूरे नौकरी जीवन में अपने आपको योग्य बनाने के लिए संघर्ष करता रहता है। उनकी कहानी खिलाड़ियों की तरह ही है, किन्तु जोड़ें अपनी लचीलापन को सीमित करती हुई आयु के बढ़ने के साथ-साथ परिवर्तनों से गुजरती हैं। गठियावात, माऊट, कशेरूका की कॉलम, टेन्ड़न का क्लासीफिकेशन एवं पुरातन फ्रेक्चर स्थानों का ठीक से न जुड़ना आदि जैसी बीमारियों के कारण नित्य आदतीय कवायतों का एवं दबावपूर्ण कार्यों के कारण जोड़ों में दर्दपूर्ण हरकतें होती हैं। दर्द, सूजन एवं विकलांगताएँ असाधारण चालू मुद्रा एवं पुलिस कर्मी की स्फूर्ति को नष्ट कर देती है। इसके अतिरिक्त पुलिस कार्य की दक्षता को प्रभावित करती हैं। शरीर में वातजनित प्रक्रिया का संयोजन उसे चिरकालिक रुग्ण बना देता है और अन्त में उसे नौकरी छोड़नी पड़ती है। पुलिस सेना के विकलांगता चिकित्सक अपना अधिकांश समय दीर्घ स्थाई पीठ-कमर दर्द रोगियों को लक्षणिक ढंग से चिकित्सा करने में समय लगाते हैं। इसे

प्रमाणित करने के लिए कोई खास परीक्षण नहीं हैं और न ही कोई निश्चित उत्पत्ति के कारक हैं, किन्तु अंत तक रोगी संलक्षणात्मक रहते हैं एवं काम से बचने की कोशिश करते हैं। इस प्रकार की परिस्थिति में मानव-दिवस की क्षति बहुत ज्यादा है। अतः पुलिस सेनाओं में कमर दर्द वाले रोगी वास्तव में चिकित्सकों एवं सेना कमाण्डरों के लिए सिरदर्द पैदा करते हैं।

मैटावोलिक तथा एन्डोक्राइन बीमारियाँ

पौष्टिकता के अभाव ने इस समूह की बीमारियों के दृश्य को वश में कर रखा है। बहुविटामिन अपूर्णता, खनिज एवं ट्रेस एलिमेंटस की अपूर्णता के साथ अनेक कारकों जैसे बैरेकों के बहुसंख्यक पुलिस कर्मियों के लिए सामान्य भोजन पकाना, सभी व्यक्तियों को उनकी व्यक्तिगत इच्छानुसार भोजन की असुलभता एवं जब भोजन सूची में विभिन्न क्षेत्रीय भोजन सम्मलित नहीं किए जाने के कारण उत्पन्न होते हैं। यह परिस्थिति और बहुत स्पष्ट रूप से केन्द्रीय सेवाओं में दिखाई देती हैं। क्योंकि ये पूरा दूरान्त पर्वतीय स्थानों पर जाते हैं जहाँ भोज्य एवं सूखी राशन की वस्तुयें हवाई जहाजों से गिरायी जाती हैं। टीन, केन एवं परिरक्षित खाद्य उत्पाद में पौष्टिकता-मूल्यहीन एवं सामूहिक मात्रा में लोग अपूर्णता बीमारियों से आक्रांत होते हैं। एक मल्टी विटामिन्स, खनिजों एवं सूक्ष्म मात्रिक तत्वों का एक कैपसूल आवश्यकता पूर्ति के लिए लोगों को आपूर्ति की जाती है। सूक्ष्म मात्रिक तत्वों जैसे आयोडीन, जिंक क्रोमियम, कोवाल्ट, मेंगनीज, फ्लोराइड सामान्यतः खाद्यों एवं पेयों से मिलती है एवं शरीर की पाचन क्रिया में एक निश्चित शरीर रचनात्मक भूमिका निभाती है। अस्फूर्ति कमजोरी, आलस्य व रक्ताल्पता के साथ हृदय एवं चर्मरोग समस्या पुलिस के कार्यों में बाधा डालती हैं।

मैटावोलिक बीमारी जो पुलिस जिन्दगी से उल्लेखनीय संबंधित है वह है—मधुमेह। जैसे कि लोगों का एक सामान्य विश्वास है कि कसरत करने वाले पुलिस सेनाओं में इस प्रकार की बीमारी के फैलाव की आशा नहीं की जाती है, किन्तु गत कुछ दशाओं में अधिक से अधिक पूर्णरूप से विकसित मधुमेह के रोगियों को चिह्नित किया गया है। ऐसे एक विषय ज्ञात में अनेक कारण स्पष्ट हैं क्योंकि छिपेहार बीमारों को पहचानने के लिए और अधिक जांच सुविधायें अब सुलभ हो गई हैं।

मधुमेह कुछ संलक्षण दिखाती है जिसमें कुछ एक गंभीर हैं जैसे मूर्च्छा जो उनके सामान्य पुलिस कार्यों में गहरी प्रभाव डालती है, किन्तु आधुनिक दवाईयों में जैसे आन्टी डाइवेटिक गोलियां या शुद्धिकृत मानव ईल्सुलीन का दिन में एक शॉट से

मधुमेह रोगी पूर्ण जिंदगी जी सकता है और अपने अन्य स्वस्थ सहयोगियों की तरह कार्य कर सकता है। नियमित जांच, खाद्यनियंत्रण, नियमित व्यायाम, सही मात्रा में दवा एवं जीवन ढंग में बदलाव रोगी में आशा की नई झलक ला सकता है। थाइरएड़ के मामले सबसे अधिक बाधक संलक्षण हैं। जैसे हृदय धड़कन का बढ़ना, घबराहट, कमजोरी, वजन का घटना, कंप-कंपी एवं गर्मी असहन आदि। रोगी अशांत हो जाता है एवं गंभीर मामले अपना रोजमर्रा का कार्य नहीं कर सकते। ऐसे मामले नियमित चिकित्सा एवं थाइरएड़ कार्यों की जांच की जरूरत होती रहती है।

चर्म रोग संबंधी समस्यायें

पुलिस सेनाओं में चर्म घावों का महत्व साधारण नागरिक जीवन की अपेक्षा कई कारणों से बहुत ज्यादा है। प्रथमत: दीर्घावधि चर्मरोग प्राय: चिंताजनक हैं एवं लोगों के व्यक्तित्व में बहुत दिनों तक आश्रय किए रहते हैं। अतएव चिकित्सा भी अवहेलित रहती है विशेषकर जब यह अच्छादित अंगों में होती है। द्वितीयत: चिकित्सा का समय लम्बी एवं प्रगति दर स्वयं रोगी द्वारा जानी जा सकती है। जब तक वह दृश्य होती है वह बहुत दिनों तक लम्बी चिकित्सा नहीं करता, यह सोचकर कि उपाय अप्रभावी हैं या रोग कष्टदायी नहीं है। तृतीयत: पुलिसकर्मी एक सामान्य बैरेक में निवास करता हैं जहां अपने सहकर्मियों में संक्रामक चर्मरोग फैलने की अधिक संभावना रहती है। अन्य लोगों के सम्पर्क या कपड़ों, साबुनों, कंघियों, रेजरों, प्रसाधन सामग्रियां आदि अप्रत्यक्ष संबंधक माध्यमों से फैलने का सुयोग मिलता है एवं अंतत: कार्य की प्रकृति के कारण पुलिस कर्मी नियमित अंतरालों में अपने डॉक्टर से सम्पर्क कर पाने एवं रोगोपचार तथा पथ्यापथ्य नियमों की कठिनता को अनुपालन कर पाने में असफल रहता है।

चिरकालिक चर्म रोग जैसे घावफूंसीय, चर्मयूज्य दाढ़ी, रोमपूपशोध, बारबरा, टीनी आसीस, फंगाल इन्फेक्सन, खुजली संस्पर्शीय त्वचाशोध, नाखून एवं पैर संदुषण अत्यधिक कष्टों के कारण हैं जो पुलिस कार्य में बाधा डालते हैं। प्रखर दशायें जैसे सेंथेटिक जुराब, एलर्जी, रायफल ऑयल, एलर्जी एवं दवा प्रति क्रियायें (ए.डी.आर.) नियमित रूप से देखी जाती हैं जो कार्य को प्रभावित करती हैं एवं मानव जीवन को नष्ट कर देती हैं। चर्मरोग समस्याओं के कारण मृत्यु या इन्वेलिडेसन बहुत ही कम है सिर्फ कुष्ठ के बढ़े हुए मामले को छोड़कर। किन्तु चिरकालिकता एवं अनारोग्यकर दोनों चिकित्सक एवं रोगी को तंग करती हैं। व्यक्तिगत उच्च कोटि के स्वास्थ्य नियमपालन, स्वास्थ्य शिक्षा, मामलों के पहचानने एवं पूर्ण चिकित्सा से स्थिति

सुधारी जा सकती है। लोगों को ऊंचे पहाड़ों पर लंबे समय तक बर्फ, बूट, जंगलबूट, गरमबूट पहने रहने के कारण पैरों के रोगों की समस्यायें, यहां तक कि आमुनेशन बूट पहने रहने से उत्पन्न पैरों की समस्याओं पर विशेष ध्यान देना चाहिए।

पुलिस सेनाओं में संक्रामक चर्मरोगों का फैलाव, वर्दी, सामग्रियों के माध्यम से होता है जबकि उपयोग किए हुए को अन्य भर्ती हुए लोगों को दुबारा दी जाती है, इसे विशेष कम कर दी गई है जो कुछ पुलिस सेवाओं ने निर्णय लिया कि किसी भी व्यवहार की गई वर्दी को वापस नहीं लिया जाएगा। वार्षिक स्वास्थ्य पुनः निरीक्षण के दौरान व्यक्तिगत अंगों के साथ त्वचा का अति सावधानी के साथ निरीक्षण करना चाहिए। अन्य पुलिस कर्मियों की अपेक्षा खिलाड़ियों को चर्म समस्यायें अत्यधिक बाधा देती हैं। चर्म समस्याओं के आधार पर अपनी कई चोटी के खिलाड़ी अपने रिकॉर्ड में गिरावट देखकर क्रीड़ा जगत से संन्यास ले रहे हैं।

स्त्रीरोग संबंधी समस्यायें

महिला पुलिस एवं खिलाड़ियों से संबंधित इन समस्याओं पर पिछले अध्यायों में विस्तार के साथ वर्णन किया गया है। उनकी दाम्पत्य जीवन समस्याओं से उनका जीवन कष्टमय रहता है। पुलिस विभाग में सभी विवाहित महिलायें ठीक से शिशु लालन-पालन की समस्याओं से सम्मुखीन होती हैं। सामान्य रजो चक्र काम से परहेज रहने का कोई पर्याप्त कारण नहीं है। मिनिस्टेरिएल या होमगार्ड स्तर की कामकाजी महिलायें कार्य से आसानी से छूट सकती हैं जबकि सशस्त्र सेना में समर्पित महिलायें ऐसा नहीं कर सकतीं। आयु के बढ़ने के साथ-साथ मूत्राशय तथा गर्भाशय में कई समस्यायें शुरू हो जाती हैं। योनिवृतिज बीमारियां पुनरोत्पादक जीवन में देरी से आती हैं। सभी वर्ग की महिला पुलिस में समस्यायें जैसे यौनिज बहाव, मोनोलियासीस एवं केंडीयासीस बहाव आम होती हैं। पुलिस सेनाओं की अविवाहित युवतियां निउरोसिस, उच्च रक्तचाप, बिनब्याही गर्भाधान आदि समस्या की चिन्तायें उसे सताती रहती हैं। विवाहिता पुलिस महिलाओं में अधिक संख्या में एवरसन, जटिलता पूर्ण गर्भधारण एवं सर्जीकल डिलिवरी करती हैं। ऐसी परिस्थितियों में लंबी चिकित्सालयीन भर्ती की जरूरत होती है, साथ ही मानव-दिवस की क्षति भी हो जाती है।

सशस्त्र सेनाओं के वे चिकित्सक जो महिला संवर्ग के देखभाल हेतु नियुक्त होते हैं एवं अनन्य महिला मरीजों को परिवार नियोजन, अबांधित गर्भधारण, प्रसवपूर्ण

एवं प्रसवपरवर्ती देखभाल के बारे में उन्हें प्रभावी सक्रिय बनाने के लिए परामर्श दें। उनमें स्त्री रोग संबंधी अस्वस्थता के प्रभावों को कम करने के लिए जेनिटिक परामर्श दें। जल्दी रोगनिदान चिकित्सा की नियमित समय पर इलाज जटिलताओं से बचने में सहायता करती हैं।

आँख-कान-नाक-गला संबंधी समस्यायें

पुलिस कर्मचारियों को एक अच्छी दृष्टिशक्ति की सामान्य उद्देश्यों से तथा गोली चलाने के साथ-साथ वाहन चलाने के लिए जरूरत पड़ती है। अतएव दृष्टिशक्ति सभी कोणों जैसे नजदीक, दूर एवं कलर दृष्टि के लिए पर्याप्त होने की आवश्यकता होती है एवं आटो-चालकों के ठीक ढंग से गाड़ी चलाने के लिए सामान्य कार्य की अपेक्षा अधिक से दृष्टि, रंगीन दृष्टिशक्ति होनी चाहिए। दूसरे पक्ष में सिपाही को अच्छे तीक्ष्ण एवं रात्रि अवलोकन की जरूरत होती है। पुलिस कर्मचारी की दृष्टि शक्ति की कमजोरी उन्हें पूर्णतः पंगु मानती है। अतएव विशेषज्ञों द्वारा पूर्णतः छटनी की जरूरत होती है, विशेषकर वाहन चालकों का जिन्हें मार्ग सूचकों से रात एवं दिन अनुगमन करना पड़ता है। फोलोवर स्टॉफ को (चित्रकार के अतिरिक्त) अन्य कम दृष्टिस्तर से काम चलाया जा सकता है। चित्रकार जिसे रंगों की पहचान करने की योग्यता की जरूरत पड़ती है। वायरलेस सम्प्रेषण एवं कम्प्यूटर चालकों में कार्यरत लोगों को रात्रि में तीक्ष्ण एवं रंगीन दृष्टिशक्ति की आवश्यकता पड़ती है।

वाहन चालकों के लिए एक श्रवणशक्ति भी एक अच्छी उपलब्धि होने के साथ-साथ सामान्य कार्य करने वाले पुलिस कर्मी के लिए भी आवश्यक है, ऐसी त्रुटियों, सांग्रामिक एवं आवागमन के खतरों को बढ़ा देती है। किसी प्रकार का स्नायु वधिरता का कनपटी ही झिल्लीफटन सक्रिय ड्यूटी से अलग किया जा सकता है। एवं निम्नस्तर के किसी अन्य काम में पुनर्संस्थापन किया जा सकता है। मौसमी गला इन्फेक्शन सामान्य है, किन्तु कार्य में इसका प्रभाव कम है। स्थाई श्रवणहीनता व्यावसायिक बन्दूक चालकों में एक साधारण व्यावसायिक खतरा है।

दन्त समस्यायें

पुलिस कर्मियों के बीच सामान्य दन्त समस्या है दांत दर्द। इसकी गंभीरता, बीमारी का स्तर एवं वास्तविक रोग भीषणता के अनुसार अन्तर हो सकती है, किन्तु इस बीमारी के बहाने से कार्य से मुक्ति ली जा सकती है। इसके अतिरिक्त तत्काल दर्द की चिकित्सा एवं बीमारी पर जोर देना चाहिए। नियमित दन्त परीक्षा अनाछूत

कष्टों से बचने के लिए जरूरी है। दांतों का क्षयरोग (केरिज) प्राकृतिक दांतों का झड़ जाना एवं मसूड़ा शोध कुछ सामान्य बीमारियां हैं जिसके लिए पुलिसकर्मी दंत सेवा चाहते हैं।

जनन संबंधी मूत्रीय समस्यायें

पुलिस रोगियों में जो सामान्य मूत्रीय समस्यायें हैं वे हैं—गुर्दे या मूत्रमार्णीय पथरी, चिरकालिक मूत्रनलीक शोध, एवं सभी यौन बीमारियां। गुर्दा-मूत्राशय पथरी हमेशा कष्टदायी है एवं रोगी को शय्याशायी बना देती है। स्थानों का निरंतर परिवर्तन, अच्छे स्रोतों से पानी का व्यवहार एवं अपर्याप्त मात्रा में पानी का लेना इस प्रकार की पथरी निर्माण को बढ़ा देता है। मूत्र की सान्द्रता (मोटापन) जलन को बढ़ा देता है। मूत्रीय अंगों में उत्तेजना निश्चित कार्यसूची को प्रभावित करती है। अधिकांश यौन रोग दर्दहीन होते हैं जब तक स्नायु तंत्र गठन प्रभावित नहीं होती। अतएव वे अवहेलित रहती है एवं रोगी दण्ड के भय से उन्हें छिपा देते हैं, किन्तु वे अपने परिवार के सदस्यों एवं भावी वंशधरों को प्रभावित करने वाली बीमारियों के जैविक संवाहक हैं। स्वास्थ्य शिक्षा एवं मामलों की पहचान समस्याओं का एकमात्र उत्तर है। पहचाने गये मामले रोगी या उसके या उसकी पति-पत्नी के लिए पूरे तौर से चिकित्सा विज्ञान के पूर्ण निमिन्तों के साथ चिकित्सा की जा सकती है।

बीमारियों के यौन रोग समूह का संगठन जैसे कि सशस्त्र सेनाओं में सिफ्लीस, गोनारीया, चांक्रयड, लीम्फोग्रानुलोमा, इन्गुइनल, लीम्फोग्राणु, लामामेनेरियम, मेनेरल उरथ्रीटीस, जेनिटल वार्ट एवं वालानों-प्रोस्थटीस चारित्रिक एवं नैतिकता स्वंय देने वाले माने जाते हैं। पुलिस सेनाओं में बी. डी. का प्रभाव प्रत्यक्ष रूप से उसकी खराब अनुशासन, निम्न नैतिकता, मानव व्यवस्थापन की कमी का एक बिन्दु है। यह ट्रूप की सांग्रामिक योग्यता को निर्णय करने का एक मुख्य कारक है। स्वस्थ विश्रांति के लिए सुविधाओं की कमी, खराब दोस्ती, लैंगिग बीमारियों के संक्रमण एवं उनकी जटिलताओं के बारे में अज्ञानता आदि पुलिस सेनाओं के लोगों को वेश्यालयों के अनैतिक रास्ते में भ्रमण करने के लिए घसीटते हैं। बहुत दिनों तक परिवार से अलग रहने, बोरीयत एवं आर्थिक प्रदेयता इस प्रकार उच्च प्रभाव के बहुतायन्त लक्षण हैं।

जनन संबंधी मूत्रीय समस्यायें पुलिस कर्मी के कार्यों में सिर्फ दृश्य प्रभाव नहीं डालते, यह सारे एकक एवं उसके कमांडर के लिए बदनामी लाते हैं। जन साधारण के सामने भावमूर्ति मलिन कर देती है एवं सांग्रामिक योग्यता बिगड़ जाती है।

एंड्स

एक्वायर्ड इमुनो डेफिसिएन्सी सेंड्रोम या एड्स चिकित्सा जगत में अपेक्षाकृत नई चिकित्सकीय अस्तित्व में पाई गई। अब पता चला है कि यह एच. आई. वी. वायरस लैंगिग संबंध से स्थानान्तरित, प्रभावित रक्ताधान के लेने एवं संदुषित सिरिंज के व्यवहार के कारण होती है। यह बीमारी एक संग्रस्त माँ से गर्भस्थ शिशु को संक्रमित हो सकती है। इस बीमारी के दो महत्वपूर्ण लक्षण हैं जो मानव को अधिक परेशान और प्रभावित करते हैं। प्रथमतः, इसकी लंबी चिरकालिकता विकृत करने की परिस्थिति के साथ शरीर के प्रत्येक प्रक्रिया में अन्य संक्रामिक बीमारियों के पनपने के लिए उपयुक्त परिस्थिति उत्पन्न करती है। द्वितीयतः उच्च संक्रामकता बहुत ही जल्द फैलकर कई गुणा बढ़ा देती है। बीमारी के प्रारम्भ में कुछ वर्षों तक यह चुप रहती है एवं पहचानी नहीं जाती। प्रयोगशाला परीक्षण सुविधायें ऐसे सामान्यतः सुलभ नहीं होती। पुलिस सेवाओं में एड्स का संपर्क सेना की सामान्य स्वास्थ्यस्तर को नष्ट कर देती है लेकिन संपर्क से सहजता के साथ फैलती है एवं चिकित्सालयों की संक्रमित सिरिंजों से भी फैलती है। इस बीमारी से आज तक कोई स्वस्थ नहीं हुआ है ऐसा जानने में आया है। अवरोधन ही सिर्फ एक मात्र रास्ता निकला है।

मलेरिया एवं अनन्य ज्वर

भारत में मलेरिया शताब्दियों से परिचित है। समाज एवं सशस्त्र सेनाओं में इसका प्रभाव विध्वंसक है। विश्व का सैनिक इतिहास कहता है कि महान साम्राज्यों का पतन उनकी सेनाओं में मलेरिया ज्वर पनपने के कारण हुआ है। मादा एनोफिलिस मच्छरों के द्वारा यह शीघ्रातिशीघ्र फैलता है, रुग्णता का उच्च प्रभाव एवं मृत्यु ट्रूपों की शक्ति, सामर्थ्य एवं प्रभावोत्पादकता को नष्ट कर देता है। मलेरिया दूरीकरण, मच्छर विनाश दोनों मिलकर सेनाओं, पैरामिलीट्री पुलिस बैरकों में युद्धस्तर पर पदक्षेप ली गई है जो मलेरिया के प्रभाव को अत्यधिक कम कर दी है। राष्ट्रीयस्तर एन.एम.इ.पी. एक सफलता की कहानी है। किन्तु यह चिरस्थाई न बन सकी। गत दशाओं से यह बीमारी मच्छर विनाश पदक्षेपी पर कम प्रभावोत्पादकता एवं पारंपरिक मलेरिया दवाओं को एक विपरीत दिशा की ओर गति कर रही है। अब देश के किसी भी क्षेत्र को नहीं छोड़ा गया है, किन्तु पुलिस शिविरों में निष्कासन ढांचे में विकास, पानी जमाव को दूर करने एवं स्वास्थ्य व सफाई उपायों, मच्छरों की संख्या वृद्धि पर प्रभावकारी नियंत्रण पाया गया है। आसाम, बर्मा (अब म्यनमार) प्रक्षेत्र विश्व में

सबसे अधिक मलेरिया वाला प्रक्षेत्र था। पुलिस सेनाएं बहुत ही जल्द मलेरिया ज्वर से पीड़ित हो जाती थीं क्योंकि उनके खानाबदोशी जीवनयापन, असुविधाजनक आवास, मच्छरदानी लगाने की असुविधा एवं लंबे समय तक सुरक्षा ड्यूटी, शत्रु की कार्यवाही की प्राणहानि की संख्या की अपेक्षा मलेरिया से प्राणहानि कहीं अधिक होती है। लम्बी रुग्णता दर, जटिलतायें, निराशाजनक स्थिति, कमजोरी, रक्तक्षय आदि मानव-जीवन की हानि को अत्यधिक बढ़ा देती है।

अन्यान्य ज्वर संक्रमण उत्पादन करने वाले जैसे टाइफाइड, टाइफस, पारा टाइफाइड आदि तत्काल चिकित्सा सतर्कता लम्बी चिकित्सा अस्पतालीकरण एवं स्वास्थ्य लाभ करने वाले आराम समय पुलिस कर्मी के लिए कार्य से लम्बी अनुपस्थिति के कारण हैं।

स्थूलता (मोटापन)

यह शरीर में चर्बी का अधिक जमाव है जो शरीर के वजन को आशा से 10 प्रतिशत अधिक बढ़ा देता है जो आयु, लिंग, उच्चता एवं पिता-माता के गुणों के अनुसार है। प्रारम्भ में अधिक चर्बी, चर्बी भण्डार में जमा होती है जैसे उद्वरीय दीवार नितम्ब, जंघाओं आदि आगे अंतरालीय शरीर की टिशुओं में हड्डी, मज्जा, जिगर के चारों तरफ, फेफड़ों, प्लीहा, यकृतों एवं रक्त में चर्बी का स्तर बढ़ जाता है। मोटापन अनेक चिंताजनक स्वास्थ्य खतरों से सम्मलित रहता है। ये सहज में मधुमेह, पित्त जैवर बीमारियों एवं दिल की रक्तहीनता बीमारियों के शिकार होते हैं। मेदुरता कसरतीय सहनशक्ति को कम कर देती है एवं पुलिस सेनाओं में वर्दी में बेहुदा होकर स्फूर्तियता को कम कर देती है। भोजनीय निषेयों विशेषकर चर्बी एवं श्वेतसार जातीय क्लेरि आपत्ति में वृद्धि एवं व्यायाम में कमी पर नियंत्रण पाने के अच्छे उपाय हैं। किन्तु एक बार बढ़ा मोटापा घटाना बहुत कष्टकर है। सक्रिय पुलिस कार्य अव्यवस्थित मेदुरता से गंभीर रूप से प्रभावित होती है। तीव्र वजन वृद्धि मामले दैनिक विकृति से हो सकते हैं जो शोध एवं चिकित्सा आवश्यक करता है। वैज्ञानिक अध्ययनों से प्रमाणित हुआ है कि मेदुरता सीधे रूप से जीवन अवधि से जुड़ी हुई है (जीवन की लंबाई बेल्ट की लंबाई के साथ विपरीतानुपाती है)। व्यायाम करता हुआ पुलिस कर्मचारी बैठे-बिठाए कार्य में लगाया जाता है तो फिर से उनका वजन बढ़ जाता है। अतएव नियमित कसरत सुनिश्चित रूप से करनी चाहिए।

धूम्रपान

अत्यधिक धूम्रपान चाहे किसी भी रूप में जैसे बीड़ी, सिगार, हुक्का या सिगरेट लेना हानिकारक आदत है जो गले का कैंसर, वातस्फीती, इस्केमिक, दिल की बीमारियों, पेपटीक अल्सर, गैस्टीक कॉसीनोमा, तम्बाखू मंद दृष्टिहीनता एवं कंपकंपी आदि बीमारियों को पैदा करता है। इसकी भास्पोस्पाज्म प्रभाव धनास्रवीय प्रवृत्तियां, सुस्ती होमोडायनामिक्स, चिरकालिक श्वसनीय शोध एवं अंत में इसे बंद करने पर बंद करने के रोग लक्षण आ जाते हैं। जहरीली उत्पादनें जैसे निकोटिन, कॉरबन-मोनाक्साइड एवं बेंजोपायरीय फेनल का जटिल मिश्रण, अल्डेहाइडस, फॉर्मिक एसीड एवं बेंजोइक एसीड, सिगार की धुएं से निश्वास लेते हैं। इनमें अनेक कैंसर जनीय होती है जो केन्द्रीय नर्वस सिस्टम को प्रभावित करती है। चतुरता के कामों के लिए योग्यता को ह्रास करती है, लाल रक्त कणों को नष्ट कर जीवनकाल को कम कर देती है। गर्भवती नारियों में भ्रूण गर्भ मृत्यु होती है ये चिन्तास्पद धूम्रपान के प्रभाव सभी वर्गों को उनके खतरों से बचाने के लिए सीधे-सीधे शब्दों में व्याख्यायित किया जाना चाहिए।

पुलिस कर्मचारी विशेषतः वे दल जो पर्वतीय एवं बर्फीले क्षेत्रों में फैले होते हैं उन्हें अच्छे दर्जे के सिगार नहीं मिलते एवं उन्हें स्थानीय तम्बाकुओं से निर्मित अधिक नशीला एवं हानिकारक प्रभावों से युक्त सिगारों से संतुष्ट होना पड़ता है। उच्च पहाड़ियों में सैनिक फस्ट बाइट तथा इसकीमिक लेंग सिंड्रोम से पीड़ित होता है। इन परिस्थितियों में धूम्रपान की आदतों से और भी हालात खराब होते हैं। लोग जो चिरकालिक फुस-फुसीय संक्रमण (जैसे टी.बी.) से अति संवेदनशील हो जाते हैं और टूपों का स्वास्थ्य स्तर निम्नस्तर की ओर चला जाता है।

शराबखोरी

पुलिस सेनाओं में शराबखोरी का प्रचलन बहुत जोरों से बढ़ता जा रहा है। इसका महत्व भोजन एवं शक्ति आपूर्ति के रूप में विवादास्पदीय है, किन्तु बहुत समय से टूपों में साधारण मात्राओं में स्टीकूलेट (उत्तेजक) मनोवैज्ञानिकता के रूप में व्यवहार किया जाता रहा है। यह अच्छे होने के बजाय झूठा ज्ञान उत्पन्न करता है एवं "और काम करो" मानसिकता पैदा करता है। सेना को तुंग शिखरों एवं ठंड में सरकार की तरफ से "रम" का 60 मिली लीटर जो प्रायः 400 कैलोरियां उत्पन्न करता है जबकि दैनिक आवश्यकता ज्यादा से ज्यादा 500 कैलोरियां तक जाती है। अपर पक्ष में यदि ज्यादा मात्रा में व्यवहार की जाए तो यह अंगों में विशेषकर दिल,

जिगर एवं मस्तिष्क में हानिकारक प्रभाव उत्पन्न करती है। वैज्ञानिक परीक्षणों से यह निश्चित हो चुका है कि शराब भूख को मार देती है। इस तरह हिमाटेमेसिस, शराबीय वायुविकार, जिगर बेकोसिस एवं मोटापा विकृति होती है। इसका नियमित उपयोग मधोन्माद, आश्चर्य हानिकारक मनोविकृति एवं तंतु प्रणाली को नष्ट कर अपभ्रशन उत्पन्न करता है। प्रभाव जैसे गलत निश्पन्तियाँ, आवेगशील कार्यकलापों, निश्पन्ति करने में अस्थिरता देखी गई है जो पुलिस सेनाओं के स्वच्छ भावमूर्ति को नष्ट कर देती है। इसके अतिरिक्त टूपों की नैतिकता एवं अनुशासन को नष्ट करती है। जब पुलिस अधिकारी कार्यरत है और यदि वह शराब के प्रभाव में हो तो यह एक दंडनीय अपराध है।

नशामुक्ति कार्यक्रम के तौर पर नशीली देय के बदले कॉफी या कोका पौष्टिकता आपूर्ति के साथ प्रारम्भ किया जाना चाहिए। अभिप्रेरण एवं स्वास्थ्य शिक्षा नवयुवक रंगरूटों को उनकी बुनियादी प्रशिक्षण में उचित शिक्षा दी जानी चाहिए।

पाठकगण इस अध्याय की विषयधारा में पिछले अध्यायों की तुलना में परिवर्तन पाएंगे। इन पूर्ववर्ती अनुच्छेदों में मेडिकोटेक्नालॉजी शब्दों का अत्यधिक उपयोग नहीं है। गतिरोधों को अवश्य स्पष्ट किया जाना चाहिए। प्रथमत: प्रसंग अपने आप में विस्तृत एवं विशेषतायें रखते हैं। लम्बे एवं विस्तृत प्रसंग संभावित कम से कम शब्दों में प्रकाशित करने के लिए उन्हें संक्षेप में लिखा गया है। अतएव विशिष्ट पदावली का प्रयोग बिना उनके विवरण के मुश्किल था।

द्वितीयत: मैंने सभी मुख्य प्रणालियों की व्याख्या करने का प्रयास किया है। मैंने वर्दीधारी लोगों के जीवन ढंग को प्रभावपूर्ण ढंग से व्याख्यायित किया है। किसी अध्याय को इसीलिए कुछ संक्षिप्त किया है कि अध्याय के पुनरावलोकन के दौरान मेरे शुभ चिन्तकों ने मुझे सलाह दी है कि मैं इसी केन्द्र भाव पर एक अलग से ग्रंथ लिखूं। मैं अपने मित्रों के प्रति आभारी हूँ जिन्होंने मुझे प्रोत्साहित किया। अचिकित्सीय पाठकों से अनुरोध है कि वे इसका अध्ययन कर समाज को अधिक से अधिक लाभ पहुँचाने में सहयोग करें।

11

कुछ इधर का, कुछ उधर का

पुलिस स्वास्थ्य देखभाल सेवा एक सम्मिश्रित व्यवसाय है। सुरक्षा एवं स्वास्थ्य कर्मचारियों को इस जटिल कार्य में अनुपूरक एवं समपूरक भूमिका निभानी पड़ती है। "स्वास्थ्य एक युद्ध विजयी कारक व एक अच्छी तरह संस्थापित सत्य है"। पुलिस स्वास्थ्य देखभाल की धारणा प्रतिष्ठित औषधीय ज्ञान के प्रयोग की अपेक्षा बहुत ज्यादा उच्च है। यह सम्पूर्ण स्वास्थ्यप्रदाय प्रणाली की जटिल समस्या है जो स्वास्थ्य संबंधी सभी पहलुओं को जैसे प्रतिशोधन, आरोग्यकर, उन्नायक, व्यक्तिगत एवं सामुदायिक दृष्टि से जीवन के सभी स्तरों पर शुरूआत से वृद्धावस्था तक सभी स्वास्थ्य के तीनों संघटकों—शारीरिक, मानसिक एवं सामाजिक कल्याण को समेटती व पूर्ण करती है।

पूर्ववर्ती अध्यायों में पुलिस कर्मचारियों के स्वास्थ्य देखभाल के बारे में बहुत अधिक कहा जा चुका है। एक कल्याणकारी राज्य में जहाँ सरकार की नीति राज्य के खर्च पर चिकित्सा देखभाल की व्यवस्था कराने का उद्देश्य होता है, समाज आशा करता है कि उसकी अपनी ऋणकर्ता पुलिस सेनाएं समान रूप से स्वस्थ या स्वस्थ शारीरिक गठन रखते हों। यह सदैव प्रश्न किया जाता है कि क्या वर्तमान स्वास्थ्य व्यवस्था अच्छी तरह तैयार की गई है कि वह सदा बढ़ती हुई पुलिस सेनाओं की वांछनीय आवश्यकताओं को अच्छी तरह पूरी कर सकती है? पुलिस के व्यवस्थापकों

को जानना चाहिए कि आधुनिकतम तकनीकी विकास, फार्मास्यूटिकल्स,चिकित्सा के पहलू एवं औषधियों में नयी खोज अपने चिकित्सालय व्यवस्था एवं जनस्वास्थ्य कार्रवाई में अवश्य होना चाहिए । कुछ कार्य करने के तरीके एवं पहलुओं के बारे में नीचे लिखे अनुच्छेदों में विवेचित किए जा रहे हैं। सारे देश में सभी वर्गों के हितार्थ पुलिस चिकित्सालयों इन सुझावों में से कुछ को कार्यान्वित करने के लिए विचार कर सकते हैं।

विशेष चिकित्सा व्यवस्था

चिकित्सालय प्रबन्ध अब अध्ययन का एक अच्छा विकसित शास्त्र है जहाँ चिकित्सकों के साथ-साथ नान-मेडिकल स्नातक भी प्रशिक्षण लेते हैं। यह विस्तृत विषय कई कुछ समेटती रही है जैसे कि सफाई, असंक्रमण, अचिकित्सालयीन स्टोर की वस्तुओं का अधिग्रहण, चिकित्सालयीन रद्दी वस्तुओं का निष्कासन, जल आपूर्ति, विद्युत आपूर्ति, मेडिकल गैस आपूर्ति, स्वास्थ्य वाहन, चिकित्सालयीन खाद्य, गरम एवं ठंडा करने की व्यवस्थाएं, वातानुकूलन एवं मरम्मत। इसकी विविधता के कारण व्यावसायिक प्रबंध को छोड़ दिया जाना चाहिए एवं अन्य चीजों की अपेक्षा एक प्रशिक्षित चिकित्सक को उनके चिकित्सा कार्य में पूरे समय के लिए छोड़ दिया जाना चाहिए । पुलिस चिकित्सालय आकार में छोटे होते हैं एवं पूरे समय के लिए प्रबंधकीय कर्मचारी की नियुक्ति संभव भी नहीं हो सकती। ऐसे मामलों में एक प्रशिक्षित प्रबंधक एक अस्पताल समूह के लिए नियुक्त किया जा सकता है। जो नियमित प्रबंधकीय समस्याओं का समाधान कराता रहे। कनिष्ठ स्टॉफ के माध्यम से रोजमर्रा की समस्या का समाधान कराता है। प्रत्येक अस्पताल को एक प्रबंधकीय मण्डल अवश्य रखना चहिए जिसमें दोनों चिकित्सा प्रबंधकीय, परिचालन एवं जनसेवा कर्मी सदस्य होने चाहिएं। पुनरावलोकन बैठकें होनी चाहिएं जो प्रतिदिन की कठिनाईयों के समाधान करने में उन्हें सहयोग कर सके एवं नियोजन विकास, विस्तार, बजट व्यवस्था आदि में भी सहयोग कर सके। ऐसी व्यवस्था चिकित्सा वैज्ञानिकों के बोझ को काफी मात्रा में मुक्त कर सकती है जो चिकित्सा शिक्षा एवं शोध कार्यों में अर्पित हो सकते हैं।

जन-सम्पर्क

चिकित्सा जगत बिल्कुल ही एक अलग संसार है जिसका मूल्यांकन करने में जनसाधारण असमर्थ होते हैं। चिकित्सालय अपने सुविधाभोगियों को सर्वोत्तम संभावित सेवाएँ आर्थिक सीमितता एवं तकनीकी बाध्यता के बावजूद भी उपलब्ध करवाने का

प्रयत्न करता है। किन्तु ऐसी बाधाओं को चिकित्सालय के उपयोगकर्ताओं द्वारा अनुभव नहीं किया जाता। अतएव गलत धारणाओं की छाया सम्प्रेषण अभाव के कारण विकसित हो जाती है। परिणामस्वरूप एक सहज साध्य वस्तु जिसे जनता कर सकती है, वह उनकी सीमाओं को बिना अनुभव किए चिकित्सालयों को बदनाम करना, उसकी खामियों एवं असफलताओं को अप्रचार करना। प्रेस एवं अन्य प्रसारण माध्यम उन्हें विस्तारपूर्वक प्रचार करने में सहायता करती है एवं उनकी भ्रांतियों की सफाई किसी भी कीमत पर स्पष्ट नहीं करती । इस परिस्थिति को एक अच्छे जनसंपर्क विभाग को स्थापित कर टाली जा सकती है। जो जनव्यवस्था प्रेस शासकीय विभागों आदि से संपर्क बनाए रखती है एवं नियमित अवधि पर प्रेस की बैठकें बुलाती हैं, जन असन्तोषों को दूर करती हैं, बुलेटिन प्रसारित करती हैं, संचार माध्यमों से घोषणा करती हैं,चिकित्सालयों की सुविधाओं,योजनाओं एवं कार्यक्रमों पर विज्ञापन प्रसारित करती हैं। चिकित्सालयों में कोई भी मृत्यु चिकित्सकों या चिकित्सालयीन कर्मचारियों की अवहेलनाओं से नहीं होती जैसे कि इसे खिन्न पक्ष वर्णन करती है। बहुत ही आदर्श परिस्थितियों के बावजूद कुछ शिरकसन के मामले हो जाते हैं। ऐसे प्रभाव चिकित्सालय के कठिन कार्य के अंश हैं जिसके लिए किसी पर भी दोषारोपण नहीं किया जाना चाहिए। इस बारे में जन-संपर्क विभाग की भूमिका भी बहुत ही आवश्यक है।

धारावाहिक शिक्षा

जैसे कि विवेचना की जा चुकी है कि चिकित्सा विज्ञान बहुत शीघ्रता के साथ परिवर्तित हो रहा है। परिवर्तनों की प्रवृत्ति प्रत्येक चिकित्सक को ध्यान में रखकर होनी चाहिए । यह सिर्फ धारावाहिक शिक्षा के द्वारा ही संभव है। एक सामान्य विशेषता जो कर्मचारियों के मध्य देखी जाती है कि एक बुनियादी शिक्षा हासिल कर लेने एवं विभाग में भर्ती हो जाने के पश्चात् चिकित्सक एवं चिकित्सालय के कर्मचारी अपनी सीखने की प्रक्रिया में ढीलापन एवं सुस्ती पाल लेते हैं। इसका सामान्य कारण समय की कमी एवं पुरातन पुस्तकों से गुजरने का बोझिल रास्ता है। यह एक शुभ लक्षण नहीं है। नियमित नवीनीकृत ज्ञान की अध्ययनता दैनदिनी चिकित्सा एक की आवश्यकता है। इस समस्या के समाधान के लिए नीचे कुछ सुझाव दिए जा रहे हैं।

(क) चिकित्सकों, विशेषज्ञों, पैरामेडिकल स्टॉफ एवं अन्य स्टॉफ के आवश्यकतानुसार उपयोगी व्यावसायिक पत्रिकाओं के लिए शुल्क देना

चाहिए एवं पत्रिकाओं को स्टॉफ के मध्य संचालन किया जाना चाहिए।

(ख) किन्हीं निकटतम संस्थानों में सेमीनार (परिसंवाद) एवं संगोष्ठी (सिम्पोसियम) में भाग लेना चाहिए जहाँ विभिन्न क्षेत्रों के ख्याति प्राप्त विशेषज्ञ भाषण दें एवं विवेचना करें।

(ग) चिकित्सालयों में चिकित्सा संबंधी बैठकों की व्यवस्था कर एक उपयोगी सैद्धांतिक विषय पर या आलोचना करते हुए मामले उपस्थित करने की व्यवस्था की जानी चाहिए।

(घ) सैन्य दलीय उत्सवों में प्रसिद्ध चिकित्सा शिक्षक या चिकित्सकों को आंमत्रित कर व्यावसायिक अनुभवों का आदान-प्रदान करना चाहिए।

(ङ) चिकित्सालयों में नियमित चिकित्सा विषयों पर आधारित फिल्म शो, विडियो शो की व्यवस्था की जानी चाहिए। कुछ विषयों पर किराये पर शैक्षणिक विडियो कैसेट सुलभ हैं। इसके अतिरिक्त बहुराष्ट्रीय फार्मास्यूटिकल्स कम्पनियाँ अपनी उत्पादन की उपयोगिताओं एवं अनेक अद्यतन विकास पर प्रदर्शन एवं प्रसारण की व्यवस्था करती हैं।

(च) नियमित पत्रिकाएं व समाचारपत्रों आदि की व्यवस्था करें। जिसमें अनेक चिकित्सा संबंधी घटनाओं एवं उनके प्रबंधन, केस रिपोर्ट आदि को समेटती प्रकाशित की जाती है।

सुदूर क्षेत्रों के अलग पुलिस अस्पतालों एवं बटालियन एम. आइ. रूमों को निकट के ग्रुप अस्पताल, बेस अस्पताल या नागरिक अस्पतालों से संबद्ध किये जा सकते हैं। जहाँ वे वैसी ही व्यवस्था पा सकें जो उनके स्तर पर सुलभ नहीं हो सकती। यह उनके अपने स्वयं की प्रगति, अपने ज्ञान को प्रसार करने एवं स्नातकोत्तर एवं कोर्स भर्ती परीक्षाओं या विदेशी नियुक्ति पर समुद्रपारीय कार्यक्रमों के लिए उन्हें सहायता करेगा।

आदान-प्रदान कार्यक्रम

जब एक अस्पताल एक नई विशेषीकृत सेवा विभाग स्थापित करने की योजना बनाती है या कोई विकसित चिकित्सा व्यवस्था अथवा शोधों को प्रारम्भ करती है एवं नए प्रकार के कार्यों के लिए चिकित्सक एवं कार्यकर्ता पूर्णरूप से प्रशिक्षित या अनुभवी नहीं होते तो कुछ चिकित्सकों एवं कार्यकर्ताओं को विशेषीकृत प्रशिक्षणों

के लिए प्रतिनियुक्त किया जाता है। ऐसे उद्देश्यों से देश के बाहर या भीतर विख्यात अस्पताल कर्मचारियों को एक उपयुक्त काल के लिए प्रशिक्षण हेतु अनुबंधित किया जाता है। उसके अतिरिक्त उनके किसी भी विशेषज्ञ या प्रशिक्षित कार्यकर्ता को कुछ समय तक इन अस्पतालों में काम के मार्गदर्शन हेतु काम करने के लिए आमंत्रित किया जाता है। ये सभी कार्य आदान-प्रदान कार्यक्रम के माध्यम से किए जाते हैं। ऐसे उद्देश्यों से देश के भीतर या बाहर एक विख्यात अस्पताल कर्मचारियों को एक उपयुक्त काल के लिए प्रशिक्षण हेतु अनुंबंधित किया जाता है। उसके अतिरिक्त उनके किसी भी विशेषज्ञ या प्रशिक्षित कार्यकर्त्ता का कुछ समय नए अस्पताल में काम के मार्गदर्शन हेतु काम करने के लिए आमंत्रित किया जाता है। ये सभी कार्य आदान-प्रदान कार्यक्रम के माध्यम से किये जाते हैं। ऐसे कार्यक्रम नई विशेषज्ञ प्रयोगशालय शोधकार्यक्रम,विशेष शल्यक्रियाओं एवं प्रक्रियाओं के विकास में सहायता करता है। पुलिस चिकित्सालयों को ऐसे कार्यक्रम का अपने रोगियों के लिए लाभ उठाना चाहिए।

समायोजन एवं अभिग्रहण

छोटा चिकित्सालय अपने विभिन्न विभागों में उन को विकसित करने की इच्छा करता है। वे प्रसिद्ध चिकित्सालयों या एक बायोमेडिकल इंजीनियरिंग निर्माता कम्पनियों के साथ तकनीकी सहयोग में प्रवेश ले सकती है जो उन्हें औजारों को संस्थापित करने, उन्हें चलाने के लिए कर्मचारी प्रशिक्षण परिव्यवस्थापन एवं सुधार आदि में सहायता करती है। इसके सिवाय चिकित्सालय किसी स्थानीय विकसित चिकित्सालय मेडिकल कॉलेज अस्पताल के साथ लागू करना चाहे तो दैनंदिनी चिकित्सा एवं शोध कार्यों में मार्ग निर्देशन प्राप्त कर सकती हैं। इसके द्वारा पुलिस सैनिक चिकित्सालय के चिकित्सक गण आधुनिक तकनीकी एवं बहुविभागों में विकासमान को प्रतिपादित कर पाते हैं एवं खोज कार्यों में भाग लेते हैं। इस प्रकार की व्यवस्थाएँ दोनों चिकित्सालयों के चिकित्सकों को अच्छे आपसी लाभ प्रदान करती हैं एवं अन्त में बड़ी संख्या में रोगियों को भी लाभ मिलता है।

विशेषज्ञों की सामयिक सेवा

पुलिस सैनिक अस्पतालों में चिकित्सकों के पद सीमित होते हैं एवं इसी तरह विशेषज्ञों की नियुक्ति भी सीमित होती है। कभी-कभी ऐसे रोगी मिलते हैं जो विशेषकृत सेवा की जरूरत महसूस करते हैं। जिन्हें नियम विरुद्ध घोषित नहीं कर सकते या रोक सकते हैं। विशेषज्ञों को पूरे समय के लिए नियोजित किया जाय।

अतएव पुलिस सैनिक अस्पतालों में नियमित सेवाएँ पाने के लिए विशेषज्ञों का परिभ्रमण प्रणाली प्रत्येक सप्ताह के लिए एक निश्चित संख्या में परिभ्रमण या मासिक परिभ्रमण की व्यवस्था की जानी चाहिए। जब शासकीय अस्पतालों के विशेषज्ञ सुलभ न हों तो निजी परामर्शदाताओं को भी नियोजित किया जा सकता है।

डोकूमेंटेसन तथा डाटा प्रोसिस

एक चिकित्सालय का निष्पादन एवं योग्यता उसके आंकड़े एवं प्रलेखन से मूल्य निर्धारित किया जाता है। चिकित्सालय प्रलेखन के अन्तर्गत रोग विषयक लेखा-जोखा, वैधानिक एवं प्रत्येक रोगी के उपचार की सूचनाएँ तो अस्पतालों में प्राप्त होती हैं, इनमें सम्मिलित किए जाते हैं। विवरणों एवं आंकड़ों को विशेष, एवं रोगानुसार क्रमबद्ध कर अस्पताल के लेखा-जोखाकार में सुरक्षित रखा जाता है। यहाँ तक कि चिकित्सा संपूर्ण होने के पश्चात् भी या रोगी का अन्य चिकित्सालय में स्थानांतरण होने या मृत्यु एवं पोस्टमार्टम परीक्षण के पश्चात् भी सुरक्षित रखे जाते हैं एवं ऐसे दफ्तरों को प्रलेख भी दिये जाते हैं जो जनांकिकी अध्ययन के कार्यों, योजनाओं एवं शोधों में लगे हुए हैं।

व्यस्त चिकित्सालयों में यह कार्य बड़ा होता है एवं ऐसे कार्यकर्ताओं की संख्या सीमित होती है। दुर्भाग्यवश स्वास्थ्य दस्तावेजों पर बहुत कम महत्व दिया जाता है जिस पर भविष्यत: स्वास्थ्य योजनाएँ निर्भर करती हैं। इस प्रकार की कठिनाईयों पर विजय पाने के लिए कम्प्यूटरों का इस्तेमाल किया जाता रहा है। एवं स्वास्थ्य सांख्यिकी संवर्ग को प्रभावी ढंग से चलाने में सहायता पहुँचाई जा रही है।

विकल्प चिकित्सा पद्धतियाँ

एलोपैथी को आधुनिक औषधी एवं अन्य प्रणालियों को विकल्प पद्धति कहा जाता है। मानव समाज को बीमारी से बचाने के लिए उनकी अवधारणाओं एवं बीमारियों का ब्यौरा, औषधियाँ, व्यवस्थापन के तरीके अलग होते हैं। ये प्रणालियाँ कोई भी सामान्य स्वीकृति योग्य बिन्दु नहीं रखती। अतएव प्रत्यावर्ती प्रणाली द्वारा अरोग्यात्मक सुविधा में निर्मित करने के लिए चिकित्सक, पैरामेडिकल स्टॉफ एवं औषधियां आदि समान संवर्ग में उसी चिकित्सालय में ही व्यवस्था की जानी चाहिए। भले ही उसके कार्यकर्ता कम हो सकते हैं किन्तु जो दीर्घव्यापी एलोपैथी दवाओं से उतने लाभान्वित नहीं हो पा रहे हैं या उन दवाओं को ग्रहण नहीं कर पा रहे हैं या अत्यल्प देखभाल के मियादी रोगियों को इन प्रणालियों का परीक्षण कराना चाहिए।

इस तरीके से मानवता के वृह्द् हित में लाभ उठाए जा सकते हैं।

संयुक्त कमान एवं नियंत्रण

जैसे कि पहले भी आलोचना की जा चुकी है कि राज्य एवं केन्द्रीय आरक्षी बलों को स्वास्थ्य सेवाएँ विभिन्न क्षेत्रों से सुलभ कराई जाती हैं। यहाँ तक कि केन्द्रीय बल जो गृह मंत्रालय के अंतर्गत हैं। ऐतिहासिक दृष्टि से भी केन्द्रीय शासकीय स्वास्थ्य सेवा (सी. जी. एच. एस.) प्राप्त कर रहे थे अब अपने ही संगठन के अंतर्गत अब स्वतंत्र निकाय के रूप में कार्य कर रही हैं। हालांकि इनमें अनेक दृष्टियों से बलों की समानता है। इनमें प्रशासकीय या तकनीकी स्तर पर किसी भी प्रकार की सहयोजना या सामान्य कार्यक्रम आदि नहीं है। यद्यपि दर्जे एवं सेवाओं में संपूर्ण एकरूपता संभव नहीं हो सकती फिर भी एक सामान्य स्वास्थ्य निदेशालय द्वारा पैरामिलिट्री के लिए नियंत्रक में एक स्वत्व कमान अनेक प्रकार की संभावित उन्नति प्रदान करने में सहायक हो सकती हैं। सेवा शर्तों में समानतायें चिकित्सालय कार्यकर्ता की सेवाओं की एकरूपता एवं सामान्य सी. पी. ओ. अस्पताल स्थापित करने में सहायता मिल सकती है। इस प्रकार का निदेशालय शीर्ष दफ्तर के रूप में गृह मंत्रालय, स्वास्थ्य मंत्रालय, भारतीय स्वास्थ्य कौंसिल, यूनिसेफ, इंडियन कौसिंल ऑफ मेडिकल रिसर्च एवं इस प्रकार के संबंधित अनेक संगठनों जो स्वास्थ्य देखभाल प्रणाली के विकास शोध, सांख्यिकी नियोजन अंतर्राष्ट्रीय सम्मिलित संगठन, जैसे कि एड्स नियंत्रण आदि हेतु विभिन्न उद्देश्यों से संगठित हेतु कार्य करे। इस प्रकार एक निदेशालय सामान्य बुलेटिन एवं समाचार पत्र, स्वास्थ्य एवं तदसंबंधी अध्ययनों में सहयोग कर सकती है एवं आरक्षी संगठन के लिए एक वास्तविक सम्पति बन सकती है। राज्य रेलों एवं आरक्षी दलों, डागस्क्वार्ड, केमलस्कवाड आदि जैसे छोटे आरक्षी संगठन इस प्रकार की संगठनों से तकनीकी सलाह पा सकते हैं।

आधुनिकीकरण

प्रत्येक प्रणाली समय के प्रवाह में घिसके पुरानी और जीर्ण-शीर्ण हो जाती है एवं उसमें आधुनिकीकरण की आवश्यकता होती है। अन्य शब्दों में, यह पुरातन अनुपयोगी वस्तुओं से जो अपनी उपयोगिता खो चुकी है उसे दूर हटाकर काम करने की प्रक्रिया है एवं नूतन व एक उपयोगी प्रक्रिया का स्वागत करना है। आधुनिकीकरण किसी भी एक चिकित्सालय से संबंधित है जैसे कि स्वास्थ्य विज्ञान सदा परिवर्तित होता रहा है। इसलिए किसी भी चिकित्सालय में आधुनिकीकरण की संभावना असीम है। यह नैदानिक प्रक्रिया में, रोगी की देखरेख प्रणालियों, उपचार का तरीका

ग्रन्थालय आदि और बहुत से क्षेत्रों में, हो सकते हैं। आधुनिकीकरण के बिना एक चिकित्सालय वास्तव में अपनी ज्योति खो देती है एवं पूर्ण सीमा तक सेवा करने में असफल हो जाती है। किसी भी लाभान्वित होने वाले व्यक्ति के मन में उस चिकित्सालय के प्रति विश्वसनीयता होनी चाहिए। यह पुलिस बल चिकित्सालयों के पक्ष और स्वरूप में पुलिस कर्मियों के मन में हौंसला बनाए रखता है।

सामूहिक स्वास्थ्य बीमा

सेवा के दौरान आरक्षी बल के सदस्यों एवं उनके परिवारजनों एवं आश्रितों जैसे की वृद्ध माता-पिता, आश्रित भाई या बहनों की मुफ्त में उनके विभागीय चिकित्सालयों से चिकित्सा होती है। किन्तु जब तक चिकित्सालयों की संख्या सीमित मात्रा में ही है पूरे स्वास्थ्य चिकित्सा की व्यवस्था न हो सकेगी। क्योंकि जनसंख्या दिन दूगनी रात चौगनी बढ़ती जा रही है। परिवार स्वंय के गृह नगरों में दौड़ लगाते हैं एवं वृहद् जनसंख्या का एक छोटा वर्ग ही सुविधाओं का लाभ उठा पाता है। यह अनुभव किया जा रहा है कि कुछ प्रणालियों की योजनाएँ ऐसी होनी चाहिए जिससे कि ज्यादा से ज्यादा पुलिस कर्मी एवं उनके परिवार वर्ग यहाँ तक कि अवकाश लेने के पश्चात् भी इस्तीफे या स्वयं सेवा त्याग या जब भी जहाँ भी निवास हो लाभान्वित हो सके। ये कल्पना की कुछ हद तक जैसे कि मेडीक्लेम, स्वास्थ्य बीमा कंपनियाँ साकार कर सकते हैं। पुलिस बलों के सभी सदस्यों एवं उनके परिवार के सदस्यों को इस प्रकार की योजनाओं के अंतर्गत बहुत ही कम प्रीमियम की आदायगी पर बीमे के अतंर्गत ले लेनी चाहिए। महंगी चिकित्सा, चिकित्सालय शुल्क, शल्य क्रिया शुल्क आदि इस प्रकार की योजनाओं से विनियोजित की जानी चाहिए जो पुलिस कर्मी की क्रय शक्ति के बाहर हो जाती है।

आर्म चेयर पुलिस फोर्स

''आराम कुर्सी तल्ब'' राजनैतिक इस अखबारी मुहावरे से हम सब परिचित ही हैं। इसे आदर के साथ वयोवृद्ध समाज के नागरिकों के लिए व्यवहार में किया जाता है जो सक्रिय जनजीवन से संन्यास ले लिए होते हैं एवं अपने अनुभव एवं ज्ञान के आधार पर वे सलाह देने में व्यस्त रहते हैं। इस प्रकार के परामर्श एवं निर्देशन उसी प्रकार के कार्यों में उन लोगों में सक्रिय प्रयोग में बड़े ही महत्वपूर्ण पाए जाते हैं। इस प्रकार ''गुरु-शिष्य परम्परा औषधि, कानून पत्रकारिता, व्यापार जैसे व्यवसायों से भी अलग नहीं किए जा सकते। इस क्षेत्र के वरिष्ठ दफ्तरशाहों, तकनीसीयनों, पुलिस अधिकारियों, सेना जनरलों एवं सेनानिवृत्त सैनिकों को उनके क्षेत्रों में उनकी सेवानिवृत्ति

के पश्चात् भी सक्रिय सेवाओं में उपयोग किए जा रहे हैं। इसी प्रकार के प्रयोग यदि पुलिस बल में भी अपनाए जाते तो यह पहलू भी पूर्णरूप से गलत नहीं हो सकता था। वरिष्ठ, सेवानिवृत्त या कार्यरत पुलिस अधिकारियों की मुख्य कमेटियों एवं कमीशनों, दलों या मिशनों, संपर्क या कार्पोरेशनों में विशेष नियुक्ति उनकी विशेषता को व्यवहार में लाने के लिए हमेशा की जानी चाहिए। सेवानिवृत सेना या पुलिस कर्मचारियों की सेवाओं का उपयोग राजस्थान, पंजाब, गुजरात पश्चिमी बंगाल एवं न्याय समिति प्रदेशों के अन्तर्राष्ट्रीय सीमाओं में रक्षा करने एवं देखरेख की सेवायें शासन के साथ मिलकर पूर्णत: की जा रही हैं।

सी. पी. ओ. की सेवानिवृत्ति

आयु सीमा या तो 55 वर्ष है या 58 वर्ष किन्तु प्रान्तीय पुलिस बलों में यह सीमा अधिकतर 58 वर्ष है। इसके बावजूद असंख्य पुलिस बल के कर्मचारी सक्रिय सेवाओं से स्वयं की इच्छा से ग्रहित निवृत्त स्वास्थ्य अवमूल्यन, इस्तीफे आदि के कारण कार्यमुक्त कर दिए जाते हैं। यद्यपि ठीक संख्या प्राप्त नहीं है फिर भी प्रशिक्षित पुलिसकर्मी जो जनसाधारण के एक बहुसंख्या में गणित हो सकते हैं। ये लोग अपनी जिंदगी के सक्रिय एवं उत्पादिका शक्ति के अधिकांश समय को देश की सुरक्षा एवं रक्षा में एक देशभक्त एवं निष्ठ पुलिस सेना रूप में कार्य कर व्यतीत किया है। उन्होंने अपनी व्यक्तिगत सामाजिक एवं पारिवारिक सुख-सुविधाओं को तिलांजली देकर मातृभूमि की सेवा की है। इस प्रकार के व्यक्तियों को सेवानिवृत्ति के पश्चात् पूर्णरूप से बेकार कहकर अस्वीकृत नहीं किया जा सकता और न ही जीवनयापन की बढ़ती महंगाई में थोड़ी पेंशन पर ही जीवित रहने के लिए छोड़ दिया जाना चाहिए। सबसे ज्यादा निराशाजनक बात और क्या हो सकती है कि ये भूतपूर्व व वफादार देशभक्त सेवानिवृत्ति के पश्चात् अनेक बीमारियों से पीड़ित हो जाते हैं। वे बहुत कठिनाई से ठीक सेवा पाते हैं यद्यपि ये एक कर्त्तव्यपरायण, दयालु, सहानुभूतिवान और राष्ट्रभक्त सिपाही रह चुके हैं।

नागरिक सेवा-पदों की अपेक्षा आरक्षी बलों में स्वास्थ्य स्तर एवं शारीरिक दुरस्ती स्तर अधिक उच्च होता है। अतएव, एक व्यक्ति जो पुलिस बल के लिए अनुपयुक्त या घटिया स्तर का पाया जाता है वही एक व्यक्तिगत या व्यावसायिक कार्यों में उपयोगी पाया जा सकता है। केन्द्रीय या प्रान्तीय पुलिस बलों से निष्कासित व्यक्तियों को एक साथ मिलाकर एक बहुत बड़ी आर्मचेयर पुलिस फोर्स गठित की जा सकती है जिनसे विभिन्न व्यापारों, खेलों एवं क्रीड़ाओं, तकनीकी आदि में

प्रशिक्षित व्यक्ति सुलभ हो सकते हैं। एक भूतपूर्व पुलिस कर्मी जिसने दुर्घटना या कार्यसंचालन के दौरान अपने शरीर का कोई अंग खो डाला हो व पुलिस बल का एक दक्ष कर्मी होने के योग्य रह पाना संभव नहीं है, किन्तु वह बैसाखी के सहारे एक अच्छा प्रशिक्षक या कृत्रिम पैरों से दर्जी कक्षा में शिक्षक या एक अच्छा स्टेनोग्राफर बन सकता है। एक कम नजरिया वाला व्यक्ति भले ही एक दक्ष वाहन चालक या तीरंदाज नहीं हो सकता, परन्तु वह एक कुशल मुद्रक या बंकरमेन बन सकता है। सम्बन्धित मंत्रालयों एवं सेनाओं को चाहिए कि वे एक समायोजित योजना तैयार कर उन्हें समाज में रचनात्मक कार्यों में उनकी सेवाओं का उपयोग करें।

जैसे कि पहले भी केन्द्रीय सरकार को प्रस्ताव दिया जा चुका है कि सीमावर्ती जिलों एवं देश के अन्यान्य संवेदनशील क्षेत्रों में गृहनिर्माण योजनायें प्रारम्भ कर आवासीय कॉलोनियां स्थापित की जायें एवं धीरे-धीरे प्रत्येक जिलों में भूतपूर्व पुलिस कर्मियों को बसाया जाये जिससे कि वे कई प्रकार से उपयोगी बन सकें। उनमें से कुछ को संक्षिप्त रूप में नीचे वर्णित किया गया है—

(1) समवाय योजना द्वारा प्राप्त घरों में सेवानिवृत्ति के पश्चात् शांतिपूर्ण जीवन व्यतीत करने, अच्छे मित्रों के साथ आनन्द उठाने, अपनी इच्छानुसार शौक एवं आदर्शों का पालन करना।

(2) पूर्ण देशभक्ति के साथ देश के लिए अतिशय अभिप्रेरिण कर अनेक आरक्षीय एवं पैरामिलिट्री एवं सैन्य बलों में भर्ती होने हेतु लड़के-लड़कियों को शारीरिक एवं तंदुरूस्त बनाने के लिए तैयार करना।

(3) सरहदी जिलों में एक प्रभावशाली सुरक्षा योजना सेवा चलाना जिससे वे घुसपैठियों एवं सीमान्तवर्ती अपराधों को रोक सकें।

(4) बेरोजगार युवक-युवतियों को अपने जीवन-निर्वाह हेतु अपने स्वयं के व्यवसायों में कार्य एवं कार्यशालाओं में अनेक व्यवसाय जैसे दर्जीगिरी, जूते बनाना, वाहन चलाना, मशीन चलाना, मोटर मेकेनिक, बढ़ईगिरी आदि में भूतपूर्व प्रशिक्षित पुलिसकर्मी, प्रशिक्षण दे सकते हैं। उनके द्वारा दक्षता के साथ मुर्गी पालन, गौ पालन, बकरी पालन आदि भी प्रारम्भ किए जा सकते हैं।

(5) विद्यालयीन छात्र-छात्राओं के मध्य खेल, कसरत में प्रगति करना जिससे पारंगत प्रतिनिधियों को जिले या प्रान्तीय स्तर पर भेजा जा सके।

(6) स्थानीय अशांति या संवेदनशील क्षेत्रों, प्राकृतिक विपदाओं, आगशमन, स्थानीय मेलों, रेलियों, नेताओं के भ्रमण एवं साम्प्रदायिक दंगों आदि के समय गृहरक्षियों या अधिकार क्षेत्रीय सेनाओं की भूमिका में उनकी सेवाएं ली जा सकती हैं।

इस प्रकार की भूतपूर्व सैनिक कर्मियों की कॉलोनियां स्थापित कर योजना निर्माता गण कुछ बुनियादी सौजन्यता में उन्हें जैसे विद्यालयों, शिशु उद्यानों, पार्कों, क्लबों, अग्निशामक प्रशिक्षण केन्द्रों में वृद्धि कर सकते हैं।

शासकीय विभागों के सबसे अधिक महत्वपूर्ण पहलू हैं—इन सेवानिवृत्त पुलिस कर्मियों की स्वास्थ्य देखभाल सुविधाओं के लिए व्यवस्था करना, इन कॉलोनियों में मेडिकल एवं स्टोर स्थापित कर या किसी समीपस्थ पुलिस चिकित्सालयों के माध्यम से सेवाओं की अभिवृद्धि की व्यवस्था की जा सकती है। आज स्वास्थ्य चिकित्सा के खर्चे बहुत अधिक बढ़ गए हैं। ये सुविधायें उनके जीवन के अंतिम छोर पर उन्हें एक अच्छी राहत प्रदान कर सकती हैं जहाँ स्वास्थ्य की आवश्यकताएँ अनेक दृष्टियों से बढ़ जाती है। जैसे कि पूर्ववर्ती अध्यायों में विवेचना की जा चुकी है कि जो लोग बहुत दिनों तक आरक्षी कार्यों में , संपर्क में आने के कारण एवं कार्य एवं जीवन प्रणाली के कारण संभावित बीमारियों के संपर्क में आ जाते हैं। आयु की वृद्धि के साथ-साथ सभी जरा. चिकित्सा की सभी समस्यायें, शरीर की सभी कार्यविधियों को कुप्रभावित कर देती हैं एवं जब ये अचिकित्सत रह जाती हैं तो जटिलताओं की ओर बढ़ जाती हैं। एक संपूर्ण स्वास्थ्य देखभाल रोकथाम से प्रारम्भ होता है एवं पुनर्वासन द्वारा समाप्त होता है। इस प्रकार के भूतपूर्व पुलिस कर्मियों का संगठन पुनर्स्थापन का एक आदर्शस्वरूप हो सकता है एवं सबसे अधिक, पुलिस संप्रदाय के वरिष्ठ नागरिकों के लिए एक उपयुक्त सद्भावना का प्रदशर्न हो जाता है एवं यह ''आर्मचेयर पुलिस फोर्स'' के नये संसार का अभ्युदय करेगा।

सहायक ग्रन्थ सूची

- बर्कोव रॉबर्ट (सं) : दि मर्क मेनुअल ऑफ डायग्नोसीज, थेरॉपी मर्क शार्प एण्ड डोम रिसर्च लेबोरेट्रीज।
- कॉन अलविन, डब्ल्यू (सं) : दि फ्यूचर ऑफ पोलिसिंग, सेज पब्लिकेशन्स, लंदन
- डी.जी., ए.एफ.एम.एस. : मैनुअल ऑफ हेल्थ फॉर आर्मी, 1968, मैनेजर पब्लि शन्स
- गुप्ता, गिरिराज (सं) : दि सोशल एण्ड कल्चरल कॉनटेकस्ट ऑफ मेडीसिन इन इण्डिया, विकास पब्लिशिंग हाउस, नई दिल्ली
- घोष, एस.के. : पोलिटिक्स ऑफ वायोलेंस, आशीष पब्लिशिंग हाउस, 1992
- खन्ना, के.सी. : मेन्टेनिंग पब्लिक पीस-एब्यूज ऑफ ए मिलिट्री फोर्स, टाइम्स ऑफ इण्डिया 15 अगस्त, 1984
- मिश्रा, एस.सी. : स्टेट पुलिस ऑर्गनाइजेशन इन इण्डिया (ए रिव्यू), डायेरेक्टर जनरल, सी.आर.पी.एफ.
- माथुर, डॉ. के.एम. : पुलिस इन इण्डिया—प्रोबलम्स एण्ड परसपेक्टिवस, ज्ञान पब्लिशिंग हाउस, नई दिल्ली
- नायर, कुलदीप : पुलिस टर्न इनटू ए मोब, दि ट्रिब्यून, मार्च 1984
- पाण्डेय, पी.के. एण्ड गुप्ता, एल.सी. : आउटलाइन्स ऑफ स्पोर्टस, मेडीसिन, जे. पी. ब्रदर्स, नई दिल्ली
- शर्मा, पी.डी. : पुलिस एण्ड पोलिटिकल ऑरडर इन इण्डिया, रिसर्च पब्लिकेशन्स, नई दिल्ली
- सक्सेना ए.पी.(सं) : ट्रेनिंग इन गवरनमेन्ट-ऑबजक्टिवस एण्ड अपोरच्यूनिटी, इण्डियन इन्स्टीट्यूट ऑफ पब्लिक एडमिनिस्ट्रेशन, नई दिल्ली

- सुब्रामण्यम, डॉ. एस. : हम अपनी सैन्य शक्ति को 21 वीं शताब्दी के लिए कैसे तैयार करें, पंजाब केसरी, 12 दिसम्बर, 1992
- राघवन, आर.के. : इडियन पुलिस-प्रोबलम्स, प्लानिंग एण्ड परसपेक्टिव्स, माधवन पब्लिकेशन्स, नई दिल्ली
- सिन्हा, बी.एम. : पुलिस एण्ड सोसाइटी, हिन्दुस्तान टाइम्स, 21 फरवरी, 1984

अनुक्रमणिका